上海市浦东新区地方志办公室
"浦东地情系列丛书"编纂委员会

（按姓氏笔画排列）

主　任

裘玉义

副主任

杨　隽　金达辉

委　员

马春雷　龙鸿彬　何旅涛　杨继东　吴昊蕻
吴艳芬　邵　微　陈长华　陈钱潼　赵鸿刚
赵婉辰　施　雯　徐　瑞　贾晓阳　梁大庆

浦东地情系列丛书

上海市浦东新区地方志办公室 ◎ 编

近代浦东慈善救助简史

王大学　关春巧 ◎ 著

复旦大学出版社

本书为复旦大学亚洲研究中心2019年"从边缘到核心：上海在江南慈善史中角色和地位的时空转变（1644—1953）"课题项目成果。

编者说明

浦东新区成立于1992年,至今也就30余年的时间,非常年轻,但从地域文化来看,浦东却有着上千年的人文历史。为了打造"浦东文化"品牌,挖掘浦东文化底蕴,我们先于2014年推出了《浦东历代文献集成》,对宋以来浦东地区的重要历史文献进行了系统的整理和出版。在此基础上,我们策划了《浦东地情系列丛书》《浦东文化系列丛书》,与来自复旦大学、华东师范大学、上海社会科学院等高校以及浦东的文史研究者合作,从多时段、多角度、多侧面切入,力求系统梳理浦东历史、文化脉络,并多方面、全方位展示浦东从传统社会向现代化社会的转型和发展历程,更加突出学术性、创新性和专业性。希望通过这些著作,为读者展现一幅波澜壮阔的浦东文脉和浦东精神历史长卷,并为浦东新区新时代的创新和发展提供持久的精神动力。

上海市浦东新区地方志办公室
2024年10月

目 录

绪论 ·· 001
 第一节　地域范围界定 ··· 001
 第二节　学术史回顾 ·· 006
 第三节　思路与方法 ·· 015

第一章　传统社会中的官方救济机构及设施 ············· 019
 第一节　养济院 ·· 020
 第二节　义冢 ··· 022
 第三节　仓储系统 ··· 027

第二章　清代浦东民间善堂（上）：普济、育婴、清节、
    恤嫠类 ·· 037
 第一节　普济类善堂 ·· 037
 第二节　育婴类善堂 ·· 041
 第三节　清节、恤嫠类善堂 ··································· 050

第三章　清代浦东民间善堂（下）：施棺助葬及其他种类 ······ 059
 第一节　施棺助葬类善堂 ······································ 059
 第二节　其他种类善堂 ··· 069
 第三节　宗族的族内救济 ······································ 072
 第四节　民间善堂的经费来源 ································ 078

第四章　民国时期浦东善堂的近代转型 ········· 086
第一节　慈善活动的继承与变革 ········· 086
第二节　近代浦东与原松江府属各县的公共款产
　　　　冲突 ········· 092

第五章　近代浦东地方善堂的运作实态个案——
　　　　至元堂（上） ········· 139
第一节　至元堂成立前川沙的慈善组织及活动 ········· 139
第二节　至元堂的成立 ········· 149
第三节　清末民初的至元堂 ········· 159
第四节　至元堂资产完成后的善举 ········· 181

第六章　近代浦东地方善堂的运作实态个案——
　　　　至元堂（下） ········· 204
第一节　南京政府成立到抗战爆发 ········· 204
第二节　抗战期间至元堂的活动 ········· 210
第三节　抗战胜利到全国解放时期至元堂的活动 ····· 214

结语　浦东慈善史的时空特征及其启示 ········· 232

参考文献 ········· 241

附录 ········· 250

绪　论

第一节　地域范围界定

研究浦东慈善的历史过程，首先碰到的问题是如何界定研究的地域范围。在不同的语境下来谈"浦东"，则对于"浦东"的地理空间界定也会有很大的差异。现在上海人经常讲的"浦东"和"浦西"只是简单地把上海的辖区以黄浦江为界划分为东西两个部分。当然，这种简单的划分也并非完全没有道理，而是有一定的历史传统和渊源。近代浦东意识的兴起，与晚清成立的浦东同人会和民国年间在此基础上改组的浦东同乡会有密切的关系。有鉴于此，本文将先从政区沿革与社会组织演变两个方面来讨论"浦东"的地域范围问题。

浦东最早见于经济组织地名，最早出现在上海地区第一部志书《云间志》中。《云间志》称盐业在华亭县有悠久的历史，南宋乾道、淳熙年间，已形成五大盐场。盐场之一，即"浦东盐场"，设浦东盐监官，下辖五个分场。据考证，那时的"浦东盐场"应在现在的金山区东部及奉贤区西部。"浦东盐场"设立之时，根本没有"黄浦江"这个名称，那时候的"浦东"和现在所说的黄浦江以东的"浦东"不是一回事。

"浦西""浦东"的格局出现于明朝永乐年间。明代"黄浦夺淞""江浦合流"之后,黄浦江成为上海地区主河道。以黄浦江为界,形成了浦江东西的格局,也就出现了"浦西""浦东"之地域。浦东作为区域名称,最早见于明嘉靖年间的《上海县志》:"由闸港而下,若盐铁塘、沈庄塘,若周浦、三林塘,若杨淄溇,此为浦东之水也。"清初叶梦珠的《阅世编》中说:"上海赋役,大半出于浦东。"雍正《分建南汇县志》有"鸡,产浦东者,有九斤黄、黑十二之名"等记载。

浦东政区沿革

清代松江府的辖境,均在今天上海市管辖范围之内。松江府的行政区划最早可追溯到唐天宝十载(751),划昆山南境、嘉兴东境、海盐北境所设置的华亭县。此后,华亭县曾经先后隶属于苏州、秀州和嘉兴府。元至元十四年(1277),升华亭县为华亭府,领华亭县。次年,华亭府改名松江府。至元二十九年,分华亭县东北境置上海县,属松江府。泰定三年(1326),罢松江府,华亭县改属嘉兴路,隶江浙行省;设都水庸田使司于原松江府治。天历元年(1328),罢都水庸田使司,复置松江府,华亭县仍隶松江府。

明嘉靖二十一年(1542),分华亭、上海两县部分土地,建青浦县。清顺治十三年(1656),分华亭县西北部建娄县,与华亭同为附郭县。雍正二年(1724),两江总督查弼纳以苏、松大县难治,奏请分县,分华亭县东南境白沙乡和云间乡建奉贤县;析青浦县境北亭、新江二乡,置福泉县;分娄县的胥浦乡及华亭县西南一部分建金山县。次年核准,雍正四年正式分治。乾隆八年(1743),裁福泉,仍归青浦管理。嘉庆十年(1805),割上海高昌乡的十五图、南汇长人乡的十图设置川沙厅。清代松江府形成华亭、娄县、上海、南汇、奉贤、金山、青浦七县以及川沙一厅的行政格局。1912年中华民国成立之后,裁撤松江府,原府辖地区分为上海、华亭

（后改名松江）、川沙、南汇、奉贤、金山、青浦等七县。清代松江府辖区内各县的区划尽管有所调整，但是整个松江府的辖境界限没有较大的改变。

由于历史上行政区划的不断变动，地区之间的发展也不平衡。不同的历史时期，浦东的含义也有广义和狭义之分。广义地说，泛指黄浦江以东的大片地区，包括上海县高昌乡和长人乡以及嘉定县高桥乡等所辖的浦东中南部地区，即上述三乡的土地。到雍正初年，析长人乡置南汇县，析嘉定县东北境置宝山县，后又析上海县东境置川沙抚民厅以后，"浦东"这一名称的使用已非常普遍。

一般认为，浦东广义的范围包括今浦东新区全境，涵盖了历史上的川沙、南汇两县，以及闵行区的黄浦江以东地区；狭义上的范围一般指高桥至杨思一线的黄浦江以东近岸区域及其邻近地区。

1958年8月，"浦东"第一次用作行政区划的名称——浦东县。1958年是上海市行政区划大调整的一年。经国务院批准，原江苏省松江专区所属奉贤、南汇、川沙、金山、青浦、崇明、松江、上海、宝山、嘉定10县划归上海市。原属上海市的东昌区和东郊区合并为"浦东县"。1961年，浦东县一度撤销建制。

1984年，在国务院调研组和上海市人民政府联合制定的《上海经济发展战略汇报提纲》中，"东进浦东"成为发展上海的共识，国家意志与地方意愿不谋而合。1990年4月，党中央、国务院宣布浦东开发开放。

1990年7月15日，《纽约时报》刊登了一篇《中国告诉世界我们还在"场"上》的文章，这是能够找到的国外媒体中第一篇写有浦东二字的报道。

1992年10月，国务院批准设立浦东新区，这是历史上范围最明确的"浦东"行政区划。

1997年,撤销了川沙镇和东城镇,建立了新的川沙镇。7月,设立浦兴街道办事处,由金桥新村和东陆新村组成。年底,全区共有13个街道,28个镇;共计407个居委会,325个村民委员会。

2001年,撤销钦洋镇、花木镇,设立新的花木镇;撤销张江镇、孙桥镇,设立新的张江镇;撤销六里镇建制,将原六里镇行政区域范围内的杨高路以西、川杨河以北0.85平方千米,划归南码头路街道行政管辖范围,其余部分并入北蔡镇。6月22日,经市政府批准,东沟镇更名为高行镇。

2002年年底,浦东新区辖11个街道、13个镇、531个居委会、283个村委会。

2003年,将人民塘外滩涂面积计入浦东新区区域,由此全区区域面积由533.45平方千米扩大至569.57平方千米。至2003年年底,浦东新区辖11个街道、13个镇、540个居委会、272个村委会,人口176.69万人。

2004年6月30日,浦东新区辖11个街道、13个镇、539个居委会、266个村委会。9月30日,浦东新区辖11个街道、13个镇、561个居委会、266个村委会。

2005年,上海市人民政府批复同意,撤销浦东新区机场镇、川沙镇建制,设立川沙新镇。川沙新镇的行政区域范围为原机场镇、川沙镇的行政区域。

截至2024年3月,浦东新区下辖12个街道、24个镇,共计910个居委会、365个村委会。区人民政府驻世纪大道2001号。①

---

① https://baike.baidu.com/item/%E6%B5%A6%E4%B8%9C%E6%96%B0%E5%8C%BA/5232458?fr=ge_ala.

近代社会组织意义上的"浦东"

近代上海城市化与近代化的过程离不开大量移民的努力与贡献,这些移民又建立了各自的会馆公所与同乡会。同乡会在促进新移民融入城市、救济贫民,推进工商业的发展,推动故乡的建设,传播近代文明,乃至参与反帝爱国运动,维护主权等诸多方面,都发挥了不可忽视的作用。

浦东同乡会的前身是成立于光绪三十一年(1905)的浦东同人会,主要创建人是上海著名士绅李平书,主要涵盖的地域范围是奉贤、南汇、川沙、宝山和上海五县。1924年,该会改选黄炎培为董事长。李平书在1927年年底去世,1928年7月该会改名为浦左同人会,在原有横跨浦左五县的基础上增加了位于浦东的松江、金山二县,这样就变成了浦东七县区域的同乡组织。1931年8月,浦左同人会改名为浦东旅沪同乡会,黄炎培等人主持制定的章程中强调,"本会以黄浦左方之宝山、上海、川沙、南汇、奉贤、金山、松江七县原区域内之同乡组织而成,故名浦东同乡会"。这就说明凡是黄浦江以东七县境域内的同乡都可以入会,并不局限于旅沪者,这是它与其他上海的客籍同乡组织最大的不同。上海市政府在批准该会的证书上删除了"旅沪"两个字,自1932年起,浦东同乡会的名字正式使用。

作为人数规模仅次于宁波旅沪同乡会的第二大旅沪同乡组织,浦东同乡会在上海的实力强大,经济力量、政治地位与社会地位都是其他同乡团体所无法比拟的。在与近代上海城市现代化的适应程度上它的表现也非常显著,具有互助功能、公益功能、中介功能和法制功能。①

---

① 郭绪印:《老上海的同乡团体》,文汇出版社2003年版,第896—898页。

另外,从光绪三十二年(1906)成立的浦东塘工局的业务涵盖范围来看,它还涉及浦东海塘工程以及处理塘角地、浦江涨滩等内容。① 从微地貌分区来看,今天浦东新区和奉贤区的辖境在清代分别隶属奉贤、南汇和川沙,这些地方是典型的滨海新涨滩地,它们在遭受潮灾的时候,往往一起受到近代上海绅商各界的联合救济。

有鉴于此,从政区沿革的历史渊源和近代社会组织的"浦东意识"等方面看,研究浦东的慈善历史需要在以今日浦东行政区划为主的基础上,兼顾历史因素的影响,以今日黄浦江左岸的浦东新区、奉贤区、金山区为主要研究对象。

第二节 学术史回顾

中国慈善事业史的研究,从 20 世纪初已开始。有关 20 世纪中国慈善事业史的研究,先后有不同学者从多个角度进行过简述。② 本文并不打算对既有成果进行罗列式的陈述,而是对这一领域进行"鸟瞰",并就本研究所关注的浦东地区的相关研究成果进行梳理和评述,以便在此基础上展开进一步的分析。

民国初年,一些学者在对历代灾荒展开探讨的同时,开始进行慈善救济活动及思想的研究。于树德对古代仓储的研究,似为

---

① 朱菁:《浦东开发的先驱——上海浦东塘工善后局研究(1906—1927)》,上海科学技术文献出版社 2011 年版。
② 曾桂林:《20 世纪国内外中国慈善事业史研究综述》,《中国史研究动态》2003 年第 3 期。新近的中国慈善史研究的综述,分别见黄鸿山、阮清华论著的绪论部分(黄鸿山:《中国近代慈善事业研究——以晚清江南为中心》,天津古籍出版社 2011 年版;黄鸿山:《近代江南社会保障机构的经费收支与运作研究》,中国社会科学出版社 2017 年版;阮清华:《慈航难普度:慈善与近代上海都市社会》,复旦大学出版社 2020 年版)。

中国慈善史研究之滥觞。何兹全和全汉昇对中古佛教寺院的慈善事业进行了研究,全氏之文是最早研究古代社会慈善事业的专论。高迈、梁云谷和徐益棠等学者也有相关的成果问世。中华人民共和国成立后,由于慈善事业史的研究刚起步,专著甚少,水平也参差不齐。

20世纪50年代至80年代初,中国大陆的慈善事业史研究基本处于停滞状态。但同期中国台湾地区和日本学者,则对此开始进行系统研究。日本学者的有关研究,小浜正子已做详述。① 从20世纪50年代开始日本学者对中国传统社会的慈善事业给予了极大关注,福泽与九郎、今崛诚二和善峰宪雄等对宋代的救济、育婴事业和唐代的佛教社会事业进行了研究。与此同时,王德毅对宋代的救济和慈善事业进行了系列研究,成果集中于《宋代灾荒的救济政策》(台湾商务印书馆,1970年)和《宋代的养老与慈幼》(《宋史研究集》第6辑,第399—428页,1971年)。刘铮云、张秀蓉和徐炳宪等人也对清代的慈善事业进行了探讨。

进入20世纪80年代后,随着学术交流的增多、学术视野的扩大及研究内容的深化,中国慈善事业史的研究重新引起大陆学者的关注。顾长声曾经探讨了传教士在华的慈善活动,冯尔康也对清代地主阶级的慈善事业进行了初探。

20世纪90年代以前,该领域的研究者主要是中国港台地区和日本学者,他们的努力持续至今。中国台湾地区主要以梁其姿为代表,她的成果集中表现于专著《施善与教化——明清的慈善组织》中。② 中国港、台地区学者已经有以专门的慈善史研究作为学位论文,游子安曾经研究了清代善举与社会文化变迁之

---

① [日]小浜正子:《最近の中国善堂史研究について》,《历史学研究》721号,1999年。
② 梁其姿:《施善与教化——明清的慈善组织》,台北联经出版公司1997年版、河北教育出版社2001年版。

间的关系①,范纯武也探讨了清末民间慈善事业与善堂变动的问题②。张玉法对民初山东的社会救济进行了个案研究。③ 其他关于民国年间的研究,也多集中于政府或大型慈善机构的活动。日本学者同时掀起了中国慈善史研究的热潮,主要代表有梅原郁、星斌夫、夫马进和高桥孝助、小浜正子、松田吉郎、山本进等学者。夫马进在20世纪七八十年代对中国民间社会的慈善公益事业历史产生了浓厚兴趣,他的系列成果多录入《中国善会善堂史研究》,该书奠定了其在明清慈善史领域内和梁其姿比肩的举足轻重之地位。④ 高桥等人的研究重点,多集中于上海、广东等大城市的近代慈善事业。小浜正子的《近代上海的公共性与国家》一书,集中对清末民初上海的慈善机构和救火事业进行了仔细探讨,史料之丰富令人叹为观止。欧美学者多在研究区域社会史中涉及明清的慈善组织,以玛丽·兰钦(M. B. Rankin)和罗威廉(William. T. Rowe)为代表。韩国学者田炯权对中国慈善事业的研究,多关注清后期善堂、义庄和义学的田产及其经营实态。

  大陆史学界的慈善事业史研究,兴起于20世纪90年代后期,研究主题集中于明清的江南。对近代以来的慈善事业史研究,周秋光是较典型的代表,他重点研究熊希龄的慈善思想与活动,并对晚清和民国时期的中国红十字会等机关进行了相关研究。另外,经元善、熊希龄和张謇等著名慈善活动家也引起了学者的注意,他们的文集也相继被整理问世。⑤ 李文海、朱英等人还探讨了晚清和民

---

① 游子安:《清代善举与社会文化变迁》,香港中文大学博士学位论文,1994年。
② 范纯武:《清末民间慈善事业与善堂变动》,台湾中正大学硕士学位论文,1996年。
③ 张玉法:《民国初年的社会救济(1912—1937)——山东地区的个案研究》,《中华民国史专题论文集》,台北"国史馆"印行。
④ [日]夫马进著,伍跃、杨文信、张学锋译:《中国善会善堂史研究》,商务印书馆2005年版。按,中文版系根据日本同朋舍1997年日文版翻译而来。
⑤ 周秋光主编:《中国近代慈善事业研究》(三卷本),天津古籍出版社2013年版。

国时期慈善事业的发展以及新式慈善组织的出现。① 张文的《宋朝社会救济研究》是大陆史学界为数不多的关于封建王朝社会救济的专门研究,全书内容丰富、结构严谨、论证深刻,是不可多得的关于宋代政府社会救济的研究专著。② 关于民国时期社会救济比较专门的研究当属蔡勤禹的《国家、社会与弱势群体——民国时期的社会救济(1927—1949)》(天津人民出版社 2003 年版)。

对为数众多的单篇论文,在此没有必要一一介绍。但对夫马进、梁其姿和蔡勤禹专著的简介,有助于说明本书的研究理路和笔者对现有成果的继承与发展。

在中国慈善事业史研究中,夫马进和梁其姿无疑是最早从事该方面的研究,并取得丰硕成果的代表。两位学者同时在 1997 年推出了集自己十数年研究心得而成的中国慈善事业史专著,无疑成为后来者研究的基石。③

夫马进的《中国善堂善会史研究》由序章、正文和两个附篇组成。在"序章"中,作者从学术史的角度总结了有关中国善会、善堂历史的研究现状。正文有 11 章,共分作 3 个部分。第一到第三章论述了明末清初善会善堂出现的历史背景,以及它们的诞生情形。第二至第七章叙述了清代的育婴堂、保婴会、恤嫠会、清节堂等慈善组织的具体活动。第八至第十一章重点探讨了慈善组织与国家、行会和都市行政等方面的关系,以及善会善堂组织和中国近代地方自治之间的关系。"终章"再次强调了善会善堂在中国历史进程中的意义和对其进行研究的现实意义。"附篇一"

---

① 李文海:《晚清义赈的兴起与发展》,《清史研究》1993 年第 3 期;朱英:《经元善与晚清慈善公益事业的发展》,《华中师范大学学报(人文社会科学版)》2001 年第 1 期。
② 张文:《宋朝社会救济研究》,西南师范大学出版社 2001 年版。
③ [日]夫马进著,伍跃、杨文信、张学锋译:《中国善会善堂史研究》。梁其姿:《施善与教化——明清的慈善组织》。

依据方志具体统计了清代沿海的河北、山东、江苏、浙江、福建以及广东等 6 省的善堂数量与设置时间。"附篇二"介绍了《征信录》——由民间出版、发布的公共机关或团体的事业会计报告书——的出现时间及所体现出来的中国独特的公共理念。①

梁其姿在《施善与教化——明清的慈善组织》中,尝试从社会文化史的角度来研究有关中国明清时期的慈善组织。除追溯明清慈善组织的渊源,并描述它们的组织形态、主要活动外,作者的另外一个目的是要探索明清的慈善组织与当时的社会经济和思想发展之间的关系。作者相信,只有从客观的社会经济角度和施善者的主观角度等多方面来研究,才可以深入地了解明清时期的社会文化。② 正是从社会文化史的角度出发,梁其姿先生在介绍了明清之际慈善组织的出现后,分别以慈善组织的制度化、"官僚化"、"儒生化"和嘉庆、道光以来慈善组织与小社区的发展等,来概括清代以来慈善组织的发展阶段与各个阶段的显著特点。梁其姿行文和研究的思路与方法,值得重视和学习,尤其是作者对惜字会、清节堂等慈善组织背后的社会思想变迁的分析极其精彩。

蔡勤禹的《国家、社会与弱势群体——民国时期的社会救济(1927—1949)》是中华人民共和国成立以来,首次对南京国民政府的社会救济进行全面深入研究的专著。作者从国家与社会的视角,尝试首先从制度层面厘清民国时期的社会救济思想、行政体制、立法和设施;又从实践层面区分政府和民间两大板块,论述了民国时期社会救济事业的业绩、效应和水平;最后作者就社会救济灾民在

---

① 有关夫马进该书的详细评论,请参看范金民的书评,《历史研究》2002 年第 5 期,第 183—185 页。在夫马进先生的《中国善会善堂史研究》尚未推出中文译本之前,承蒙当年在南京大学读硕士研究生的好友刘喜元兄向范金民教授处借得日文本复印件。回想往事,特郑重向范金民老师和刘喜元兄表示诚挚谢意。
② 梁其姿:《施善与教化——明清的慈善组织》,河北教育出版社 2001 年版,第 3 页。

社会保障、社会安全及社会成长中的作用,进行了深入分析,并就构建现代社会保护体系发表了自己的见解。该书在研究时段和内容方面的首发之功不容忽视,但该书也仅是"开风气者",离"为师"之作的要求尚远,作者显然还有很长的路要走。全书给人以泛泛而谈之感,缺乏必要的深入分析。史料搜集的功夫,还不是十分到家。对民间社会互助救济的论述中,有部分内容值得商榷。当然,对于先行探索之作,不应过多苛责,它毕竟为后来的研究提供了一定基础。

综观以往中国慈善事业史的研究,近代以来中国基层社会的慈善事业仍是薄弱环节。日本学者多关注近代以来上海、广州等大城市的慈善组织与活动,中国大陆和台湾地区学者则更注重研究政府机构或设立在上海、北京等城市内的大型慈善组织以及著名的社会慈善家的活动。上述研究取向无可厚非,但却忽略了近代以来慈善组织浓厚的地方色彩。充分挖掘地方档案材料,展示慈善组织的地方色彩及探讨近代以来慈善组织的社会转型,无疑是以后中国慈善事业史研究的紧迫任务。

史学界有关浦东慈善历史的研究需要从府级和县/厅级来分别梳理。最早专门涉及松江府慈善机构历史研究的学者是夫马进,夫马进在研究清代松江育婴堂的经营状况与地方社会的关系时,充分利用作为慈善事业运作开销收支账目的"征信录"等材料,讨论了运营机构的组织和运作方式,用示意地图的方式显示松江府育婴事业圈的空间联系,其中浦东各县也与设立在府城的育婴机构之间存在保婴与送婴入府城的关系。①

王恬的硕士学位论文《清代松江府的社会救济研究》对所研究的问题进行了大致的勾勒,该文把清代松江府的社会救济分作

---

① [日]夫马进著,伍跃、杨文信、张学锋译:《中国善会善堂史研究》第五章《清代松江育婴堂的经营实况与地方社会》。

官办仓储制度、民办慈善组织以及宗族义庄义田三类。文章认为慈善组织救济主要表现在育婴、恤嫠和助葬三个方面,虽然民间慈善组织发挥了一定的积极作用,但是随着救济事业的不断扩大而出现了善举徭役化的倾向,地方士绅办理慈善事业的积极性降低,随着官方资金的注入和田产的置办而保有较好的基础,采取愿捐也是一种不错的方法。① 该文为进一步研究清代松江府慈善组织发展的时空过程及其变化原因等问题奠定了基础,行文中有不少涉及浦东的材料可供参考。

王大学、刘明明充分利用《申报》等材料,分析了民国初年府级政区改撤为县的过程中,原松江府属各县围绕原来府级慈善公产的激烈争夺过程。文章认为:民国成立,松江府改立为县,与原府属六县平级,府属公产的行政基础丧失;又当时政府为推进现代化步伐,大力发展教育,但社会经济承载力有限,直接导致地方办学经费短缺。为此七县进行了长达十年的府属慈善、教育公产争夺。在分产过程中,各县教育团体是活动的主角,其中交织着团体与团体之间、团体与民众之间、团体与政府之间的冲突和协调。清末民初,地方各种新式社会团体兴起,成为地方社会活动的主体。该文通过地方教育团体的活动,及教育团体与其他地方团体的关系和互动,来透视这一时期地方社会的变化。②

黄鸿山对于已经改制完毕的松江育婴堂、普济堂、全节堂以及后来的七县救济院的经费状况与运营实态进行了一定的统计分析。该文对1923—1932年度的松江育婴堂、全节堂和普济堂的收支状况进行分析后发现,三善堂的主要经费为田租收入,仍然主要依靠"传统"的经济资源维持运行。就救助内容而言,三善

---

① 王恬:《清代松江府的社会救济研究》,南京师范大学硕士学位论文,2016年。
② 王大学、刘明明:《慈善与教育:政区变迁中地方组织间的冲突——以松江由府变县为中心》,《近代史学刊》(第3辑),华中师范大学中国近代史研究所,2006年。

堂出现了近代转型的趋势，创办了广育院、幼稚园和松筠女校等新式教育机构，对教育救助格外重视。但是，在20世纪30年代农村破产的大背景下，三善堂的田租收益日益走低，收入减少，越来越难以应对物价、工薪上涨和教育投入增加等情况，入不敷出。① 钱楠的硕士学位论文《江南慈善机构的近代转型——以松江三善堂为例(1912—1937)》对民国成立到全面抗日战争爆发前松江育婴堂、普济堂和全节堂的运营实况，以及介入近代教育等问题进行了相对全面的梳理和一定的分析。②

史学界关于川沙的研究，成果也相当可观。早在20世纪70年代中叶，美国学者马菲曼(Ma, Amy Fei-man)就对1911年川沙的地方自治和普通民众间的关系进行了研究。③ 到20世纪80年代中期，美国学者浦乐安(Roxann Prazniak)专门研究了1911年川沙自治风潮中的妇女问题，及其反映的社会现象。④ 20世纪90年代初，朱鹏对清末民初川沙地方学堂的建立过程进行了考察。⑤ 刚入21世纪，黄东兰对清末民初川沙的地方自治风潮进行了重新审视，并拿它与日本进行对比。⑥

---

① 黄鸿山：《近代江南社会保障机构的经费收支与运作研究》第三章"'传统'经济资源与'近代'慈善事业——1923—1932年度松江三善堂的经费状况与运营实态"，中国社会科学出版社2017年版，第92—128页。
② 钱楠：《江南慈善机构的近代转型——以松江三善堂为例(1912—1937)》，苏州大学硕士学位论文，2016年。
③ Ma, Amy Fei-man, "Local self-government and the local populace in Ch'uan-sha, 1911", *Select Papers from the Center for Far Eastern Studies*, University of Chicago, 1(1975, 6), pp. 47-84.
④ Roxann Prazniak, "Weavers and Sorceresses of Chuansha: The Social Origins of Political Activism Among Rural Chinese Women", *Modern China*, April 1986.
⑤ 朱鹏：《清末民初中国地方学堂的成立过程——以江苏省川沙县为中心》，《日本教育史学》第37集，1994年。
⑥ 黄东兰：《清末地方自治制度的推行与地方社会的反应——川沙"自治风潮"的个案研究》，《开放时代》2002年第3期。

上述成果多集中于清末民初川沙的民众运动,很少涉及慈善机构的活动,而至元堂在清末民初的川沙社会中有着不容忽视的作用,王大学利用征信录等材料分析了该问题。清末民初的至元堂成为新式团体活动中心,兼任其他团体职务的善堂管理者及其后辈在地方社会中大放异彩。随着各类新式团体的成立,慈善组织的一枝独秀被林立的团体所取代。新式团体成立后地方社会历史的发展,已由衙门和地方实力派人物间的单线联系,变成各团体间合作和摩擦并存。慈善组织势力减弱、地方团体林立与教育机关实力大增是清末民初的普遍趋势,这成为当时地方社会转型的主要特征之一。①

王大学在《善堂与晚清民初江南地方社会变迁——以川沙至元堂为中心》一文中讨论了清末民初川沙的慈善组织设立背景、过程以及与其他机构之间的互动问题。文章认为:由于设治时间不久,经济落后以及当时地方士绅数量少、影响能力有限等原因,至元堂成立前川沙的慈善组织主要以官办为主。随着经济的发展、中举人物的增加以及地方士绅影响力的增强,太平天国战后重建过程中川沙慈善组织的成立已经多由地方人物主持参与。至元堂的成立主要由川沙县城士绅倡议和主持,该堂成立过程及后来运作中大部分民众和普通商家捐款的"徭役化",主要与川沙的社会经济背景有关,同时也反映了地方慈善组织经营中真实而复杂的一面。至元堂与其他机构团体所发生的矛盾和纠纷、该堂对经济领域的全面涉足、民众捐款与善举支出中的针对性等,从各方面反映出清末民初的社会变迁。研究地方善堂的经营实态,也是探讨清末民初江南市镇社会变迁的一个理想窗口。②

有关奉贤的慈善史研究方面,在易文艳的硕士学位论文《奉贤

---

① 王大学:《善堂与晚清民初江南地方社会变迁——以川沙至元堂为中心》,《社会科学》2010年第7期。
② 王大学:《清末民初江南地方慈善组织的经营实态:以川沙至元堂为中心(1895—1927)》,《近代史学刊》(第2辑)。

公有土地产权研究(1937—1949)》中,涉及汪伪政权和国民党政府后期的慈善组织、教育以及庙宇的公有土地逐渐向政府手中转移的问题,其中涉及地方政府对于慈善组织的整顿和统治的加强。①

综上所述,学界对于以"浦东"作为区域考察对象的慈善史研究尚无整体涉猎,但是已经出现有关清代松江府以及近代川沙、奉贤等地方的慈善史研究成果,这些成果为系统、深入探讨近代浦东慈善组织发展的时空过程及其驱动力奠定了基础。

第三节 思路与方法

夫马进和梁其姿对中国善堂善会史的研究,关注重心均在明清时期。夫马进的研究范围,上起善会善堂出现的明末清初,下到清末及辛亥革命为止。②梁其姿的研究,主要集中在1850年以前。她认为16世纪末到19世纪中期的这段历史较有一致性,而19世纪中期以后的善堂,则有了太多非传统因素。③但进入民国后,仍有为数不少的善堂存在并继续发挥作用,而政局的变换又导致了善堂的各种转型。已有少数论者研究了有关民国时期善堂的经营实态和国家权力的关系,但主要集中在上海等大城市。④

---

① 易文艳:《奉贤公有土地产权研究(1937—1949)》,华东师范大学硕士学位论文,2022年。
② [日]夫马进:《中国善会善堂史研究》,"序章",同朋舍,1997年,第25页。
③ 梁其姿:《施善与教化——明清的慈善组织》,第2页。
④ 有关民国时期善堂的研究论文,就笔者有限所见的主要有:高桥孝助:《近代初期の上海における善堂—その都市の状況への対応の側面について—》,《宫城教育大学纪要》第十八卷,第一分册,一九八四;高桥孝助:《沪北栖流公所の成立—上海租界の善堂—》,《宫城教育大学纪要》第十九卷,第一分册,一九八五年;小浜正子:《民国时期上海の都市社会と慈善事业》,《史学杂志》一〇三─九,一九九四年;小浜正子:《民国时期上海的民间慈善事业与国家权力》,《东洋学报》第七十六卷第一、二号,一九九四年。还有周秋光先生的《中国慈善简史》(人民出版社2006年版)、《红十字会在中国(1904—1927)》(人民出版社2008年版)、《中国近代慈善论稿》(人民出版社2010年版)等一系列作品需要提及。

上海近代以来的发展，已深深打上城市化的烙印，各种因素使该地善堂的发展，与邻近地区的差异很大。那么，与上海相邻却没有受到城市化迅速发展因素影响地区的善堂，在清末和民国的运营情况及所发生的转型，就有了探讨的必要。

梁其姿的《施善与教化——明清的慈善组织》一书的附录部分，曾对明清以来出现的各种慈善组织进行了统计，但对于清末川沙的统计很不完整。① 夫马进在《中国善堂善会史》的"付篇一"中也对清代的河北、山东、江苏、浙江、福建和广东六省的善会和善堂的普及情况进行了统计，但是川沙至元堂也不在统计之列。② 也许因为川沙至元堂成立于清光绪二十二年（1896），而有关该堂的公开官方记载迟至 1936 年印行的《川沙县志》方出现，所以梁其姿和夫马进统计的过程中出现了遗漏。就此而言，对川沙至元堂的研究，也是对上述两位有关清代慈善组织统计方式的补充。

梁其姿在其专著的序言中曾提到，研究晚清以来中国慈善组织的地方特色是十分有趣的，也是中国慈善史发展的必要方向。本书关于至元善堂的个案研究，就是基于梁先生的启发。其实，关于清代以来中国慈善组织的研究，不仅有地域上的差异，时代变迁对善堂的成立及其运作的影响，也不容忽视。正因如此，才使各地的慈善组织及活动表现出巨大差异，也使得慈善事业的发展五彩纷呈。因为川沙成为独立建制较晚，至元堂的设立已至清末，使得该堂在清末民初的川沙社会起了举足轻重的作用。民国年间浦东同乡会在上海的显要地位及同乡会与善堂间的联系，使得善堂的活动已不仅仅牵涉到川沙当地人物的活动。本书的主要目的在于把至元善堂放在一个相对较长的历史时段内，分析其

---

① 梁其姿：《施善与教化——明清的慈善组织》，第 327—411 页。
② ［日］夫马进：《中国善会善堂史研究》，同朋舍，1997 年，第 774—777 页。

自身活动的变化、国家政权对地方慈善组织的渗透及地方善堂对国家政权行为的反应等问题。

就中国慈善事业史而言,除研究慈善组织自身的规程和运作外,对其中所涉及人物活动的研究也许更重要。"但作为社会史而言,历史学家如果要在历史中做社会研究的话,确立其研究的核心在于人与人的交往并获得一种研究视角和方式却是非常必要的,正如马克思所说,社会——不管其形式如何——究竟是什么呢?是人们交互作用的产物。"[①]慈善组织的运作离不开负责任的活动以及它们与外界的各种联系,慈善组织也只是社会的一个因子,对其的研究归根结底仍是对社会运作的研究。原来由慈善组织一枝独秀的传统地方社会,在晚清后已被各种新式团体林立的多元化的地方社会所取代。本研究就是要重点探讨这一过程中慈善组织在地方影响力的消长,借此讨论组织在地方社会转型中的地位和作用。

目前的慈善事业史研究,或泛泛而谈某一时期善堂的组织形式和运营规则,或概述某一机关团体的社会救济活动,很少"放宽历史的视界"把具体的慈善机构放在历史的长河中,对其进行从开始到终结的系统研究,进而透视慈善机构自身的运动及与社会的联系。本书对于至元堂的个案研究,是突破现有研究方法的一个尝试。

对至元堂进行从始到终的"全景式"研究,以探究其运作的具体实态、国家权力对地方慈善组织的渗透及其影响,进而透视地方实力派人物在善堂以至整个地区的活动,是本书的问题意识之所在。笔者主要运用该善堂的《征信录》、浦东新区档案馆、上海

[①] 翟学伟:《中国社会中的日常权威——关系与权利的历史社会学研究》,社会科学文献出版社2004年版,第13页。

档案馆和上海图书馆等单位的档案材料,借助于清末和民国年间川沙的地方志中的有关记载,进行相关的研究。整个研究的行文按照时间顺序进行叙述,以逐步展示善堂在各时期的具体活动及其中所反映的社会变迁。

本书利用的史料可以大致分为以下五类:第一,方志材料。包括松江府志以及所属各县的州县志和乡镇志。各级方志材料中对于官方的仓储体系、救济措施等都有所涉及,对于民间的慈善组织以及义举也有比较详细的记载,同时也会记录宗族救济的义田等内容。第二,文集笔记。各类慈善参与者的文集和笔记中多有相关的呈文和书信往来记录等可资参考。第三,政书。各编《江苏省例》以及相关各级官员的政书以及公牍中存在一些慈善相关的材料。第四,近代报刊材料。《申报》以及其他中外文报刊材料中涉及浦东慈善救济的史料数量不少。第五,浦东各县境内各善堂的《征信录》。这些详细的收支财务报告,对于深入了解善堂设立的来龙去脉、各类公产的来源、收入和支出具体情况等问题,具有不可替代的作用。

本书的主要研究方法有:第一,文献研究法。文献史料是进行历史研究的基础,本书在广泛搜集各种史料的基础上,将对史料进行深入解读,力争进行力透纸背的分析。第二,混合研究法。本研究尝试进行定性与定量分析相结合的研究方法,建立浦东慈善组织数据库,对慈善组织的时空过程进行定量分析,并从定性的角度来研究其时空变化的驱动力。第三,可视化分析。本书将借助古地图和CHGIS相关标准年代的底图来进行数据库的可视化,以此展现组织的空间特征并分析促成此特征的政治、经济、文化、社会和自然环境等因素。

第一章
传统社会中的官方救济机构及设施

传统时代,天灾人祸时有发生,救灾成为自古以来统治者必须面对的问题。除官方机构的救济互动之外,民间也多通过捐资献物、修建房屋以及收养教育等方式参与救荒活动,这些有助于缓和由灾害造成的社会紧张关系,历代王朝政府对此也十分推崇。对于日常生活中鳏寡孤独废疾者的生活救助,也是社会保障体系的重要组成部分。从广义角度来讲,慈善活动包括官方和民间的各种救济措施。

对鳏寡孤独废疾者的关心与救助是中华传统文化和美德的重要组成部分,《礼记》中就有"使老有所终,壮有所用,幼有所长,鳏寡孤独废疾者皆有所养"的大同理念。从汉代以来,官方对于社会福利方面均有一定的政策。宋代出现了养济院,这一名称延续到了明清时期。① 通常研究中国慈善史会区分官办、民办和官督商办等不同类型,其实明清社会救济组织中的官民之别没有大家想象中的那么泾渭分明。光绪《青浦县志》中将所有的善堂汇编到一处,认为"公建不区分官民,以建自民者皆具之存档,是亦官司所当稽考焉尔"②。可见,清代很多慈善组织中官方与民间的

---

① [日]夫马进著,伍跃、杨文信、张学锋译:《中国善会善堂史研究》第一章《善会、善堂出现以前——以明代的养济院为中心》。王子今、刘悦斌、常宗虎:《中国社会福利史》,武汉大学出版社 2013 年版。
② 光绪《青浦县志》卷三《建置·公建》。

影响是互相交织的。不过,为了方便讨论,本章先讨论官方主导的社会救济机构。

从社会救济的具体内容来讲,官方的社会救济机构可以分为日常救助的养济院、救荒体系下的仓储系统以及掩埋死者的义冢等。从时间顺序来讲,本书对于各类慈善组织的分析均分为清代和民国两个时期,并适当回顾浦东地区各县在尚未成为独立县级政区之前的善堂善会情况。

第一节　养济院

明代的鳏寡孤独政策是此前历朝历代政策的延续,并直接继承了宋元时代的政策。明代的养济院采用了以里甲制为基础的原籍地收养政策,其分布状况与宋代的居养院等具有明显的区别。宋代居养院的设置甚至遍及城寨镇市,这是因为大量的流民流入了州城、县城以及城寨镇市。明代以来的养济院主要是在各府州县治所的城内或者郊外各设置一所。在一个府城有两个甚至两个以上附郭县的情况下,这些县境域内分别设置养济院或者将它们合并。明代南直隶松江府在明初只管辖华亭、上海两县,洪武七年(1374)在上述两县各设置一所养济院。明末增设了青浦县,遂在该县新设养济院。①

清代继承了明代的养济院政策。就今日浦东而言,清代各县的养济院自官方提倡建立后在规模方面没有太大变化,但整个江南各地的养济院系统均在太平天国战争期间遭到彻底破坏,战后江南重建过程中大多数县份重建这一机构。南汇县养济院在县

---

① [日] 夫马进著,伍跃、杨文信、张学锋译:《中国善会善堂史研究》第一章《善会、善堂出现以前——以明代的养济院为中心》,第51—53页。

城西北隅。乾隆四十一年(1776),知县成汝舟建。西房屋四进,每进七间;东房屋四进,每进三间;头门三间,建碑其中。计共四十三间。匪扰被毁,仅存东首一进,已极破坏。同治八年(1869),知县王其淦捐钱一百千文,饬董修整。①

川沙县养济院在城西隅。嘉庆十五年(1810)建,经费由川沙厅、奉贤县与南汇县的行政长官捐廉设立。养济院基址,坐落在本城内西南隅,乔家港北岸,报德堂西首南向,前临乔家港,后至小沟,东与鞠姓连界,西与丁姓连界,面积共约四分。原有头门一间,正屋三间,东西厢房各一间。② 咸丰十一年(1861),毁于太平天国战事。同治五年(1866),川沙厅同知何光纶重建。③ 金山县养济院,在朱泾镇青龙桥西。乾隆二十六年(1761)知县刘霖建,道光十六年(1836)知县魏文瀛修。同治六年(1867),知县赵元昂重修。④ 光绪中叶胡董荣寿就原址改建瓦平房两进,每进五间,又东西厢房各二间、穿堂二间,每月于此给发口粮。⑤

但是,也有部分县份在太平天国战后地方秩序恢复的过程中并未立即重建养济院。奉贤县即是如此。奉贤县养济院,两进,在西门外,共十六间。嘉庆十年(1805),知县艾荣松捐建养济院于奉城西门外。失修,坍损。道光十五年(1835),知县杨本初重修,地在护城河西门吊桥之东堍。咸丰十一年(1861),贼毁,未建,"现徒剩高墩在耳"。直到光绪十八年(1892),金元烺从太仓转任奉贤知县,乃重建养济院于东街蒋家弄之南。门东向,内有

---

① 光绪《南汇县志》卷三《建置志》。
② 民国《川沙县志》卷十一《慈善志》。
③ 光绪《川沙厅志》卷二《善堂》。
④ 光绪《金山县志》卷八《建置志下》。
⑤ 民国《南汇县续志》卷三《建置志》。

屋二进,计十间,收容老人。后因经费无着而停办。① 民国十八年(1929)恢复,由同善堂每年拨款1 000元,收容老人20名,至中华人民共和国成立前夕停办。②

养济院在官方的主持下有专门的名额限制以及待遇规定。养济院的孤贫有额设孤贫、额外孤贫的区别,在发送救济钱粮的时候也有成人、未成年人之分。南汇县的养济院"额设孤贫三十二名,口粮米在漕粮内编征,柴布衣絮银在地丁内编征。每名大建月给米二斗三升八合五勺、银一钱七厘七毫八丝强,小建月给米二斗三升五勺五抄、银一钱四厘一毫八丝七忽强。由县按月折钱放给。额外孤贫由县捐给,无定额,现在十一名,每名大建月给口粮米二斗四升,小建月给米二斗三升二合。格外孤贫,由县捐给,无定额,现在一百七十八名,每名大建月给口粮米一斗五升,小建月给米一斗四升五合。以上额外、格外孤贫口粮,由每年办漕之员捐给,按月随同额设孤贫,一体折钱给发。③

第二节　义冢

早在今日川沙、南汇、奉贤、金山等浦东地区在雍正朝以后成为独立的县级政区之前,这片土地上已经有义冢社会救济措施。"顺治九年,题准令直省各地方官,于空闲官地设立义冢。凡死不能葬及无主暴骨,尽行收埋。如有好义之人,收瘗贫尸及掩埋枯

---

① 光绪《重修奉贤县志》卷二《建置志》;民国《奉贤县志稿》册七《公益事业之沿革·分述·养老所》。
② 《奉贤县志》卷八《民政劳动志》第二章《社会福利》第二节《社会救济》,上海人民出版社1987年版。
③ 光绪《南汇县志》卷三《建置志》。

骨数多者，地方官勘实，给匾旌奖。"①既然是义冢，其突出特点在于"义"，就是无偿来作为墓地的。官方支持义冢的突出表现是对于这些土地免于升科征税。"查《赋役全书》，南汇于道光元年奉豁，嘉庆二十四年续报义冢熟田五十八亩六分七厘二毫。"②从中可以看出，无论何时批准的义冢均可以通过程序加以免征。

由于义冢多为零星的小块土地，在申报免除赋税的过程中往往不会引起相关部门的重视，程序流程的时间会被拖延，导致一些义冢得不到及时的赋税豁免。"义冢例应免科，州县以地方每次所报为数无几而有详宪转部之繁，率事因循。今所录存皆《光绪志》所未载、未免科也。"③当然，这个并非南汇县的特例，而是全国所有义冢均享受这一待遇，而且也受到这种办事流程的部分制约。但是，这并不影响义冢免税的整体特征。下面将按照县份的区别来分述历史上浦东各县的义冢设置与变迁情况。

南汇县各保各乡多有义冢，均为热心向善之人捐助的，"埋胔掩骼，亦泽及枯骨之遗意"。新设义冢，在县城北门外，属三团。雍正四年（1726），在知县钦琏的指示下，利用官地设置。基地五亩八分三厘三毫，东至邑厉坛，西至沟，南至城河，北至河。当时新县设立不久，虽然各乡镇在原来隶属于上海县的时候已经设立了义冢，钦琏指示在县城附近设立的义冢不仅是为了弥补三团没有义冢的缺憾，更重要的是要把这个义冢作为其他乡镇效仿学习的样板。县城附近新设的这个义冢非常讲究格局与景观的营造。"因于北郊外，得官地若干亩，负郭临溪，舟车便适，辄立为冢。左设一石圹，为枯骨塔；右拟构屋若干间，以寓旅衬。旁立女冢以别

---

① 光绪《川沙厅志》卷二《善堂》。
② 光绪《南汇县志》卷三《建置志·义冢》。
③ 民国《南汇县续志》卷三《建置志》。

嫌疑。置田若干亩,以备土工火化、守望、祭祀之费。培养林木,以为荫翳。募置瞭夫,以防牛羊踩躏,豪右侵渔。更使各乡镇义冢,皆仿是行之。"不难看出,这种精心营造出来的样板强调埋葬尸体的男女之别,还营造出绿树成荫的美丽景观,而并非大家平常印象中的荒丘孤坟的凄惨境况。当然,其他下辖乡镇的义冢是否均能按照这种风格来进行建设是值得存疑的。乡村的义冢大多更注重掩埋的实际功能,其他的很难顾得上仔细考虑。

奉贤县境内义冢的普遍设立始自晚明。明崇祯二年(1629),郡守方岳贡以俗尚火化,督邑令郑友元每图设义冢,立石定界,便民瘗埋。时至清代光绪年间,隶奉贤县者一百四十三所。此外,还有部分家族自设的公共义冢。广孝阡,在十四保一区副九图,其中乡田二十六亩九厘九毫,生员汪如伦捐建。以六亩作公家,葬嫡族之无力安葬者,余田即作膳坟之产。呈县详府,子孙不得擅卖,外人不得擅买。①

嘉庆十五年(1810)川沙厅成立的时候,接管了原上海县二十二保各图义冢地九亩五分二厘、南汇县十七保二十保各图义冢地一十八亩七分七厘四毫。嘉庆十七年至道光十三年(1833)置义冢地三十亩七分八厘二毫,俱详准免科。咸丰七年(1857)至同治六年(1867),续捐义冢地六亩八分三厘。以上共地六十五亩九分有奇。"凡遗榇无主及有主而无地营圹者,均于此收瘗。"②

早在金山县尚未从娄县析分出来之前,晚明已经在各图普遍建立义冢。明时金山还有民众在胥浦自设义冢。金山卫所的卫城外四门各设一广孝所。另外,在卫城北门外浦东场大使设立了一个普同塔。乾隆年间,金山县义冢有120所。③清雍正十二年

---

① 乾隆《奉贤县志》卷二《墟墓(义冢附)》。
② 光绪《川沙厅志》卷二《义冢》。
③ 乾隆《金山县志》卷十五。

(1734),督抚藩臬道府各宪捐设义冢。太平天国战争后,江南重建过程中,金山县建设了一些义冢。同治六年(1867)知县赵元昂捐设丛归里义冢。①

与其他地方的义冢普遍设置的原因相同,皆是因为官方的命令。这一方面是传统王道善待死者的方式,另外一方面是为了公共卫生的需要,死者曝尸荒野容易引发疫病。历史上浦东地区某些地方密集设立义冢的另外一个重要原因,是自然灾害。南汇县成立后大规模设立义冢,就与雍正十年(1732)秋天的大潮灾密切相关。"雍正十年壬子秋七月,海潮,漂尸棺,总督赵饬造义冢以葬。十二年春,知府汪德馨首捐俸银五两助工费,知县钦琏捐俸,买田募工建。"在总督的饬令下,南汇县多地建立了义冢。五团骨塔,在焙灶港南。雍正十年,管理下砂二场盐课司大使事杨维清捐俸,买上则荡一亩建。五团骨塔,在六灶港北。雍正十年,监生张承义捐赀建。五团义冢,在内塘东,五甲中则内。雍正十年,举人顾昺命侄方泰捐田五分建。一团骨塔,在戚家潭。雍正十年,士民程为玠等醵金建。周家义冢在十九保二十六图,雍正十年候选州同知周德洽建。范家义冢,在十七保新二十二图黄字圩,雍正十年范章捐田七分三厘建。屯田义冢,在十九保八十四图荒字圩三百十五号,故军陈换儿户内屯田一亩一分六厘六毫。雍正十年,张彦英捐田出赀具呈建。其应完正赋银米,总督、总漕、巡抚会同咨部,就南汇下伍运田摊完,立碑冢所,永禁耕种。分巡道捐建义冢,在盐司南汇所八十三号。雍正十二年,分巡道王澄慧买田三亩建。②

南汇县光绪三十一年(1905)八月初三日,风潮海溢,冲毁圩

---

① 光绪《金山县志》卷九。
② 乾隆《南汇县志》卷二《建置志》。

塘，溺毙人民甚众。大团绅董王嘉福倡捐棺木八十具，三墩职员倪润章、三团监生卫元弼亦捐多具，次第收殓掩埋。五团储学洙等亦备棺收尸掩埋。宣统三年（1911）二月，城区议长黄炳奎建议办理掩埋，由绅士张景陶、陈佐汉等倡捐兴办。时城厢与三、四两团及城西九十七、五十三、三十一、八十六、九十二图联为一区，区域较大，推定各图、团调查兼干事员三十余人，分段办理，以清明前后一月为期，共埋一千零六十一具。南汇县三团邑城直东沙岭九、十两甲之间，不足二亩，光绪三十一年收葬八月初三海潮淹死者三十余尸于此地，本属卫元弼，遂捐作义冢。四团大路南沙坎丈余地，四步，光绪三十一年（1905）八月初三之大潮，四团沿海居民淹毙无算，办理掩埋者即就公地埋葬，遂成义冢，惟至今尚未禀县立案。①

另外，南汇县境内在新县成立之前的义冢至少有三处，且主要以民间自发行为为主。朱家捐建义冢，在周浦镇。康熙二年（1663），朱锦置，计田二亩。一团义冢，在人字号，计荡十亩。康熙六年，里人胡宗舜捐置。一团骨塔，在市北护塘侧。雍正二年（1724）海溢，里人郑国栋、沈兆占等，捐赀造塔，以瘗浮骸。其他义冢的空间分布情况如下：南坛义冢，在杨辉铺南。钱家墓义冢，在新场镇北一区八十二图。蒋家墓义冢，在十九保一区八十二图。报恩忏院基前义冢，在十九保衙前港北一区三图。玉皇阁基义冢，在十九保分水港东南一区八十七图。瞿家宅义冢，在下砂镇。一在一团镇咸水庙北，小普陀庙西，旧小营盐司地。买田一亩七分八厘零。一在三团倪家路，离城三里，官地二亩四分九厘有零。一在川沙城北九团一甲盐司地，买田一亩二分六厘零。②

---

① 民国《南汇县续志》卷三《建置志》。
② 雍正《分建南汇县志》卷四《建设志上》。

从此以后,南汇县的义冢设置出现一定的时空变化,这从光绪和民国年间两部县志中可以看得比较清楚,此处不赘。需要指出的是,从南汇县义冢的土地来源可以看出义冢土地资源的多样性。有些是慈善人士捐赠的,有些是地方善堂捐助的。①

第三节 仓储系统

仓储制度是古代备荒救灾的重要措施,这是古人对于救灾逻辑的深刻见解以及在日常救灾实践中得出的重要经验。大体来讲,中国古代的仓储制度以社仓、义仓和常平仓为主。早在先秦时期,管仲等人已经开始重视粮食储藏。西汉初年,首次出现专门性救荒的常平仓。常平仓是通过国家掌控粮食的买卖,利用粮价的季节差异获利建仓,以便达到调节粮价高低和救济农民的双重目的。隋唐时期,出现了依托民间力量储谷赈济的义仓。先是由地区建设,后来成为国家赋役制度的一部分。南宋时期,朱熹借鉴青苗法来实施仓谷借贷,强调绅士管理,这就是所谓的朱子社仓。社仓体系之后在全国迅速推广。自此以后,以常平仓、义仓与社仓为代表的仓储体系历代沿用,遍布全国。

就浦东地区而言,由于金山、奉贤、南汇和川沙等县均在清代以后分设而成,所以它们的仓储系统历史并不算长,而且新县设立后千头万绪,各种衙署机构均从无到有,导致仓储系统的运行大率旧章。

南汇县仓储系统

南汇县,"凡分县一切建置有未能毕备者,如学宫、粮仓等,多

---

① 民国《南汇县续志》卷三《建置志》。

就旧县行事。南汇于上海有隔浦之险,故肇造虽艰,势不能已,既就城建学矣,而粮仓之设,更为酌收兑之宜,询民情之便,则于周浦为至当"。

便民仓是为了浦东漕粮转运方便而设,"便民仓,在周浦镇西市稍,属十七保一区五图水字圩。雍正四年,知县钦琏建,基地三十一亩三分四毫"。这是清代浦东唯一的特殊仓储系统,也为周浦成为南汇,甚至浦东大镇奠定了基础。南汇县的常平仓可以分为东、西两个,起始都是由首任知县钦琏主持建造,后来历任知县陆续维修和扩建。

常平仓,在县治大堂西,二十间,知县钦琏建。大堂东三十九间,内十四间知县钦琏建,二十间知县徐日焵建,五间知县裘严生建。① 后来,知县成汝舟移建。② 东常平仓,仓神堂三间,东廒房十八间,西廒房十八间,南廒房七间,北廒房五间,外斗级役房三间,在县署东。西常平仓,东廒房三间,西廒房七间,南廒房一间。社仓,一在横沔镇,仓三间;一在新场镇,仓二间;一在小湾镇,仓二间。俱乾隆十七年(1752)知县胡具体建。乾隆晚期坍废③,光绪年间仍然未曾恢复。④

南汇县的积谷仓是浦东乃至清代松江府最有特色的仓储机构,其中涉及当时上海滨海平原区由钦公塘所构成的塘东团区与塘西图区的利益分异问题。南汇县积谷仓,本常平仓旧基并县丞署废址,这个仓储系统的建立是太平天国战后江南重建过程中的一个重要组成部分。太平天国战后的江南萧条肃杀,人烟稀少,田地荒芜,民生有待全面加以保障,以恢复社会元气。"同光中

---

① 雍正《分建南汇县志》卷四《建设志上》。
② 光绪《南汇县志》卷三《建置志》。
③ 乾隆《南汇县新志》卷三《建置志》。
④ 光绪《南汇县志》卷三《建置志》。

兴"时期,江南加大了慈善救济与社会保障体系的重建和救济范围的扩大,在仓储系统方面主要是以各地的义仓、积谷仓系统建设为主,其中江苏巡抚所在地苏州的长元吴义仓更是蜚声江南。另外,清江浦也建立了规模较大的义仓系统。与这些城市仓储系统不同的是,地处浦东一隅的南汇主要设立了积谷仓系统。

同治十一年(1872),根据董事王晋堦、陈尔赓等人禀请,知县罗嘉杰详请创建。内买民房基地东西十二丈,南北八丈九尺。仓神殿一间,向南大廒房十间,向西大廒房十五间,向东大廒房十五间,晒场,仓厅五间,川堂三楹,东西敞墙,头门五间,照墙一座,照墙东平廒房五间,东栅门,西栅门,东西北三面围墙。中俱有更弄。添买民房基地契价钱 460 千文,建仓铺廒装修备物勒石计钱 11 782.321 千文。截至同治十三年底,共享钱 12 242.321 千文,其中动支陈捐息钱 1 422.270 千文、图捐息钱 9 420.135 千文、团捐息钱 1 400.916 千文。从中也可以看到图、团、积谷各自统计计算的身影。

图、团、积谷的各自核算与使用,在以下史料中有更充分体现。"积谷仓《光绪志》'头门以外有照墙一座,墙东平廒房五间'。今查头门外并无照墙,而北平廒房则增为十一间,用何款改建,及改建于何时,待考。查《征信录》第一册所载,仓房与《光绪志》同。以后各册并无改建报销。访诸故老,咸谓数十年来向见如是。夫既数十年来如是,度其改建,必在光绪初年。又自团图管理权划分后,以头门面北廒间作为团有,余属图有。以此推之,改建增廒费或出自团也。宣统元年,将外头门南首毗连之二间旧归县署科房用者,改建归仓用。先时,外头门间已装修占用,至此南北相连,共享二间。"①

---

① 民国《南汇县续志》卷三《建置志》。

上引史料不仅表明了积谷仓规模、形制与建筑方面的时代变迁过程,更是微妙地显示出了微地貌分区在区域社会形成中特殊的地位和作用。自从雍正年间的钦公塘修筑之后,奉贤、南汇与川沙滨海均主要以海滩的外涨为主,这为三县带来了更多的土地面积,此后的海塘也主要以形制较低的圩塘为主,这些圩塘是为了新涨滩地的开发服务,同时还要在圩塘上面设立闸涵来沟通钦公塘东西两面的水系,以便能够顺利开展煎盐或者农垦,从而形成了钦公塘以西的图区和该塘以东的团区互相竞争、冲突与合作的关系。① 图、团、积谷虽然各自核算,但在晚清和民国初年的地方社会救济以及其他公共事务活动中仍然有互相帮助或者协同努力的情况。这些说明了地方社会中区域分析的重要性,虽然是一个县域之内,但地方之间的空间区别仍然凸显了社会运作的复杂性。

川沙仓储系统

川沙直到清中期才成为独立的县级政区建置,这是今天上海辖区内最晚的。清嘉庆十年(1805),准析上海县高昌乡滨海地和南汇县长人乡北部暨下砂场八、九团地,置川沙抚民厅,十五年划界分管,隶属松江府。是为川沙设治之始。在此之前,川沙厅所包含的地方分别隶属于上海县、南汇县与宝山县。除了上海县是历史悠久的县级单位之外,南汇和宝山县的成立时间也是在清代。清雍正三年(1725),上海县析长人乡置南汇县,嘉定县析东境置宝山县。宣统三年(1911),辛亥革命后,改厅为县,仍属松江府。民国元年(1912),直隶江苏省。1914 年,设沪海道于上海,辖

---

① 王大学:《防潮与引潮:明清以来滨海平原区海塘、水系和水洞的关系》,《历史地理》第 25 辑,上海人民出版社 2011 年版。

松（江）、太（仓）、海门等十二县，川沙县为其一。1926年废除沪海道，复隶江苏省。从这个政区沿革的简单梳理中，我们可以看到川沙真正成为县是推翻封建统治之后的事情了。

从川沙厅被批准为独立府民厅到五年后划界分管的时间线上可以看出，分县后的各种相关工作准备起来相当麻烦。川沙境内的各种仓储系统就是在川沙厅真正开始管辖境域之后才设立的。新成立的川沙厅一切从零开始，实力并不雄厚，作为政府主导的常平仓，是在上海县、宝山县原有母县的帮助下才建立起来的。与江南大部分地区的仓储系统一样，川沙厅的常平仓也毁于太平天国战争时期，后来在同光年间得以重建。在这样的历史流变过程中，常平仓的房间数量出现了一定变化。"常平仓。在川沙厅署头门内东侧，嘉庆十五年建，经费由一厅二县捐廉。咸丰十一年匪扰被毁，同治十三年同知陈方瀛重建。前志载共屋十一间，今共屋十间，内头门一间，坐起一间，廒房七间，仓夫住宿一间。"

作为偏僻的滨海抚民厅，川沙厅的义仓系统建立得更晚，已经在常平仓建设之后大约四分之一世纪的时间。川沙厅的义仓设在城北门内，道光十六年（1836）由同知何士祁倡捐，在地方绅商的协助下建成。在有常平仓的情况下还要建设义仓系统，是因为无论官方还是民间都从历史上看到了常平仓、社仓运作过程中的不足之处，需要义仓系统来作为补充。"考《周礼》遗人掌委积以备凶荒，司稼以年之上下出敛法，使有荒岁而无荒民，为后世置仓积谷所自昉。顾常平、社仓在汉宋间已不能无弊，盖常平掌于官，社仓掌于民。掌于官者，朱子所谓为法太密，避事畏法则弊生。掌于民者，朱子所谓里社不皆可任之人，听其所为则计私以害公，谨其出入则上下相遁，其害又甚。然则言积贮于今日，必与常平、社仓相为表里，而有备无患者，莫善于义仓。盖义仓输之于民,而守之以官,乐岁资其狼戾,故集事易,官民互为稽察,故防弊周,诚良法也。"

从上引何士祁的文字可以看出,义仓最主要的功能是防止以往社仓、常平仓运作中的弊端,使用民间集资、民间管理和官方监督的方式来进行运作。当时,包括川沙在内的江南很多地方普遍建设义仓的背景是出于江苏省级官员的大力提倡。道光十四年(1834),两江总督陶澍饬令两江各属建设丰备义仓,江苏巡抚林则徐于院署后建廒积谷以为之倡,拉开了各地民众急公好义来建设义仓系统的序幕。但是,地处滨海的川沙厅社会经济欠发达,没有什么巨商大贾,义仓创设的难度很大,无奈只得命令图、团各董事量力捐输仓谷。义仓选址在城北门内一处被抵押给官方的处所,此处系利用道光三年(1823)大水后赈灾剩余的八百千文来购置,随后在其后购平房七间改建。义仓前后三进,计廒房客座15间,外有围墙。道光十六年八月动工,阅月而工竣,共享经费钱700余千文。这次的义仓米谷是由25个图、2个团共同捐输的,日常监督管理由监生孟兆奎、文生沈昌周负责。

在何士祁的笔下,川沙厅义仓的设立是最理想的仓储方式。因为仓储的储存空间是动用官家存项来改建的,并没有因为集资而骚扰民众;义仓的仓谷都是靠劝捐而来的,但劝捐是让各位捐助者量力而行,没有进行硬性的摊派;义仓主要靠士绅自行管理,不经过胥吏之手,避免了侵蚀贪腐;义仓同时由官方来加以监督,也避免了被主事者浮冒短缺;义仓的仓谷不进行粜贵籴贱,只是进行春借秋还来收取一定利息,这样不存在折损亏空的问题;仓谷的出借是借三余一,可以保证长久的运行;等到将来仓谷积累到一定程度,也可以拓展恤嫠、育婴等善举。①

---

① 何士祁:《新建义仓记》,见光绪《川沙厅志》卷二。

从川沙厅义仓的规条中,可以明晰地方义仓体系的具体规定和运作方式。川沙厅义仓具体规条如下:

一、谷石须逐年捐积,聚少成多。今于道光十六年秋成为始,按图选董,劝令量力捐输。其新建义仓计廒房十间,各编字号。十七、二十保各图所捐谷贮履字、泰字、豫字廒内,八、九团贮晋字、萃字、丰字、升字廒内;二十二保各图贮恒字、益字、观字廒内。俟续捐盈满,再于空地添建廒房。

一、仓夫一名,由总董事雇觅,保充住仓看管。每月由厅捐给工食钱一千二百文,常川在仓巡查看守。倘有廒漏板损,告知董事禀官修补。

一、义仓积谷系民捐民办,无容书役涉手遴选。本城监生孟兆奎、文生沈昌周为总董事,给予图记,专司收纳监守。又选文生丁时济、徐咸池,监生徐本仁、蔡霭为图、团总董事,凡收放谷石,须会同经理以专责成。

一、收缴谷石须一律干洁,每石用校准公秤一百斤,每斤重十六两为率,由总董事在仓验收给照,于捐户以为收据。仍立廒口册二本,一存官署,一存董事,核实登注备查。其应用铺垫及纸张、笔墨、雇夫晒晾、折耗等费,均由厅捐给,不得开销谷石。

一、士民捐谷多至数十百石、千石者,悉照宪定章程照例详请奖叙。

一、贮谷廒房官发印封,逐廒封锁,外加董事图记封条,其匙钥交董事收管。凡遇盘查、晒晾、散放等事,须本城及图、团董事会同启闭。

一、谷石积至廒满,只须添建廒房存贮,不必议及推陈易新，春借秋还，以杜流弊。每年于十二月盘量一次，遇官交代，亦声请盘查，其董事经管无误亦照宪定章程请奖。

一、设遇灾荒，由地方官查明，先尽各图、团鳏寡孤独，次极贫，再及次贫，分别散给。如收成较为歉薄，尚不致于成灾，亦不得率请动支。

一、丰年易于捐集，每秋成后察看收成，在八分以上者即详明劝捐。俟积有盈余再照宪定章程略为通变，添设恤嫠、育婴等事。

一、义谷系民捐民办，地方官惟有督劝、盘查、收放之责，不得假公挪移。该董事亦无许徇私挪借、通融侵蚀。如有前项情弊，无论绅衿士庶准其具控究追，先行详宪立案。①

何士祁笔下义仓的诸多优点就是从上述义仓规条中总结出来的，但是制度文字与具体实践之间的差别是永远存在的。且不说胥吏是否会借机介入义仓的运行和监督，地方士绅在监管义仓的过程中也往往会与官方的监管人员之间达成一定的"默契"，义仓运行时间一长就必然会出现入不敷出的情况，个中原因值得把玩深思。

咸丰十一年（1861），川沙厅的义仓毁于太平天国战争。同治四年（1865），太平天国战争刚刚结束，清廷迅速展开了江南地方社会的重建，川沙厅同知何光纶重建义仓。义仓的重建并非易事，因为当时社会凋敝，义仓原有基址荒草丛生，一切均由地方官民自行处理和建设。工程始于同治四年三月，利用五个月的时间

---

① 道光《川沙抚民厅志》卷二。

完工。新建的义仓其规模与原来相同，仓廒、堂庑、庖厨共十五间，大门之外有围墙，有专门的守护者来掌管钥匙。共有仓谷三万斤。①

同治十三年，同知陈方瀛详修，规模又有所扩大。"今共屋二十六间：面东一间为头门，左右面西各一间为门房，厨房第一进面西四间为晋、萃、升、丰廒，第二进面西四间为观、恒、益、禄廒，面东一间为寿字廒，右侧面南五间为升、夬、咸、大有、同人廒，又四间为福、豫、履、泰廒，左侧面北三间为鼎、复、兑廒，又二间为客座，内升、夬、咸、大有、同人廒八年建，鼎、复、兑廒九年建，福、禄、寿廒十年建。董其役者，为邑绅祝桩年。"②

晚清时期，川沙已经有一些仓储系统被废弃了，例如，在城北隅盐仓桥西的漕仓、在小湾镇的社仓。③

奉贤县仓储系统

奉贤县的常平仓设在县城内。早在雍正五年（1727），新县设立后不久，知县舒慕芬建。后来因谷多廒少，雍正九年添建，共四十间。储额谷二万石。但是，这个官方仓储系统在太平天国战后就荒废了，光绪年间没有重建。

奉贤县的社仓初建于乾隆十七年（1752），知县李治灏奉文添设。当时的社仓共有两所，五间在县署东，五间在南桥镇。但是，这两个仓储系统也在太平天国战争中被毁。江南重建的过程中，重新安排了奉贤县仓储系统的空间布局。同治八年（1869），知县韩佩金奉文于上、下忙地丁项下带征钱，每忙亩十二文，论董建仓七处，分别位于县署头门内东侧、南桥、庄行、阮巷、泰日桥、青村

---

① 何光纶：《重建义仓记》，光绪《川沙厅志》卷二。
② 光绪《川沙厅志》卷二。
③ 光绪《川沙厅志》卷二。

港、三官堂。自本年上忙起至光绪三年上忙,请免停捐,共征十四忙,储谷 27 848.965 斗。城仓存谷 3 619.65 石,南桥存谷 3 762 石,庄行存谷 3 722.64 石,泰日桥存谷 4 007.84 石,三官堂存谷 4 143.835 石,青村港存谷 4 361 石,阮巷存谷 4 232 石。光绪二年,知县方潫益详请于学署东偏增建总仓。四年,知县韩佩金带征忙捐,谕董储谷 7 724 石。八仓存谷 35 572.965 石。

奉贤县的丰备义仓在县署大堂东侧,仓廒六间,仓厅一座。道光十五年(1835),在两江总督陶澍、江苏巡抚林则徐命令下,知县杨本初捐建。职员胡功捐田 300 亩,贡生葛长华捐田 50 亩,各董陆续置田 332 亩,共原续置田 582 亩有奇。①

历史上浦东各县的官方救济机构主要是各种常平仓、社仓系统,对其起到协助或者补充作用的是义仓系统,而图团分异的南汇积谷仓系统充分说明了独特的微地貌分区不仅造就了农业和盐业系统的差异,更造就了不同的社会结构与社会救济系统。义冢系统也是官方命令、滨海市场发生潮灾、太平天国战后江南重建等因素共同造成的。自然环境在这套系统演化过程中起到了意想不到的作用。

---

① 光绪《奉贤县志》卷二。

第二章

清代浦东民间善堂（上）：普济、育婴、清节、恤嫠类

与全国其他地区一样,清代松江府除官方救济的养济院和仓储系统外,官方和民间的慈善组织在慈善事业中扮演着重要角色。这些慈善组织大多由官督绅办或绅商自己办理,在一定地域范围内实施救济活动,"所以佐吏治之不及,然见于前志者犹无多也。道光以来,郡邑村镇递次兴建,几于靡善不备"①。这条史料清晰说明清代松江府的慈善组织尽管在清初已经出现,但是大规模的善堂建设要到道光朝以后,而且其空间涵盖范围迅速扩大,包括城市和村镇等广大地域。

清代松江府的慈善组织种类繁多,但是主要以普济类、育婴保婴类、施棺助葬类、清节恤嫠类以及其他类型等慈善活动为主。鉴于上述诸多种类善堂的内容丰富,考虑到篇幅的平衡,有关清代浦东慈善组织的时空演变过程及其驱动力的分析分为两章进行论述。本章首先考察普济、育婴、清节、恤嫠类慈善组织的情况。

第一节 普济类善堂

清代的普济类善堂是一个特殊类型的存在,它在客观上是为

---

① 光绪《松江府续志》卷五《疆域志·风俗》。

了弥补官办养济院功能与施惠人员范围的局限,但是同时并非官方新设机构,更大程度上是属于官督商办的性质。养济院与其他非官方性质的善堂善会在经营理念、普及范围与设置地点、经费来源、经营方式和财务清账等方面均有不小的差异。清代普济堂的大规模"官设"源自雍正年间河东总督王士俊在河南、山东境内的推行,并且在此后开始了普济堂的养济院化过程。①

清代浦东各县普济类善堂的名称有所不同,但功能在本质上是一样的,它们的演化过程大致如下。

南汇普济堂,同治十三年(1874)县建,位于惠南镇,主要依靠政府拨款及堂田9 195亩荡田地租。房舍34间,额收孤贫百名。②南汇县级善堂的田产特别多,这主要是由当时南汇塘外新涨滩地不断出现的自然条件所决定的,但是从光绪七年(1881)开始善堂在购买和出租这些涨滩的过程中引发了持续数十年的利益冲突和诉讼。其中涉及苏州的善堂、松江府的善堂、南汇县的善堂之间以及各类善堂与租佃者之间的激烈冲突。从某种程度上来说,南汇普济堂的近代历史最重要的是各种田产的争夺史,慈善活动本身反而被淹没在这些利益冲突之中。③

奉贤县同善总堂,在邑庙东侧,前身为施棺局,道光三年(1823)创办。④ 道光十四年春,知县杨本初倡捐,建屋两进,谕董林国宾、唐庆门等劝捐存典生息,作为施棺埋葬经费并收殓路毙

---

① [日]夫马进著,伍跃、杨文信、张学锋译:《中国善会善堂史研究》第八章《善堂的官营化与善举的徭役化——由普济堂的经营看"国家"与"社会"》。雍正朝慈善组织的时空过程,尤其是当年王士俊大力推行普济堂的背景、过程及其驱动力,参见王大学:《雍正朝慈善组织的时空特征及运作实况初探》,《社会科学》2015年第7期。
② 《南汇县志》第九编《民政·慈善福利·解放前的慈善团体》,上海人民出版社1992年版。
③ 民国《南汇县续志》卷三《建置志》。
④ 《奉贤县志》卷八《民政劳动志》第二章《社会福利》第二节《社会救济》,上海人民出版社1987年版。

浮尸。又于堂后三神庙址改建两楹作为办公场所。后来考虑到乡间路远,设分堂四处,分别在南桥、泰日桥、阮巷和庄行,并置义冢。分堂的经费均归总堂支给。又陆续捐置田1146亩有奇,并因命案尸场扰累地方,议定验费章程,由堂给发,通详立石。同治二年(1863),经总董林国琛续劝捐验费田143亩有奇,逐年收支详刊《征信录》,以昭核实。① 同善总堂资产有田地1300余亩,房屋18间。除了上述四个分堂之外,晚清辖老人堂和育婴堂各1所,清末育婴堂并入青村育婴堂。另外,需要注意的是,奉贤有其他的善堂在清末民初时曾被归并入同善总堂。奉贤聚仁堂,在木行桥。监生吴克芳捐房屋并基地、田池共21亩有奇。咸丰元年(1851),并入同善总堂。其屋于十一年冬在太平天国战争中被毁。②

清代浦东的普济类善堂以上述的南汇和奉贤为代表,川沙当时的善堂以综合性善堂为主的至元堂为代表。普济类慈善组织近代转型的一个突出表现是教养兼施的习艺所类型机构的出现,其中以南汇县习艺所为代表。

南汇县习艺所,光绪三十四年(1908)建,南汇县知县李超琼就县署西首常平仓基,谕令董事秦始基、胡世英督造楼、平房45间,其中工厂5间,宿舍10间,工师室2间,收藏工器室1间,病房1间,暗室1间,思过室1间,看役室1间,更房1间,浴室1间,会客厅3间,会计室1间,卧室3间,原料储积室2间,成物陈列室3间,厨房3间,门房1间,过道1间,柴薪室1间,米仓1间,杂作室1间,探晤室1间,计共费银12600余元。建筑经费由五十市乡绅富捐资,官厅拨给罚款,相辅而成。其中捐款最多的是邵锡瓒,他

---

① 光绪《重修奉贤县志》卷二《建置志》。
② 光绪《重修奉贤县志》卷二《建置志》。

为母请旌捐银1500两;罚款最大者为马姓铜圆案3000元。其余均由绅富集成。

宣统元年(1909)四月,知县王念祖批准县自治机关公推奚光耀为总理,胡世英、胡咸章为坐办,开办费及常年经费均赖绅富捐款及官厅拨给罚款充用。初时定名为罪犯习艺所,兼收各市乡无业莠民,额定80名。除由县拨发已定罪名人犯外,妨碍地方治安的小窃、流氓、恶丐、棍徒、游荡、无赖等,由公正绅董函开事实,拘送到所,经总理核明后马上送到县衙过堂开审,根据情节轻重,酌定期限,发所习艺。在习艺所学艺期满就可以保释,或者在习艺所内学艺提前完成也可以提前保释。

习艺所还有一个特殊功能,协助地方政府处理违法犯罪的事情,降低官方的工作开支。"倘有凶横不法之徒扰害地方,绅董等不能拘解,可先将犯事实迹开送本所,由所送县,请派巡警差役协保指拿。一经获案讯实,或拟罪详办,或发所习艺,由县酌核办理,所有县中差堂各费一律除免。"由官厅发押者,口粮由官厅发给;由市乡送所者,每名收膳费洋六元;败家子弟由家长送所、代为管教者,酌捐若干;扰害地方、无家可靠之人由各乡经董送所者,免贴膳费。习艺人犯如果病故,报县诣验,由善堂棺殓,发坛浮厝,饬属领葬。

习艺所的工艺培训包括织草席、作麻袋、编蒲包、结渔网、裁缝衣服、制造鞋袜、编造竹藤器具,将来根据师资再扩充其他技术培训门类。技术特色突出的罪犯也有可能被提拔为工程师来教授其他人犯。习艺人犯工作时刻在冬日以八小时、夏日以十小时为准。每逢万寿节、端午、中秋、除夕、元旦至初三并元宵,各停工休息一日,给荤食一餐。每逢星期,下午停工,由坐办邀请学堂教员演讲修身勤业、因果各事实,以冀改悔感悟。"各人犯成物销售,扣去料价及本人饭食外,余利以十分之三留充本所经费、十分之二存给各执事花红、十分之五登折存,给本人收领,俟限满出所时,照给为谋生之本。"可惜这个机构存在的时间很短,"宣统三年九月十八日,海匪樊培生纠党进城扰乱秩序,劫放监所押犯,习艺所亦暂解散"①。

第二节　育婴类善堂

传统社会缺乏有效的节育手段,生育率相对较高,但贫困家庭却无力抚养过多子女,加上重男轻女思想的影响,"贫家生女多则厌之,率行溺毙"②。弃婴、溺婴现象相当普遍。其实,溺婴现象在历史上早就出现,不仅溺毙女孩,子女过多的家庭也不会放过新生的男孩。宋代的福建等地已经有相关记载。③

入清以来,在臣工恳请下,顺治也发布过禁止溺婴的上谕,但效果不彰。康熙四十五年(1706),朝廷鼓励各地办理育婴堂。雍正二年(1724),皇帝下诏要求地方政府劝募好善之人"于通都大邑、人烟稠密之处,若可以照京师之例,权宜行之"。雍正皇帝的命令,导致地方出现了一波兴建善堂的小高潮,但是由于他认为各地督抚有更重要的事情办理而建立慈善组织乃"妇女慈仁之政",在其当政期间,善堂善会在全国并没有大规模地铺开。尽管如此,雍正的上谕毕竟开启了清代慈善组织制度化的序幕。④ 乾隆六年(1741),朝廷严饬地方官实力推行育婴堂,选择富裕忠厚诚实严谨的人来负责管理,规定每年的年终要将育婴堂内的育儿

---

① 民国《南汇县续志》卷三《建置志》。
② 宣统《蒸里志略》(青浦)卷二《疆域·风俗》。
③ 参考张文：《宋代社会救济》,西南师范大学出版社2005年版。
④ 梁其姿：《施善与教化——明清的慈善组织》。[日]夫马进著,伍跃、杨文信、张学锋译：《中国善会善堂史研究》,第373页。另外,王大学对于雍正时期慈善组织的时空过程、空间分布特征及其驱动力进行了基于数据库和可视化的综合分析。

状况以及支存细目等造册上报官府备查,如果有懈怠、玩忽职守或者克扣需索等弊病将严行查参。①

在上述背景下,康熙和雍正年间松江府育婴类慈善组织逐渐发展起来。从历史进程来看,松江府的育婴类慈善组织的功能和形态与其他地方,尤其是江南两浙的广大地区,并无二致,均可以分为育婴、接婴和保婴三大类型。育婴堂的设立和运营需要大笔资金支持,所以并非到处都有设立,主要建在交通便利、商业发达和政治地位较高的市镇或者城市,"惟通都大邑间有之"②。

各县育婴类慈善组织概况

南汇县周浦育婴堂,雍正七年(1729)绅士朱日成等建。本在善庆庵后,乾隆三年(1738)移于镇东市,即碧霞庵故址。③ 其经费主要来自地租与典息。典息方面,除方襄宸捐存于源昌典770千已置外,尚有张务本捐存奚至正典350千,并嘉庆年间朱清荣、冯应麟等筹捐,增至2000千。迄道光三年(1823)灾荒,婴孩口粮增多,概支用无存。④ 地租主要来自堂田140亩。⑤

南汇县育婴堂,道光二十二年(1842)知县建,在惠南镇。房舍11间,收养无人抚育的婴儿。⑥ 不过,因为晚清江南地方不靖,育婴堂的收支状况并没有及时刊印《征信录》,"收入支出之数,久无簿籍可稽"。清末民初,张之彝任堂董后资产方逐渐得以积累,

---

① 光绪《钦定大清会典事例》卷二六九《蠲恤·恤孤贫·养幼孤》。
② 雍正《分建南汇县志》卷六《建设志下》。
③ 光绪《南汇县续志》卷三《建置志》。
④ 光绪《南汇县续志》卷三《建置志》。
⑤ 《南汇县志》第九编《民政·慈善福利·解放前的慈善团体》。
⑥ 《南汇县志》第九编《民政·慈善福利·解放前的慈善团体》。

并有机会添置房屋。① 堂中旧有图、团田亩,业多改变。到了民国年间,共计实存图田一百三十三亩五分九厘三毫,又池田一亩八分二厘一毫。团田实存荡田四十二亩八分。新增一团荡地。光绪中叶,苏州清节堂将一团沙洲丈余地拨归南汇婴堂管业,当时仅收柴息。至二十六年大丈,丈见田四千五百零五亩,每亩应缴钱二千文,以堂中经费无着,当时察看可筑圩围荡地二千九百余亩,召佃收顶,由堂筑圩,除支筑圩费外,尽数抵缴,尚亏尾找。其时圩外荡地照丈见数,犹有一千五百余亩,光绪季年禀准,将其六份拨充城南女校作基本金。提款。旧时漕粮每石提捐钱十文,钱粮每两提捐钱五文,又经书辛工内酌提二文,共提得十七文,与松江育婴各半分支。宣统三年(1911)光复后废。②

南汇五团施衣保婴局,在二甲关帝庙。顾镛等于每年冬至节,施送寒衣,并立保婴会。③ 光绪初年废。④

南汇县五团接婴堂,在竹桥镇西市。同治十年(1871)邑人顾其琛等以本团施衣保婴局废止,劝募同志设堆积会。每会常年缴钱一千二百文,积存至光绪二年(1876),计共有钱三百八十七千五百四十文,置买顾姓市房九间,改作接婴公所。并集捐田二十七亩,收租作经常费,于光绪五年立案开办。及光绪三十二年,本镇开毓秀小学,以经费支绌,学董傅恭弼遂移此项公产暂济学费,接婴事因之中辍。宣统三年(1911),傅恭弼、李家让、龚奎聚、陈禹垂、储学祖等认捐续办,拟定接婴办法,并设保婴二十名、孤贫十名、保节十名,每名月给口粮钱三百文。⑤

---

① 民国《南汇县续志》卷三《建置志》。
② 民国《南汇县续志》卷三《建置志》。
③ 光绪《南汇县续志》卷三《建置志》。
④ 民国《南汇县续志》卷三《建置志》。
⑤ 民国《南汇县续志》卷三《建置志》。

金山县的育婴接婴类情况如下。金山县钱家圩接婴局,道光十六年(1836)绅士钱熙祚、钱培垿等立。① 金山县张堰济婴局,在张堰新街,道光二十七年绅士张希仲、钱熙奉等立,共市房二十五间。② 咸丰十一年毁于兵。同治年间,钱廉重建平房三间。③ 金山县朱泾镇接婴局,在朱泾镇上塘,武帝庙右。④ 金山县张堰育婴所,创设于清代,地处张堰镇东市,为松江、金山两县人士共同举办的慈善机构,有租田三百余亩。平时收容婴儿20—30名,至1936年,增加到80—90名。中华人民共和国成立后,人民政府对孤寡老人、孤儿、残疾人等生活进行妥善安排,而且注意发挥残疾人的作用,举办福利工厂、商店等,使他们残而不废,成为社会有用之人。⑤

奉贤县的育婴接婴类慈善组织如下。奉贤育婴堂,在南桥镇南街,创于道光二十六年(1846),地方绅民呈请知府饬令知县建立,置屋四进。阮涛捐屋价之半,葛长华、陈廷松等倡捐田,共计八百余亩。每年出纳刊《征信录》,以便昭示账目清白。咸丰十一年(1861)冬,太平天国战争中被毁掉一半,司事复为修理。⑥

奉贤接婴堂,附设于西门外小佛堂。职员沈鸿宝、王嘉猷捐设,道光十九年(1839)知县周恭寿在地丁项下分同善堂忙捐每两三文,以收养弃婴,转送郡堂。咸丰五年(1855),南汇县职员潘绍祥捐钱二百千文,经董建屋三间,知县顾思贤捐田五十七亩有奇。十一年春,毁于太平天国战争,战后江南重建的过程中林国琛集

---

① 咸丰《金山县志》卷三《建置》。
② 咸丰《金山县志》卷三《建置》。
③ 光绪《金山县志》卷八《建置志下》。
④ 光绪《金山县志》卷八《建置志下》。
⑤ 上海《金山县志》第24编《民政》第四章《社会福利》,上海人民出版社1990年版。
⑥ 光绪《重修奉贤县志》卷二《建置志》。

赀修葺。①

奉贤抚孤局,建立于同治元年(1862)冬,邑令韩佩金谕董经办。三年春,撤。② 该善堂具体情况不详,但所谓的"孤"一般是指父母双亡的孤儿,姑且把其放在育婴类机构之内。其很快被裁撤的原因可能主要是经费不继,也可能是其善举已经归并入其他经费充足的善堂。

育婴堂运作规程与育婴事业圈

育婴堂对婴儿的接收和养育有一套系统而严密的规定,这在南汇县育婴堂的章程中有充分的反映。就婴儿的接收而言,育婴堂中设立收婴册一本,对于由人送到善堂而非遗弃的婴孩,司事问明抱送者与婴孩的信息之后,验明婴孩特征后登记造册,以便婴孩的亲生父母在将来能够查明核实后将亲生孩子领回;被遗弃而具体信息无从查考的婴儿,由善堂办事人员抽签来决定其姓氏并代为取名,把入堂之时作为其生日的具体日期。

婴儿入堂之后由善堂聘请的寄养乳妇喂养和照顾婴孩,寄养乳妇每月工钱一千二百文。如果婴孩是在深夜或大雨、大雪之日被送到堂中,则需要在接婴所或者附近邻居雇佣乳妇先行喂养。除了在堂留养之外,还会采用寄养的方式,寄养乳妇居住的空间半径范围在城外六里之内。堂内设察婴员两人,分城内和城外以及东西南北四个方向,按日轮流检查寄养婴孩的状况,及时更换抚养不力的乳妇。善堂会在每年二三月份为婴孩种痘。司事每日检查婴孩的情况,乳妇也需要额外留心照顾,育婴堂月给钱五百文。如果婴儿患病,由乳妇报明后,善堂延请医生加以诊治。

---

① 光绪《重修奉贤县志》卷二《建置志》。
② 光绪《重修奉贤县志》卷二《建置志》。

健康的婴孩在一岁半断奶,体弱多病的婴儿则根据具体情况来延长哺乳期。如果有人愿意领养善堂中的男孩或者希望将女孩作为童养媳者,由善堂查明领养人的家庭状况,身家清白者方可领养。如果婴孩尚在哺乳期即被领走自行喂养者,善堂每月补贴给领养的家庭五百文钱,并且每月把婴儿带到善堂来检查一次。被领走的婴孩由善堂发给执照并由县钤印,目的是"日后不致以异姓乱宗为词"。僧尼、道士、赌棍、娼妓以及行踪可疑之人不得领养。育婴堂里面的婴孩,如果亲生父母愿意领回,善堂稽查确实后也允许其领回,每月朔、望两日检查寄养婴孩的状况以及乳妇的抚养成果。倘若尽心养育则发给赏钱,否则就更换抚育之人。

育婴堂还关心婴儿未来发展,根据不同的情况来加以有针对性的教养。善堂内的男孩从七岁开始入义学读书,到十三岁时对这些小孩进行一次学业考核。有学习能力、"才可上进"的继续学业,十六岁长大成人者需要自立,其余学业不佳的就学习手艺或者"雇工服役",身有残疾者则从十三岁开始学习占卜算卦等谋生手艺。女孩从八岁开始跟随乳妇学习纺织缝纫,到十三岁时选择身家清白者加以婚配,到此年龄而无人领养且难以婚配的女孩则入养济院。

育婴堂主要设立于县城或者比较大的市镇,仍然无法满足偏远乡镇的需求。加上清末教案迭出,起因大多是教堂残害婴孩的谣言而起,有人认为需要大力推广育婴活动方才妥善。"闹教之案迭出,大都因匪徒捏造教堂残害婴孩之谣而起,亟应推广育婴,方为妥善。"① 在内外双重因素的综合作用下,民间育婴事业进一步得以发展,以转送婴儿为主的接婴结构和以自主家庭养育为基础的保婴会陆续出现。

---

① 民国《上海县续志》卷二《建置·善堂》。

无力设置育婴堂的地区，通过建立接婴堂将婴儿送到上一层级的育婴机构。接婴堂通常房屋简陋，费用较少。奉贤县的接婴堂地处该县西门外的小佛堂，迟至咸丰五年（1855）方才建屋三间。① 更多地方的接婴堂连简陋的专门机构也没有，而是附设在其他的慈善组织内。青浦县黄渡镇的接婴堂附设在该镇的同仁堂内，娄县七宝镇的接婴堂附设在该县三善堂内。②

就管理方式来看，接婴堂多由民间捐资创办，地方士绅负责管理。同治十年（1871），南汇县二区五团的顾其琛等设立"堆积会"，开始筹集资金，到了光绪二年（1876）方才筹得资金三百八十七千文，遂购置房屋九间来作为接婴场所，以田租作为常年经费。光绪五年，接婴机构方正式立案开办。③ 青浦县的接婴堂初建于道光七年（1827）。同治十年（1871）设立哺乳房，由该县同仁堂的司事方义枢等人负责具体运行。此外，官方从地丁钱粮中每两抽取十文来鼓励资助民间开展婴儿救济。④

接婴堂收养的婴儿一般较少，它最重要的功能是把暂时抚养的婴儿转送到更上一级的育婴机构。对于将婴孩送到接婴堂者，由堂发给川资五百文，以示鼓励。青浦县接婴堂的收养名额限度为五位婴孩，由堂中的乳妇喂养照看。夭亡的婴孩由接婴堂收殓之后，运送到青浦县同仁堂义冢掩埋。接婴堂聘请诚实老妇一名，经常检视乳妇乳汁的多寡浓淡。乳妇每月工钱一千五百文，一切杂用物件均由接婴堂备给。当接婴堂内的婴儿多于五名，在堂乳妇无法给予周全的照料时，暂时交给民家寄养，定期察看，以定奖惩。尽管接婴堂的硬件设施比较简陋且堂内抚养的婴儿数

---

① 光绪《奉贤县志》卷二《建置志·公所》。
② 民国《青浦县续志》卷三《建置·公建》。
③ 民国《二区旧五团乡志》之《建设》，上海书店出版社1992年影印本，第831页。
④ 光绪《青浦县治》卷三《建置·公建》。

量极为有限,但是对婴儿的安排照顾比较周到,有利于这些弃婴的成长。待婴儿调养至基本健康之时,接婴堂会在天气晴朗之时发给凭证,派遣乳妇把婴儿送到松江府育婴堂进行抚养。太平天国战后,鉴于战乱造成的人口锐减,接婴堂增加了对育婴事业支持者的酬谢力度,乳妇每月多发给五百文,保人每推荐一名乳妇加钱五十文。①

育婴堂与接婴堂等接婴机构之间形成了接婴网络结构,这被夫马进等学者称为"育婴事业圈"。这种"育婴事业圈"的形成和发展有一个时空变化的过程。康熙年间,以苏州为中心的"育婴事业圈"辐射的范围超出了行政区划的范围,苏州的育婴堂也接收来自浙江,尤其浙北接婴机构送来的婴儿。② 后来,随着慈善组织的制度化与官僚化的逐步深入,各种慈善组织在官方大力介入而建设的时候,政区层级与行政势力的影响就表现在慈善组织的上下级关系方面,尤其是府州级别与其隶属的县级善堂善会之间的业务联系就具备了"慈善事业圈"的特征。现有研究表明,在雍正朝开始善堂官僚化的时候,河南部分府级普济堂中已经出现慈善事业圈的现象。③ "育婴事业圈"是此类慈善事业圈中最典型的一类,且其在空间分布上要比其他慈善组织的事业圈广泛得多。

这种"育婴事业圈"的运作得到了官方的经费支持,尤其是通过地丁田赋等方式来为"育婴事业圈"的正常运行奠定了基础,这在松江府境内表现得极为明显。青浦县的地丁钱粮项下每两带

---

① 光绪《江苏省例四编·整顿推广育婴章程》,社会科学文献出版社 2012 年影印本,第 469—474 页。
② [日]夫马进著,伍跃、杨文信、张学锋译:《中国善会善堂史研究》第五章《清代松江育婴堂的经营实况与地方社会》。王卫平:《中国传统社会保障与慈善事业研究》,群言出版社 2004 年版。
③ 王大学:《雍正朝慈善组织的时空特征及运作实况初探》,《社会科学》2015 年第 7 期。

捐钱十文,以七成资助松江府的育婴堂、三成归本县接婴堂使用。"地丁钱粮项下每两带捐钱十文,以七成资郡育婴堂,三成归本堂济用。"正是由于这种制度和经费上的周密安排,接婴堂在养育婴孩方面发挥了相当大的作用。青浦县接婴堂"岁全婴命以数百计"[1]。青浦县育婴堂运作的显著成效,引起了官方的重视并加以推广。江苏布政使发文,命令各属仿照青浦县所禀报的接婴、保婴之法,"接婴则在乡收抱送城,不遗在远",并刊印青浦县的接婴章程以供各地遵照仿办。[2]

晚清江南"育婴事业圈"的运营实态比制度规定要复杂得多。南汇县的接婴堂始建于道光二十二年(1842),同治十一年(1872)改建为育婴堂,完成了从接婴向育婴机构的转变。南汇县认为自己设立育婴堂之后就无须把婴孩转送松江府级育婴堂代为抚养,萌生地方地丁带捐完全归于地方育婴堂使用的想法。[3] 但是,这种地丁带征育婴经费完全归各县自己支配的想法并没有实现,这是由当时的政治制度所决定的。夫马进关于清代松江府育婴事业圈的研究中附设的示意图说明,南汇县与松江府之间的育婴网络一直存在。[4]

保婴会主要功能是资助婴儿的亲生父母在家养育自己的孩子。保婴会的运作有严格的规定:当查明孕妇确实贫困之后,在十二个月内每月给产费七百文,遗腹子另加六个月,双胞胎的资助增加一倍。保婴会发给婴孩衣服、尿布等用品。保婴会中设有司察来随时抽查婴儿的抚养状况,保婴的救济范围在八九

---

[1] 光绪《青浦县治》卷三《建置·公建》。
[2] 光绪《江苏省例四编·整顿推广育婴章程》,第466页。
[3] 光绪《南汇县志》,卷三《建置志·义举·附章程》,第613—615页。
[4] [日]夫马进著,伍跃、杨文信、张学锋译:《中国善会善堂史研究》第五章《清代松江育婴堂的经营实况与地方社会》。

里以内,司察一月两次赴各家检查,在此空间范围之外的保婴事业主要交给乡约局处理。保婴会中设立底簿一本,登记具体的救济情况,婴儿病故而隐匿不报者会被追究保人的责任,领取补贴而继续溺婴或者婴儿病故而继续冒领救济的均禀报官府而加以整治。这样的规定中最值得注意的是,保婴家庭的确定需要由保人来加以引荐并承担相应的责任。这一规定的出发点是为了防止冒领补贴,邻里为无力教养婴儿的家庭作保,并由保婴会出具票据。晚清著名善人余治的《得一录》中就收录有"保婴局票样式"。

保婴会使得贫穷家庭的父母得到一定的经济援助,而且通过自行抚养的模式使得本来传统模式下将被抛弃或者溺毙的婴儿得以存活,在父母与子女朝夕相处的过程中增加了舐犊之情,从而不再轻易产生放弃婴孩的念头。实践证明,保婴会的效果比育婴堂更好。保婴会的婴儿死亡率在 15%—20%,同期松江育婴堂的死亡率为 48%—50%,沪北仁济留婴堂的死亡率为 41%—53%。①

第三节　清节、恤嫠类善堂

在清代,全国很多地方都设立有清节堂、恤嫠会等慈善组织。清节堂是为了收养夫死而不欲再婚的女性,恤嫠会主要是从经济上援助贫困寡妇的团体。实际上,在中国历史上很早就有对寡妇关怀的文字记载,而且从先秦以来的各朝各代,尤其是宋代以来的养济院均重视这一问题。明末以来出现的同善会中已经蕴含了恤嫠会和清节堂萌芽的因素,最早的清节堂的构想与建设则出

---

① 王恬:《清代松江府的社会救济研究》,南京师范大学硕士学位论文,第53页。

现于乾隆中后期的扬州。① 清节堂的出现是乾隆中期以来慈善组织儒生化的重要表现之一,清节、恤嫠类善堂的出现,是应对现实中的抢醮以及家族制度的投射等诸多因素影响的产物。②

各县恤嫠类善堂概况

南汇县恤嫠局,同治年间知县建,位于惠南镇。光绪季年,因住堂节妇日渐加多,有不能容之势,爰于三十四年定议扩充号舍,度定于厅事右侧余地上添建面北楼房上、下八间,面西楼房上、下六间,面南楼房上、下二间,共十六间,实支工料洋一千八百七十元。光绪八年(1882),沙田局举行大丈,依照同治十三年(1874)南汇知县金福曾详定原案缴价承买三团新涨滩地4 696.285亩。光绪二十六年大丈案内,又报买续涨滩地5 127亩,除于原董事陈锦柏任内由张醉经、杨碧华等承领2 691亩归为民业外,尚存滩地2 436亩。光绪三十三年,董事陈锦柏拟章召佃,每亩收押租钱6 000文。但是,直到宣统元年这些滩地仍然未经开垦,由总董秦始基等筹款发还各佃押租银共17 047.66元,又支给佃户犁地费银2 079.932元、开河费银674.632元,得以次第开垦成田。因而,此项荡田纯由恤嫠局出资自垦,与其他公产迥然不同。③

奉贤恤嫠局,道光二十二年(1842)建,姜斌捐田五十亩有奇,并劝捐一百余亩。同治六年(1867),吴江副贡凌泗捐田八亩有奇。七年,知县罗嘉杰暨韩佩金倡捐钱各二百千文,董事唐庆廷、

---

① [日]夫马进著,伍跃、杨文信、张学锋译:《中国善会善堂史研究》第七章《清代的恤嫠会与清节堂》。
② 梁其姿:《施善与教化——明清的慈善组织》第五章《乾隆中期以来慈善组织的"儒生化"——惜字会与清节堂的例子》。
③ 民国《南汇县续志》卷三《建置志》;《南汇县志》第九编《民政·慈善福利·解放前的慈善团体》。

庄德均等倡捐，共集田二百二十八亩，又袁敬胜等捐田九十二亩有奇。局分东西两处，东乡附本城节孝祠内，西乡在南桥镇西街，与社仓邻。由董庄嘉炳、陈泰鼎等集捐建屋八间。光绪四年（1878），知县韩佩金又置田七十余亩，分捐东、西两局添给氂额。原、续共捐置田八百五十八亩有奇。① 根据奉贤新方志的记载，该善堂的土地亩数与房产规模有很大的变化，"有田地94亩、房屋30间"。但是，具体原因不明。1937年11月，为日军炮火所毁。②

奉贤旌邑公所，在南桥镇。咸丰十一年（1861），毁于太平天国战争。同治十三年（1874），鲍春荣等重建。旌邑义冢与公所同图。③

恤嫠类善堂出现的原因及运行情况

清节恤嫠类救济源于传统社会对贞节的提倡，守节的嫠妇可以得到官方的旌表，也是大家族的荣耀。但是，通常情况下，一旦丈夫去世，嫠妇在家族中的地位降低且经济上也多陷入困顿，如果再加上抚养子女，则经济状况会更艰难。这是促使寡妇改嫁的一个重要原因。川沙籍近现代名人黄炎培主编的《川沙县志》中曾经说道，"茕茕嫠妇，贫苦无依，欲守不能，醮亦在所不禁"。④ 当然，有些女性成为寡妇之后，夫家为了觊觎嫠妇的财产而强迫寡妇再嫁的情况也非稀见，这种行为被称为"逼醮"。有学者指出寡妇守节困难是因为涉及财产继承的问题，就算有些寡妇本身有心守节，但是她丈夫的家人很可能会逼迫她再嫁，以便剥夺其继承丈夫财产的权利，甚至还想借此吞并她从娘家带过来的

---

① 光绪《重修奉贤县志》卷二《建置志》。
② 《奉贤县志》卷八《民政劳动志》第二章《社会福利》第二节《社会救济》。
③ 光绪《重修奉贤县志》，卷二《建置志》。
④ 民国《川沙县志》卷十四《方俗志·川沙风俗漫谈》。

嫁妆。①

清代松江府"乃有强娶孀妇者,或诱其亲族,贿通地保,私立婚书,夤夜纠众抢逼",逼婚行为伤风败俗,而且非常猖獗。② 针对孀妇的这种不法行为在江南并非个例。同治年间的官方文书就痛斥苏州府、松江府与太仓州的这种恶俗,并指出这种恶习与地方流氓势力有密切关系。"苏松太各属孀妇每多再醮,访察其由薄俗所称名目有三:一曰争醮、一曰逼醮、一曰抢醮,皆有一种蚁棍觑觎。"③对于恤嫠问题,南汇知县王其淦曰:"发政施仁,必先鳏寡孤独,故律著收养之典,俾穷黎咸获生全。而四茕之中,寡妇一项情形更苦,尤堪矜悯。"④

恤嫠类救济分作留养与外恤两种。留养的嫠妇待遇比外恤的相对要高,因为留养的嫠妇可能是为了将来要申请贞节牌坊的需要,"惟欲保贞操,终宜内恤"⑤。嫠妇在清节类善堂内受到的约束更多、更严格,也可能受到外界逼醮、抢醮等恶风的影响。

松江全节堂内入堂嫠妇有守节年龄限制,待遇差异也很明显。三十岁以内的嫠妇为正号;守节在三十岁以内,现年四十岁以内者和未嫁即守寡者为闰号。闰号享受的救济待遇更高。⑥ 南汇县这方面的规则相对松江全节堂有所放宽,并非全部是为了将来请求旌表的需要。虽然女性在三十开外丧夫已经不符合旌表条例规定,但是在三十五岁以内守节且现年四十岁以内的嫠妇仍

---

① 梁其姿论述抢醮现象时,综合利用了霍姆格伦(Holmgren, J.)、伊沛霞(Patricia Buckley Ebrey)和夫马进等人的成果。梁其姿:《施善与教化——明清的慈善组织》,第 210—211 页。
② 光绪《松江府续志》卷五《疆域志·风俗》。
③ 《江苏省例初编·严禁逼嫁抢醮》,同治八年刊本。
④ 光绪《南汇县志》卷三《建置志·义举·附知县王其淦通禀》。
⑤ 光绪《南汇县志》卷三《建置志·义举·附留养规条》。
⑥ 光绪《松江府续志》卷九《建置志·公建·全节堂留养规条》。

可入堂。①

从松江全节堂的留养规条中,不难看出堂内的具体结构以及如何沟通堂内与外部世界的联系。全节堂每间号舍居住五名嫠妇,号舍之外设立总门,总门之外设立总栅,在栅栏上设立转筒。转筒是为了清节恤嫠类善堂内外的物件传递,内外并不相见,以便杜绝堂内女性受到外界的诱惑。平常只允许"有服之亲"前去探望,但是只能"在总栅外隔牖相见"。

全节堂内工作的也都是女性,严禁成年男性出入,嫠妇的儿子在身高三尺时即不能再进入堂内。留养的嫠妇不得擅自外出,外出机会少之又少,只有在为其亡夫扫墓或者"舅姑父母"去世的时候可以在堂内工作人员陪同下回家视殓,吊丧工作完成后就返回清节堂,不得在外留宿。② 可以看到,嫠妇一旦进入善堂,在获得一定生活保障的同时且丧失了人身自由,基本处于一种与世隔绝的状态,常常是在全节堂内孤寂地度过残生。

清代南汇、川沙方志资料中有关嫠妇救济标准的具体规定,为我们了解历史上浦东清节类善堂的具体救济方式和财物发放标准提供了难得契机。南汇县恤嫠局对于外恤嫠妇的资助标准为:三十岁以内的极贫寡妇为"食字号",每月七百文;三十五岁以内的寡妇为"檗字号",每月六百文;守节在三十五岁以内且现年不超过四十岁的寡妇为"茹字号",每月五百文;守节时候超过三十五岁的寡妇列入"荼字号",每月四百文。此外,对于有些特殊情况会进行特别优待。如果未婚夫在婚前已经去世而"情愿守贞而贫苦无依"的闺阁女,可以得到每月七百文钱的最高等级救济,这与"食字号"的嫠妇待遇相同。当时特别推崇未婚丧夫而守节

---

① 光绪《南汇县志》卷三《建置志·义举·附留养规条》。
② 光绪《松江府续志》卷九《建置志·公建·全节堂留养规条》。

者,她们也肩负着申请贞节牌坊的责任。另外,已故生员的妻子受到特别优待,"学中已故生员遗有寡妻弱息,尤当格外周恤",她们被单列为"儒嫠"。已故生员的子女未满十六岁者,每月接济银钱数目比成人减半。如果其儿子有志于科举,均可送到城乡设立的义塾免费读书,"毋庸另贴修金"①。在某些地方还设立了专门的儒嫠会来救济此类寡妇。②梁其姿认为这种慈善组织是善会善堂"儒生化"的重要表现。当时的生员阶层面临仕途与物质上的双重危机,贞节等道德标准难以维护,儒嫠会之类善会组织的设立,有助于维护读书人阶层的道德价值。③

南汇县恤嫠局由绅董陈锦柏会同城董陈世珍、邑绅王蓉生和于邕等为力挽抢孀逼醮恶俗,维持风教起见,附设保节局。南汇恤嫠局具体规定如下:

> 一、保卫当周妥也。凡各图、各甲中下之户,遇有新寡,责成图董、甲董就近访查,如力能自存,志愿矢守,即令觅一诚实亲族邻右,或自行到董处注册。董即确查注册,填给保节单、示,单令收执,示贴门首,使抢逼棍徒望而知畏。如有恃强设计,到门阃探诱逼,许该孀告董谕禁,违即饬保禀县,不必传及本妇。应发单、示由县核定,捐廉立簿,刊刷印发各乡大小镇及城中恤嫠局存储备用。各甲各董填出单、示,将节妇姓氏随时报知城局,城董按月造册报县,按季造册报府。拟请府每岁照会郡全节堂,六、十二月两次照册派查一次,以察勤惰而明虚实,庶几倍昭郑重。一俟节妇年岁合例,即由保节董事

---

① 光绪《南汇县志》卷三《建置志·义举·附外恤规条》。
② 光绪《青浦县志》卷三《建置·公建》。
③ 梁其姿:《施善与教化——明清的慈善组织》,第227—238页。

汇案禀请旌表,以端风化而彰贞义。

一、经董当权衡也。图、甲各董贤否不齐,设有挟嫌诬陷,岂不别滋事端?今拟由各董互相稽察,秉公协查明确,然后联名禀办。其有疏逸之处,仍望相去较近之镇董、团董随时察访,城董亦时时加意询问。以后如有守节十年之妇,禀县给一小匾奖励,匾资由县捐廉,交董递送,以免需费。如有志守节而糊口无资者,报局补粮,愿入局者收局。凡守节之妇,生前无嗣,由图保、甲保报知图董、甲董,令族长议立嗣子,以安其心,毋许徇私争执;死后无可殓葬,由保报知图董、甲董,由图董、甲董报知镇董、团董,禀县捐廉酌给,以安其魂。

一、浮费当节省也。此次刊刷保节单、示,工料由县捐廉。单、示用罄补请,以及贴示风雨损坏,必须换贴,其工料之资仍由县捐廉。以后如遇抢孀逼醮情事,由地保报知图董、甲董,图董、甲董报知镇董、团董,禀县提办示惩。差役不得庇纵,亦不准需索。所有差役舟资、饭资,亦应由县捐廉给发,以示体恤。

一、赏罚当分明也。凡一年一图一甲之中,无抢孀逼醮之事,地保不拘役满,准其接充一年,由图董、甲董会同镇董、团董禀县给照接充,无须袗业再行加结具保,以示鼓励。二年亦然。三年无事,地保加赏银牌,图董、甲董由县给匾额奖励。如隐匿不报,许本节妇赴县指控,或由局董、镇董、团董查出,或由另案发觉,地保立予革办,图董、甲董记过斥退,以示惩儆。如地保因他事误公,应革应责,仍照例惩办,不得援求宽免。①

---

① 民国《南汇县续志》卷三《建置志》。

与南汇相比,川沙的恤嫠规定与实施相对简单很多。川沙保节堂的嫠妇资助标准分为两种:三十岁以内守节的嫠妇入"恤字号",每月资助六百文;三十岁以外的则列入"矜字号",每月资助三百文。每种字号均有十六个名额。① 川沙保节堂的恤嫠更是透露出明显的教化与"儒生化"倾向,两类嫠妇的每月救助标准差了一半,可以看出它更追求女性守寡来获得旌表。

　　清节类善堂对于留养嫠妇子女的未来发展也有相应的安排。早在乾隆年间扬州学者汪中在构想清节堂的时候,就提倡清节堂设立义学来教育寡妇五至十岁的男孩,其中资质较高的可以继续由善堂资助读书并参加科举考试,资质相对较低的就接受职业训练至二十岁为止。这些孩子在他日若有成就,需要将收入的三分之一捐赠给清节类善堂。另外,堂内留养的寡妇可以通过纺织和女红赚取工钱,善堂也会通过额外给予布粮等方式来接济这些女性尚健在的公婆。与汪中差相同时的苏州学者彭绍升在其家乡长洲县成立的"近取堂"所进行的各种救济活动中,就包括"恤孤寡",并且在该善堂的基础上成立了第一所恤嫠会。该会的精神基本上与汪中的设想相同:寡妇的儿子与公婆均受援助,孤儿的教育也受到善堂的重点关注。② 随后的其他清节类善堂中,均有相关的规条,只不过对于嫠妇儿子的培养有的是到十六岁为止。对于嫠妇之女则跟随母亲学习女红,待及笄之年遂由母亲及亲族加以择偶婚配,善堂酌助嫁妆。

　　慈善组织培养嫠妇的子女,不仅是为了让这些后代将来可以自食其力,还希望这些人成年自立之后可以把自己的母亲接出照

---

① 光绪《川沙厅志》卷三《建置志·义举·续议恤嫠章程》。
② 梁其姿对汪中关于贞节堂的构想有详细分析,另外她也参考了夫马进的相关研究成果。此处的行文主要参考了梁其姿的研究,见梁其姿:《施善与教化——明清的慈善组织》,第219—221页。

顾,"节妇有子成立或夫族及女婿有能力迎养者,俱准出堂"①。这一规定在某种程度上放宽了恤嫠守节的限制,待节妇的子女后代出人头地或者有出息之后,可以把母亲从清节类善堂接出,她们能够重新享受人间烟火气的温馨,而远离善堂内独伴青灯的寂寞。据夫马进的研究,在实际的运作过程中,上海清节堂被接出的嫠妇占到总人数的22%。② 从这一细节可以看出,善堂对嫠妇子女的教育也是一种保持留养嫠妇人员正常流动的投资,唯其如此,才能让更多实际上需要救济的嫠妇真正入堂。

---

① 光绪《松江府续志》卷九《建置志·公建·全节堂留养规条》。
② [日]夫马进著,伍跃、杨文信、张学锋译:《中国善会善堂史研究》,第373页。

第三章

清代浦东民间善堂（下）：施棺助葬及其他种类

第一节 施棺助葬类善堂

施棺助葬类慈善组织的功能是为贫苦之家或者路毙之人提供棺木、殓费或者义冢等。中国古代就有掩埋死者的传统，官方处理此类问题的机构包括义冢、漏泽园和行便集等，到了明清时期就集中出现了施棺助葬类的善堂。当然，清代很多综合性善堂也有施棺掩埋的功能。本节先概述清代浦东各县施棺助葬类慈善组织的时空概况，再将其放在清代江南社会的大背景下来分析施棺助葬类善堂数量众多、空间分布广泛的原因及其反映的国家治理的结构性问题。

各县施棺助葬类善堂概况

金山县

金山县同仁堂，在朱泾文昌阁内。乾隆八年（1743）设于法忍寺左，后废。嘉庆十三年（1808），知县郑人康、司事胡士亿等立，置田十亩。①

金山县辅仁局，朱泾城隍庙内。咸丰四年（1854），知县陆保

---

① 咸丰《金山县志》卷三《建置》。

同、司事陈善等立。①

金山县同善堂,在张堰广福寺内。嘉庆十二年(1807),绅士张元福、王御、方骐等立,僧琴谷捐楼房上下共六间,又众信捐田26亩,租三十一石。② 后来续捐田若干亩。道光八年(1828)毁于火,改建平房。咸丰十一年(1861),又毁于兵,咸丰年间移武帝庙内。一在太平寺内,咸丰九年杨裔云等立。③

金山县志仁局,在吕巷镇圆通寺。④

奉贤县

奉贤县义葬局,在南桥十三保四十二图纯阳堂东偏,始于道光三十年(1850),经董陈光适等劝捐置田设局,埋葬无力营葬者,共田六十七亩左右。局毁于太平天国战争,今移建南市。⑤ 奉贤充善堂,在刘家行镇,附设祇园庵为施棺所。嘉庆二十一年(1816),南汇举人唐棣、里人余泰等于南汇十六保八图捐义冢一区,共募田五十余亩。⑥

南汇县

南汇县施济堂,六团湾镇三官堂内,办理施棺等善举,今废。⑦

南汇县七团字藏,在朝阳庙巽隅,光绪七年(1881)民建。⑧

南汇县广仁善堂,在江家路镇东市,光绪二十八年(1902)公建。⑨

---

① 咸丰《金山县志》卷三《建置》。
② 咸丰《金山县志》卷三《建置》。
③ 光绪《金山县志》卷八《建置志下》。
④ 光绪《金山县志》卷八《建置志下》。
⑤ 光绪《重修奉贤县志》卷二《建置志》。
⑥ 光绪《重修奉贤县志》卷二《建置志》。
⑦ 民国《南汇县续志》卷三《建置志》。
⑧ 民国《南汇县续志》卷三《建置志》。
⑨ 民国《南汇县续志》卷三《建置志》。

南汇县施棺局,原附广仁善堂内,饶学诗辄改施棺为平卖,今迁朝阳庙内。里人黄丙辛等捐助棺费,按股均派。①

南汇县五团劝葬局,光绪二十九年(1903),严汝砺、傅恭弼等认捐石灰经费,拟章禀请立案。②

南汇广善堂,在城隍庙弄南首东向。乾隆十六年(1751),邑人募捐创建,奉行惜字、施药、施棺、掩埋诸善举。该堂应该是太平天国战争中被毁,但同光中兴的过程中并没有复建。③

周浦镇代葬局,在巽龙庵,知县倡捐,董事经办。民捐十七保十图田一亩为代葬局基地,未建堂屋,先缴单备案。④ 由于没有固定收入,该善堂开办的时间不长。"局中本无常款,停办已久。旧有十七保十图田一亩五分并入万缘堂,代葬事亦由该堂接办。"⑤ 没有固定经济来源的善堂多为昙花一现,要么停办,要么由其他善堂接手。

南汇杜家行镇代赊局,经董募建。⑥

南汇中心河赊棺局,在射猎庙。经董李春煦、王克谨、康烈、夏济昌、王家锡、王鸿磐倡建。⑦

南汇新场镇善堂,在城隍庙东,堂屋一间,民人叶为璋、方宣、奚光祖、叶锡畴、谢家树募建。施棺、掩埋并收路毙浮尸,除集赀存棺外,劝捐小愿。每愿日四文,逐棺收。同治七年(1868),知县陈其元捐钱五百千文,分存各典,常年一分五厘生息。⑧

---

① 民国《南汇县续志》卷三《建置志》。
② 民国《南汇县续志》卷三《建置志》。
③ 光绪《南汇县续志》卷三《建置志》。
④ 光绪《南汇县续志》卷三《建置志》。
⑤ 民国《南汇县续志》卷三《建置志》。
⑥ 光绪《南汇县续志》卷三《建置志》。
⑦ 光绪《南汇县续志》卷三《建置志》。
⑧ 光绪《南汇县续志》卷三《建置志》。

南汇航头镇善堂，附设城隍庙。知县叶廷眷倡捐，董事周锡瓒、严祥桂经理。常年施棺掩埋，并劝五十文小愿接济。①

南汇鲁家汇镇善堂，道光二十九年（1849）创设，附于财神庙。又就堂添造三间，拓为观涛书院。堂储水龙，及捐办施棺、掩埋路毙浮尸等善举，皆归董事李日就经理。堂基在四十五图四亩二分八厘一毫。②

南汇下沙镇施棺局，在城隍庙储棺，经董等施送小捐，每愿四十文。③

南汇沈庄镇西十四图施棺局，知县叶廷眷倡捐，董事董王鉴等在镇西萧王庙备棺施送，集小捐七十愿，每愿七十文。其沈庄镇善堂，经董沈锷抽捐举办，知县金福曾饬令裁撤。④

南汇坦石桥镇善堂，在中市，堂屋两间。郭世英、王凤曾、吴世谦、陆位成、张一举、汤舜卿、胡荣寿经理，先行筹款存棺，并劝二十四文小愿，常年施棺及收路毙浮尸。⑤

南汇三灶镇同仁堂，在东市。周涟、王国濬等集捐建，堂屋三间，基地四亩七分。施棺、惜字、立愿、收给，同人轮司出入，即以此为讲乡约所。⑥ 其经费来源系创办人周涟特捐三十六图田十亩四分、七十一图田一亩三分，抵充施棺等用。⑦

南汇北六灶镇善堂，在西市萧王庙、城隍庙两厢废址，建楼房上下六间，马元德、张鑫、申良翰等募捐经理。先行出资存棺。并劝三十文小愿济之，施棺、掩埋及收路毙浮尸。即于此储水龙，讲

---

① 光绪《南汇县续志》卷三《建置志》。
② 光绪《南汇县续志》卷三《建置志》。
③ 光绪《南汇县续志》卷三《建置志》。
④ 光绪《南汇县续志》卷三《建置志》。
⑤ 光绪《南汇县续志》卷三《建置志》。
⑥ 光绪《南汇县续志》卷三《建置志》。
⑦ 民国《南汇县续志》卷三《建置志》。

乡约,设义塾。①

南汇沙涂庙施棺局,经董孙恒、乔珩、黄允中、倪文村、丁介中、张翼卿、潘斐斋、张香山等,就附近六处图分募捐创设。②

南汇横沔镇志仁堂,基地一亩,在十七保三十八图一百九十一号,乔鼎勋等劝集捐数,建造堂屋六间。其施药、施棺及掩埋等费,随缘劝募,并收小愿。每愿二百二十文,逐棺收。同治七年(1868),华日新捐田二亩八厘二毫,为堂义冢。③

南汇张江栅镇善堂,附设城隍庙,周学濂经理。其施棺掩埋,先行筹款,存储棺木。并劝镇商及附近各图出小捐,每愿五十文接济。④

南汇新兴镇善堂,附设镇东灵道庵,劝捐,办理施棺及收路毙浮尸。⑤

南汇仁寿庵善堂,在二十保十二图。钱楠、陆俊卿等筹款,制棺存局,专办近地施棺,并收埋浮尸暴骨。募劝小捐,每愿一百四十三文,以期经久。⑥

南汇一团盛氏捐资,自乾隆四十二年(1777)起,造存棺木,就近施送。⑦

南汇五团善堂,在竹桥镇万寿庙旁。堂屋两间,纯阳阁一间,字藏一座。知县叶廷眷倡捐,谕傅以康、金灿、何鼎、傅以铨、严庆祺等创建。办理水龙、惜字、施药、施棺各善举,并劝常年小愿,每

---

① 光绪《南汇县续志》卷三《建置志》。
② 光绪《南汇县续志》卷三《建置志》。
③ 光绪《南汇县续志》卷三《建置志》。
④ 光绪《南汇县续志》卷三《建置志》。
⑤ 光绪《南汇县续志》卷三《建置志》。
⑥ 光绪《南汇县续志》卷三《建置志》。
⑦ 光绪《南汇县续志》卷三《建置志》。

日出钱一文，按季收支。① 光绪七年（1881）以后，因旧经董傅以康、何鼎等先后病故，一时继任难得其人，将旧有水龙迁入三官堂内，施药、施棺，时有间断。直到光绪二十六年，储学洙等创"认捐法"，每愿一百文，认愿多少听便；每施一棺，收愿捐一次。善举才得以继续。宣统三年（1911），堂事归乡公所经劝经办。当傅以康经理时，曾募得朱文安捐田一亩五分，后于三十二年归毓秀学堂收租充费，又陆韵楼捐五团七甲润字圩二百十五号田九分二厘三毫，立户名"五团同善堂"，归龚奎聚，收租充作善举。②

南汇六团善堂，在井亭内，办理施棺，立大愿、小愿收给。③ 民国年间，已经废弃。④

南汇五、六团慈云局，在三官堂，专收南汇五、六团沿海溺毙浮尸，并集赀存棺施送。又捐沙则田八亩为义冢。⑤ 民国年间，废。⑥

南汇周浦东乡旧念二图施棺局，光绪二十六年（1900）禀县立案，于本图典卖、召佃田房中金项下，提出二成开支，倘遇不敷，由董捐助，专施本图极贫各户。⑦

南汇陈家桥里仁善堂，在镇东市，堂屋七间，陈耕陶倡捐十金，筹集户捐建造，以施棺为主。光绪三十四年（1908）附设乡公所，自后恒作本乡办公之处。⑧

南汇三墩明善堂，在三墩镇北市杨社庙东偏，光绪二十二年（1896）里人禀准募捐建造。计大厅一间、披屋三间、市房七间。

---

① 光绪《南汇县续志》卷三《建置志》。
② 民国《南汇县续志》卷三《建置志》。
③ 光绪《南汇县续志》卷三《建置志》。
④ 民国《南汇县续志》卷三《建置志》。
⑤ 光绪《南汇县续志》卷三《建置志》。
⑥ 民国《南汇县续志》卷三《建置志》。
⑦ 民国《南汇县续志》卷三《建置志》。
⑧ 民国《南汇县续志》卷三《建置志》。

每年办理嫠老口粮,及掩埋、惜字、乡约、助赈、施衣、种痘、施棺、修建桥梁等各善举,其中以清节掩埋一事为最巨,历年所掩棺枢不下数千具,邻区颇多效法者。经费来源是房租和田租。市瓦房七间、镇北草瓦房两间一披,由堂召租。马家弄小瓦房两间,储藏施送、平卖等棺。田十四亩。①

南汇万祥镇劝善堂,宣统三年(1911)募建,以无的款,所办善举范围未广。②

南汇泥城同善堂,在纯阳堂内,捐田五十亩,收租以抵施棺或平卖之费。③

南汇韩氏施棺处,一团下头甲韩氏种田厂,光绪十六年(1890)设,就近施棺。④

南汇施棺局。在四团仓镇北市杨社庙内,光绪三十四年(1908)邑人沈、孟、周三姓捐资开办,禀县立案。⑤

川沙县

川沙县的施棺助葬类慈善组织在太平天国战后江南重建的过程中,随着流行病的出现而得以发展。清光绪八年(1882),城乡大疫,棺材铺居奇,贫苦之家,购一椟具,拮据万状。川沙地方士绅拟照上海闵行镇赊棺办法,募集银二百圆,备棺数十具,照本平价售出,赊现各半,觅保归偿。惟赊户往往逾约不还,以致资本日绌,时须添本,特于二十三年,并入至元堂内。

八团龙王庙施棺,始于清光绪十三年(1887),时有遭风木船,散木漂至海滨,居民捞置岸上,经董令贮庙内,贬价出售。遂有邑

---

① 民国《南汇县续志》卷三《建置志》。
② 民国《南汇县续志》卷三《建置志》。
③ 民国《南汇县续志》卷三《建置志》。
④ 民国《南汇县续志》卷三《建置志》。
⑤ 民国《南汇县续志》卷三《建置志》。

人顾家骏等,倡议筹办施棺,继由陆龙升等捐资拟章,禀准设局庙内,以垂永久。三十一年,上海善会办赈来川,复将余木雇匠置棺百余具,陆续备领。以迄民国,乃由顾家骏等重申前议,续招新股。

合庆施棺局,始于清光绪二十一年(1895)冬,邑人顾懿渊、杨朝贵、顾澄清等,禀请建屋设局施棺。常备平器二十具,编号登册,贮局待领,随施随补。并派一人驻局,打扫兼司看管,不纳房租,唯常年捐助施棺二具。

高行镇集义社也主要是赊棺施棺。①

各县密集设立施棺助葬类善堂的原因

在传统慈善组织的善举中,施棺助葬类善堂的普及率比较高,在个别省份甚至占据首位。此类慈善组织的空间分布如此之广的重要原因如下。

一是社会方面天灾人祸连绵不断,生活条件不断恶化。乾隆中叶以来,随着人口的暴增和吏治的日益败坏,社会氛围也逐渐变坏,鸦片战争之后的社会矛盾更加尖锐,爆发了持续十多年的太平天国运动。加上明清小冰期的影响,嘉道衰退更使得官民日觉雪上加霜,自然灾害导致的流民更是数不胜数。加上明清以来江南富庶名闻天下,北方灾民也会沿着交通路线南下觅食求生。这在晚清,尤其是丁戊奇荒时表现得尤为明显。另外,苏北与淮北的季节性流民也主要到江南来讨生活。这些因素导致流民过境时或者到达乞讨地方后均造成了严重的社会问题,尤其是很多流丐或者游方僧道由于贫病交加而倒毙路旁或者破庙之内,使得尸场勘验的压力陡增。

---

① 民国《川沙县志》卷十一《慈善志》。

二是受到传统思想的影响。中国传统的丧葬礼制强调入土为安,主张土葬,但是清代江南流行火葬或者停棺不葬,严重冲击了传统的丧葬理念。与清代江浙很多地方一样,当时松江府境内停棺不葬或者焚烧尸棺的现象非常普遍。据史料记载,清代松江府"恶习多有停棺不葬,年久焚烧之事","无知愚民于父母尸棺无力安葬,每岁清明前后相率焚烧,名为火葬"①。这种现象的出现有其深刻的社会原因。第一,地价和人工费用高昂导致民众难以支付丧葬的相关费用。"造墓之难,始则选地,选地既定,地主乃高索价值,率倍于常,或数倍不等。他如雇夫挑土等事,俗例皆用土人,索酬亦不等。故富家已为不易,而贫者益难。"第二,江南民众讲究风水。松江府境内常常"有以阴阳宅相望,辄称风水有碍而聚众拦丧者"②。不仅日常的丧葬会受到风水因素的干扰,就连义冢位置的选择也受此习俗的影响。金山县钱氏家族的钱铭江鉴于县境内普遍存在的停棺不葬之风而在廊下镇东首捐田九亩五分二厘七毫来设立义冢,但是当地民众认为"东方属巽,为生气源头,若立义冢有碍合镇大局",纷纷加以反对,无奈之下,钱氏另择余地五亩作为义冢。③

但是,停棺不葬的风气不仅有碍观瞻,有辱风化,更重要的是会引发公共卫生问题,一旦因此而引发流行病则后果不堪设想。"每逢盛夏,暑气熏蒸,秽恶触人,易生疾病,害莫大焉。"④

在上述因素的影响下,专门应对死者的施棺助葬掩埋类慈善组织应运而生,当然,还有一些善堂是在原有善举的基础上增加了此类功能,逐渐演变为综合性善堂。同善堂成为江南大部分地

---

① 同治《江苏省例初编·严禁火葬》,第173页。
② 光绪《松江府续志》卷五《疆域志·风俗》。
③ 钱铭江:《金山钱氏支庄全案·附刊掩埋覆禀》,光绪十六年刊本,上海图书馆藏。
④ 民国《川沙县志》卷十四《方俗志·川沙风俗漫谈》。

区承担该任务的重要民间组织。放在这样的大背景下来看,浦东施棺助葬类慈善组织的发展不难理解。

上海县的承善堂设置义冢掩埋病殁或伤毙的水手。[①] 南汇县的同善堂在道光元年(1821)由知县倡捐建立,到同治七年(1868)陆续捐置的田产多达152亩。该堂由董事轮流管理,另设司帐、堂役各一人。针对停棺不葬之风,每年清明由同善堂办理掩埋。董事预先查明城厢内外的暴露棺木,无主以及无力埋葬者,分男女编号登记造册,按照性别掩埋于不同的义冢,并且对于有地而无力者代为埋葬。[②] 同善堂的棺木由董事购买木料,雇佣木匠制作。领棺的时候问清楚死者的姓名、来历,保人与领取者均要进行登记,按照登记号码顺序发放棺木。另外,针对准备自己购置棺木的贫困家庭,可以平价出售。这种灵活的施舍棺木的方式,收到了比较理想的效果。停棺不葬和火葬的风气"亦稍减矣"[③]。

作为施棺助葬掩埋救济慈善组织的代表,同善堂还参与了命案尸体的检查与丧葬救助工作。松江府每当遇到命案相验,"随带书差跟丁人夫多至二三十人,辄向尸亲、犯属、地邻索取尸场使费,甚且有望邻、飞邻名目,株连蔓延,比户惊惶,殊堪痛恨"[④]。这条史料虽短但是蕴含的信息极其丰富,说明在尸场勘验的时候胥吏等趁机向命案相关者甚至无关者大肆讹诈,使得尸体发现地点周边的民众苦不堪言。

针对尸场命案勘验中存在的诸多陋俗,奉贤县同善堂就"因命案尸场扰累地方,议定验费章程,由堂给发"[⑤]。奉贤县拟定的

[①] 民国《上海县续志》卷二《建置·善堂》。
[②] 光绪《南汇县志》卷三《建置志·义举·附章程》。
[③] 光绪《金山县志》卷十七《志余·风俗》。
[④] 光绪《青浦县志》卷三《建置·公建·江苏巡抚部院丁通饬示禁碑》。
[⑤] 光绪《奉贤县志》卷二《建置志·公所》。

尸场验费章程具有相当强的示范效应,松江府各地纷纷效仿奉贤县的这一做法。咸丰二年(1852),南汇知县高长绅请求仿照奉贤县的详定章程,需要勘验斗殴自尽等命案的时候,"除官坐船自行发给外,每起提给钱二十千文,以为随从书差船价及饭食之费"①。由善堂负责命案勘验中胥吏所需要的费用。此外,对于路毙或者溺水身亡者,如果身上没有伤痕就立即施棺掩埋,倘若身上有伤痕则待验明之后一并埋葬。② 上海县同仁辅元堂也"请照奉贤县办理章程,无论报验何等命案,应需尸场棚席厂费及夫马船只禀各书役饭食等项一应杂用,概由堂内给发备用,既免官捐,而于尸亲、地保、邻佑人等亦免再被索扰"③。表面看来,同善堂的这一举动助长了佐杂人员索要金钱的不良行为,但这样能解决这些人员趁机骚扰地方的问题。该举动"使贫家无乏葬之虞,骸骨无暴露之惨,而编户之相验亦得永免扰害"④。

第二节　其他种类善堂

除上述各大类慈善组织外,另一个重要的慈善组织类型是所谓的综合性善堂。这种善堂经济实力雄厚,田产和房产等恒产数量大,一个善堂从事了育婴、清节、施棺、施药等善举中的多种。综合性善堂在清代浦东不是太多,除了本书后面专章论述的川沙至元堂之外,在南汇和奉贤也有几个综合性善堂。

南汇益善堂,在邑城西门纯阳殿左,亦顾侍讲宅旧址。同治三年(1864)邑人倡捐建筑,专办惜字、放生、施药、惜谷、牛痘、掩

---

① 光绪《南汇县志》卷三《建置志・义举・附同治六年知县叶禀》。
② 光绪《南汇县志》卷三《建置志・义举・附章程》。
③ 同治《上海县志》卷二《建置・善堂・知县刘郇膏示禁碑》。
④ 光绪《南汇县志》卷三《建置志・义举・附劝捐验费启》。

埋等各善举。①

杜家行镇同善堂，嘉庆年间由杨景春捐田创建。惜字、施药、施棺、置水龙、设义冢，并捞浦江浮尸。嗣杜克棠恐经费不敷，虽善难继，劝近乡捐添田亩。太平天国战后，民人接办。②

南汇二团顾氏，经顾祖金禀请，就顾长庆所传各房，轮流出资，以充保婴、养老、施药、施棺等费。③ 这个明显是宗族内部的救济组织，但是因为它从事了数种慈善组织的活动，故亦可视为综合性善堂。

南汇四团慈航局，在南三甲关帝庙，顾迺模等经理。办保婴、施棺、惜字，并建字藏两座。④ 民国年间，保婴、施棺以款绌停办，唯惜字一项归宋克家、宋宝禧经理，募捐支持，仍然在坚持运行。⑤

南汇县亦善堂，在四团仓镇北市，光绪二十四年（1898）由里人徐廼椿、宋学祁等募建，正屋三间、厢房四间，办保婴、施棺、施灰、施药等善举。其有报名邑城恤嫠、普济等局而未得补额者，亦拨款暂济之。近除施棺一项停办外，保婴年无定额，其余大小粮额，大口三十名，每名年给钱一千六百文；小口六十名，每名年给钱一千二百文。⑥

周浦镇万缘堂，在中市大街路天一堂弄北首。面南堂屋三进，共九间。里人朱锡三倡捐，经董王珠树、姚有林、王仲宾等募建。同治七年（1868），知县陈其元捐钱五百千文，分存通邑各典，常年一分五厘生息。其保生、恤嫠、施棺、施医诸善举，分董办

---

① 民国《南汇县续志》卷三《建置志》。
② 光绪《南汇县续志》卷三《建置志》。
③ 光绪《南汇县续志》卷三《建置志》。
④ 光绪《南汇县续志》卷三《建置志》。
⑤ 民国《南汇县续志》卷三《建置志》。
⑥ 民国《南汇县续志》卷三《建置志》。

理。① 清末和民国年间,该善堂的房屋数量有所变化,面南平房两进,共十二间。至光绪十四年(1888),除开支外,积存钱一千千文,存典生息。十六年,添造第三进平房五间。二十三年,经董葛学文倡捐,购买十图胡家宅西基地八分,建造平房三间,存储施送及平卖各棺,附设息影所于栈内,以便客途暴卒者入所成殓。二十四年,添办代葬事,因为旧时巽龙庵内代葬局缺款停办,这次等于接续此项善举。光绪二十年,里人朱世忠捐上海、南汇二县田20.13亩。宣统元年(1909),置买三图田五亩。二年,增设赡老粮额 50 名,增广恤嫠粮额 60 名。原额 60 名,合成 120 名。② 自光绪二十四年接办代葬事,每年冬、春二季继续举行,至今不替。唯因经费不充,岁埋之数不免视经费为多少耳。③

此外,清代松江府民间慈善组织的善举范围还有以下数种。

第一,救火的水龙会等。南汇水龙会,一在本城东门火神庙,一在西门观音堂。城中人烟稠密,屋宇毗连,旧时本有水龙会,太平天国战后久废。光绪十六年(1890),绅董陈世珍、陶元石、陈锦柏,司事顾廉等重行集捐,添备水龙,分置东、西二门,遇有火灾,齐出施救,延续到了民国年间。④

第二,惜字会等。南汇县邱家庙惜字藏,一座,相传渔潭傅氏所创。近者傅伯贤发起重修,拆见内有横匾,中题四字,为烟煤所薰,泯然无迹,上行为"乾隆五十三年戊申吉旦",下行为"里人七十三龄傅玑虔造",是藏盖由来久矣。嗣经重修,又焕然一新。⑤ 南汇鹤沙惜字会,在下沙镇,由来已久,管有田产,雇有专在四乡

---

① 光绪《南汇县续志》卷三《建置志》。
② 民国《南汇县续志》卷三《建置志》。
③ 民国《南汇县续志》卷三《建置志》。
④ 民国《南汇县续志》卷三《建置志》。
⑤ 民国《南汇县续志》卷三《建置志》。

收拾之人，至今不替。① 奉贤惜字局，一在本城言子祠。始于道光十六年（1836），陈绳武设。同治九年（1870），戴恭等劝捐，添建字库两座。一在南桥吕祖祠。始于道光二十六年，钟声等集资建屋两间、字库两座。毁于太平天国战争，后次第修整。②

第三，放生池等。南汇县的放生池，在益善堂后，同治九年由堂董禀县立案，并请道署出示勒石，禁止偷捕。③

第四，施茶等机构。南汇歇凉亭，在五团二甲钦公塘上，同治十二年顾挺秀建为行人休憩之所，夏、秋施茶。顾挺秀之侄顾其义逐年修葺，其亭至今犹存。④

第三节　宗族的族内救济

宗族开设的义庄、义田等也是清代松江府境内社会救济的重要组成部分。当时浦东各县也开设有同类的宗族救济机构。⑤

宗族在敬宗尊祖的同时也非常重视对贫困族人的救济，清代松江府境内的宗族亦不例外。宗族对于族内贫病者的救济，受到自古以来政府关怀鳏寡孤独者"王政"的影响。族内救济强调量力而行，且默默支持而不求别人的回报与虚名，强调无论贫富都可以对族内困难者施以援手。

宗族的族内救济主要是施设衣米医药、帮助丧葬婚嫁或者收养孤子等。华亭县施氏宗族规定："宗族有不能赡养、丧葬者及婚

---

① 民国《南汇县续志》卷三《建置志》。
② 光绪《重修奉贤县志》卷二《建置志》。
③ 民国《南汇县续志》卷三《建置志》。
④ 民国《南汇县续志》卷三《建置志》。
⑤ 该部分主要参考王恬：《清代松江府的社会救济研究》第四章《宗族开展的族内救济》，南京师范大学硕士学位论文，2016年，特此致谢！

嫁者，照力量周济，孤子宜收养，以敦族谊。"①南汇县周浦朱氏家训规定："济亲族之贫困，或给衣米，或施医药。夏暑设茶，冬寒备粥。"②

宗族救济主要是依靠族田来实现的。清代松江地区的族田可以分为祭祀用的祭田和赡族用的义田。③ 一般是先设立祭田，随着经济实力的增强与田产的增加就发展出义田。④ 松江府境内"里中多家祠"⑤，家祠需要用祭田来维持其运转，祭田的收入除祭祀开支之外剩余部分用于救济族内贫困之人。南汇县李氏家祠拥有祭田80余亩，祭田的收入兼做"赡族之用"⑥。即使到了民国年间，宗族内部仍然会补贴族内弱势之人，并在教育方面加以投资。宗族的族田除了救济族内需要救助者之外，多余的收入还会用来进行族外施善活动。南汇县盛氏十贤支祠有祭田百亩，"兼充施棺等费"⑦。川沙的张陆合祠将祭田收入分作三份，分别作为岁修祭祀费用、同族教养费用和地方善举经费。这类情况预示着族内与族外救济的同步进行，只不过费用有内外之分。

根据王恬的统计，可以发现各个皇帝统治期间，清代松江府祭田设置情况有很大的差别。顺治年间，祠堂和祭田均尚未出现。康熙年间新设3个，雍正年间没有新设，乾隆年间新设10

---

① 施以模：(华亭县)《施氏宗谱·家训》，嘉庆十七年刊本，上海图书馆藏。
② 朱惟恭：《周浦朱氏家谱·家训》，民国十四年刊本，上海图书馆藏。
③ 苏南农筹会调研科：《苏南宗族性土地概况(草稿)》(1950年)，江苏省档案馆藏，档案号3070-短期-34。
④ 民国《上海县续志》卷二十七《宗祠·王氏宗祠》，(台北)成文出版社1970年影印本，第1665—1666页。
⑤ 《张泽志》卷十一《风俗》，松江博物馆藏抄本，上海书店出版社1992年影印本，第565页。
⑥ 民国《南汇县续志》卷八《祠祀志·宗祠》，第1053页。
⑦ 民国《南汇县续志》卷八《祠祀志·宗祠》，第1052页。

个,嘉庆年间新设 8 个,道光年间新设 16 个,咸丰年间新设 8 个,同治年间新设 11 个,光绪年间新设 47 个,宣统年间新设 5 个,民国年间新设 11 个。此外,设置年代不详的尚有 8 个。[①] 从中可以发现,清代松江府祭田数量的加速上升始于乾隆年间,嘉道与光宣两个时期表现得尤其突出。

清代松江府境内的祭田数量,据王恬统计发现:设置有祭田的祠堂数量分别为南汇县 50 座、上海县 44 座、川沙厅 18 座、青浦县和奉贤县各 9 座、华亭县 4 座、娄县和金山县各 1 座。[②] 祭田设置空间范围广,但是出现明显的集聚现象,奉贤、南汇和川沙这三个滨海平原区所在县级单位拥有祭田的祠堂数量为 77 座,占松江府同类祠堂数量的一半以上。这说明本书所研究的浦东地区在清代时期此类祠堂的数量在松江府内占有绝对优势地位,这是值得深入分析的。

清代松江府宗族祭田的一个主要特色是规模较小,其中祭田面积最大者为 456 亩,最小的只有 1 亩。在 127 座明确记载田产规模的祠堂中,有 58 座祠堂的祭田规模在 20 亩以下,占 45.67%;祭田规模在 20—50 亩之间的祠堂有 29 座,占比 22.83%;祭田规模在 50—100 亩的祠堂有 22 座,占比 17.32%;祭田规模在 100 亩以上的祠堂有 18 座,占比 14.17%。总体来看,祭田规模不足 50 亩的祠堂占总数的比例高达 68.5%。祭田规模较小的特征极为明显。[③]

一般认为,中国历史上义田的设立与宋代名臣范仲淹密不可分。北宋皇祐二年(1050),范仲淹在家乡苏州购买"附郭常稔之

---

① 王恬:《清代松江府的社会救济研究》,第 62 页。
② 王恬:《清代松江府的社会救济研究》,第 58—62 页。
③ 王恬:《清代松江府的社会救济研究》,第 62 页。

田千亩,号曰'义田'",以养济自己家族的贫困之人①,开启了义田设置的先河。此后的历朝历代有不少仿效范氏义庄而建设自己宗族义庄的,松江府亦不例外。"自范文正公置义田千亩赡养贫族,士大夫闻风慕效,代不乏人。"②比较大的家族除设立祭田之外,更期望能设立义田来救济更多的贫困族人。南汇傅氏家族的傅恭弼认为祠堂祭田只是义庄的先声,希望子孙可以在此基础上进一步扩大充实,"子孙更有以张大而扩充之"③。

清代以来,政府对族田采取倡导、激励与保护的政策,推动各地宗族建设义田的积极性。④ 康熙《圣谕十六条》中提倡"笃宗族以昭雍睦",雍正朝发布的《圣谕广训》强调"置义田以赡贫乏"⑤。在国家政策的推动下,松江府境内的义田发展也更为迅速。义田设置者自然会强调设置的目的是响应国家敬宗睦族的号召。乾隆十八年(1753),陈安仁在奉贤县设置义田370亩,沈德潜在为其所作的《义田记》中说:"夫人以祖宗之心为心,则天下无不和之族人;以父母之心为心,则天下无不友之兄弟。"⑥不少义田以父母,尤其是母亲命令的口吻来设立,例如南汇县鹤沙吴氏义田。嘉庆二十三年(1818)四月,原署广东惠州府同知吴敬枢庶母、原任都察院左都御史吴省钦妾李氏,捐置娄县田506.721 18亩,以赡给五服以内宗族。又置娄邑祭田501.810 2亩,以奉蒸尝而修祠墓。⑦

---

① 〔宋〕范仲淹:《范仲淹全集》(中册),四川大学出版社2007年版,第1168页。
② 民国《上海县志》卷二《宗祠》,第60页。
③ 傅恭弼:(南汇县)《傅氏续修家谱》之《傅氏各房祭扫田条规》,民国二十八年刊本,上海图书馆藏。
④ 王志龙:《倡导、激励和保护:清政府的族田政策》,《江海学刊》2014年第6期。
⑤ 雍正《大清会典》卷七十二至七十七,(台北)文海出版社1994年版,第4809、4827页。
⑥ 光绪《奉贤县志》卷六《祠祀志·宗祠·长洲沈德潜义田记》,第876页。
⑦ 光绪《南汇县志》卷三《建置志》。

可以说，在国家政策的鼓励以及范氏义庄的示范带动下，松江府的义田有了较大发展，张氏义田和金山枫泾的陈氏义田就是仿照范氏义庄而建的。① 有些义田的规条是间接借鉴了范氏义庄的规定。例如，南汇县竹冈李氏宗祠义田庄，在十六保十五图。嘉庆十九年（1814），附贡生李林建仿照苏州彭氏、南汇张氏义田条规来制定管理规约，共有义田500亩。② 国家的鼓励政策在清后期更表现为授予虚职。娄县的张淇捐置义田后，被议叙成为吏部左侍郎加四级职衔。③ 在上述因素影响下，清代松江府境内的义田设置情况值得详细分析，也可在府级政区内对比的情况下凸显浦东义田的特征。

需要强调的是，宗族设立的祭田和义田也会面临被同族瓜分的危险，需要政府机构的介入来防止这一弊端。乾隆年间，政府就规定奉贤县陈氏家族的族人不能擅自出卖族田，他人不能擅自购买。④

族内救济的主要内容

清代族内救济的主要内容包括：对老年寡妇幼孤而贫困者及废疾者之救恤；对贫而无力丧葬嫁娶者之周给；对贫困而应科举考试或欲习业而独立谋生者之资助。⑤ 这三个方面的内容可以概括为救济贫困、婚丧嫁娶以及教育等方面。清代松江府境内宗族的族内救济内容也在此范围之内。

---

① 光绪（娄县）《重辑枫泾小志》卷二《建置·陈廷庆义庄记》，上海书店出版社1992年影印本，第35页。
② 光绪《南汇县志》卷三《建置志》。
③ 嘉庆《松江府志》卷十六《建置志·义建》，上海书店出版社2010年影印本，第345页。
④ 光绪《奉贤县志》卷六《祠祀志·宗祠》，上海书店出版社2010年影印本，第877页。
⑤ ［日］清水盛光：《中国族产制度考》，（台北）中国文化大学出版部1986年版，第161页。

对于贫困者的救济主要是根据年龄、性别等因素来加以区别的。有的家族是偏重于衣米等物质方面的接济。娄县张氏义庄规定：贫穷的族人，无论男女每人每天可以领米一升，成年男子可以领衣服一套，女子能够领棉花二十斤。① 华亭县的顾氏义庄规定：老病孤寡以及安分守己的"极贫"者每年给米三石六斗，每三年加发棉衣裤钱一千八百文，未成丁者上述待遇减半。② 另外，金山县的张氏宗族规定年龄六十以上的老人以及鳏寡孤独废疾者可以每月酌量多给米，但是增加的部分不能超过原定的月米额度。③

婚丧嫁娶不仅是为人父母眼中的大事，也是宗族眼中族人的大事，尤其是贫寒之家的红白喜事能否办好，事关宗族的稳定和声望，宗族自然会伸出援手。金山钱氏的宗族规定：结婚的给钱十六千，嫁女的支钱十二千，也支持单丁年过四十而无子嗣者续娶或者纳妾。对于丧葬的资助规定："尊长有丧先支钱十千文，至葬再支钱十千；次长支钱八千，至葬再支八千；卑幼及已成丁而未婚娶者，丧葬共支钱十二千；未满七岁者不支。"④部分宗族对无力埋葬的族人实行赊棺与平卖两种方法，"赊棺不收费用，平卖照本收价"⑤。有的宗族设置了专门宗族墓地。南汇一团盛氏的宗族公墓实行"族葬之古法"⑥，族人死后无力埋葬的就利用公费代为安葬。⑦ 这种所谓的埋葬"古法"应该是很多地方志中强调的"白

---

① 冯尔康：《清人社会生活》，沈阳出版社 2002 年版，第 107 页。
② 转引自［日］多贺秋五郎：《宗谱的研究·资料篇》，东洋文库，1960 年，第 562 页。
③ 〔清〕钱铭江：《金山钱氏支庄全案·庄规》，光绪十六年刊本，上海图书馆藏。
④ 《金山钱氏支庄全案·庄规》。
⑤ (南汇县)《傅氏续修家谱·傅氏家祠赊棺平卖规则》，民国二十八年刊本，上海图书馆藏。
⑥ 《南汇一团盛氏支谱·捐田位公墓族葬起源》，民国十四年刊本，上海图书馆藏。
⑦ 《南汇一团盛氏支谱·附录·南汇县一团盛氏公墓族规》。

云葬法",为的是强调这种埋葬方法遵从儒家礼教道德,梁其姿将这种葬法的提倡视为清代慈善组织"儒生化"的一种表现。[①]

宗族在教育方面的投资,目的与民间慈善组织既有相同的地方,也有一定的差别。相同的地方在于,无论是族内兴学还是慈善组织对幼童的教育,目的都是让他们能够从事科举或者获得一定的求生手段,以便将来能够自立生活。两者的差异在于,宗族内部的兴学更希望家族能够出科举人才,希冀将来能够一飞冲天、蟾宫折桂,这将是家族最大的荣耀和家族兴盛的重要一环。

正是在这种观念的驱动下,族内对于教育方面的救济可谓不遗余力。南汇县傅氏宗族规定"贫困家庭入学者补助学费"[②]。有些宗族对于科举方面的资助更为详细,也从侧面反映出清代宗族对于举业超乎寻常的关注。金山钱氏的族规有:凡是族内子弟有志于读书而无力从师者,每月给膏火钱五百文;参加院试者每月给一千文,入学者给赏钱二十千文;参加乡试者给盘费十千文,中举者发给赏钱三十千文;赴京参加会试者给盘费二十千文,中进士者赏钱五十千文。[③] 即使清末废除科举,随着新式教育兴起,原来松江府境内的宗族仍注重对族内子弟教育的资助,这在上海地区表现得尤为明显。

第四节　民间善堂的经费来源

清代慈善组织除一部分为官设之外,更多依靠民间力量捐资办理,民间慈善组织更是如此。这在无形之中会增加绅董们的经

[①] 梁其姿:《施善与教化——明清的慈善组织》第六章《嘉庆以来慈善组织与小社区的发展》。
[②] (南汇县)《傅氏续修家谱·傅惠元公祭扫田条规》。
[③] 光绪《金山钱氏支庄全案·庄规》。

济压力,导致一些绅董推诿担任堂董,进而影响了慈善救济活动的顺利进行和实践效果。

乾隆元年(1736),尚书杨名时奏请各地仿照京师的善堂运作情况来建设普济堂,让好善绅士充任董事。当时的娄县知县王士璟奏请上峰将该县毕姓没官田拨给普济堂来作为运营的资本,虽然被上级批准但最终没有得以实施。"已蒙宪允,旋又不果。"①嘉庆二十一年(1816),因为筹措资金压力太大,没有人愿意担任普济堂的董事,"司事无人"。时任知府宋如林捐廉来进行维持,次年的善堂运营也主要依靠官方的支持。"知府宋公捐廉给养,暨丁丑年皆仰食于官。"②可以说,这时的普济堂已经由原来的官督民办变成完全官僚化的机构,这一转变预示了慈善组织性质的彻底改变。当然,官方也清醒认识到,慈善组织的运作完全由官方控制并非良策。嘉庆二十二年(1817),松江府通过劝捐购置"陈案官田四百四十亩"③。至此,普济堂终于有了稳定的收入来支持善举运营。可以想见,此前松江普济堂的资金来源除了"松属七邑社息米一千石"④之外,应该主要是依靠善堂董事自掏腰包了。直到同治十年(1871),知府杨永杰说,董事"原以经费不敷,视为畏途,一年为期,所以息仔肩而均劳逸"⑤。这条史料说明普济堂的各董事并不愿意接手该慈善组织,而是把其视为畏途,导致原定"董事管理堂务三年更换"⑥的规定无法执行,而是通过每年轮

---

① 嘉庆《松江府志》卷十六《建置志·公建》,上海书店出版社 2010 年影印本,第 337 页。
② 光绪《松江府续志》卷九《建置志·公建·知府杨永杰记略》,上海书店出版社 2010 年影印本,第 213 页。
③ 嘉庆《松江府志》卷十六《建置志·公建》,第 337 页。
④ 乾隆《娄县志》卷二《建置》,上海书店出版社 2010 年影印本,第 34 页。
⑤ 光绪《松江府续志》卷九《建置志·公建·知府杨永杰记略》,第 213 页。
⑥ 嘉庆《松江府志》卷十六《建置志·公建》,第 338 页。

换来减轻肩头的责任。这种徭役化带来的经济压力可想而知。因而,后来普济堂重新订立规条时强调,董事"逐年照章轮办,均不得推诿,致误堂务"①。

由于经费不敷使用,绅董们在善堂经营的过程中常常需要自掏腰包。奉贤县的尸场验费"系各绅富按起醵钱",并且"筹垫不少,力实难支"②。松江府华亭、娄县境内的全节堂董事耿苍龄主持全节堂的堂务多年,经常自己出资来弥补善堂运营经费的不足。③ 南汇同善堂的经费不敷,董事等设法筹垫方才支持了七年。④ 为了同善堂开垦芦荡,董事唐阶垫用2 600余千文。唐阶病故之后,其子唐勉善禀请退还垦本,因为其父"垫资半出挪借赔利,多年不堪苦累,屡向催领,迄未筹给。今值岁暮,诸债逼索,情形窘迫"⑤。

松江府华亭、娄县等地普济堂的情况与苏州府普济堂数次官营化的情况不同。华、娄普济堂只有在嘉庆二十一年(1816)完全仰给官方支持,但很快就通过劝捐的方式来购置了土地作为不动产。普济堂运营过程中董事被徭役化的压力压得喘不过气来也是不争的事实。其实,在府级慈善组织的运营过程中,松江府育婴堂的运作也深受徭役化的困扰。⑥

当然,不能忽视民间慈善组织运行过程中官方资助的身影。官方对善堂的支持,不仅仅是地方官员率先提倡捐廉,拨款济用也是常见的形式。道光十四年(1834),奉贤知县杨本初捐廉提倡建设同善堂,县内绅士踊跃乐输,"复请于岁征额赋内,每钱提民

---

① 光绪《松江府续志》卷九《建置志·公建·普济堂规条》,第213页。
② 光绪《奉贤县志》卷二《建置志·公所·附劝捐验费启》。
③ 民国《华娄续志残稿》,上海古籍出版社2009年点校本,第1588页。
④ 光绪《南汇县志》卷三《建置志·义举·附禀稿》,第608页。
⑤ 光绪《南汇县志》卷三《建置志·义举·附光绪三年知县顾思贤详稿》。
⑥ [日]夫马进著,伍跃、杨文信、张学锋译:《中国善会善堂史研究》。

捐二文。旋详请立案,定为常年捐。各粮帮闻风欣助,亦按船详定"①。可见,奉贤县同善堂成立时的经费来源情况,除了知县倡捐发动之外,还有田赋提捐以及粮帮的相应捐助。这种多渠道的经费筹措方式可以减轻堂董的经济压力,毕竟始终依靠绅董的个人垫资是无法保证善堂的长期运营的。

尤需注意的是,太平天国战后江南重建过程中,官方介入慈善组织的程度逐渐加深,官方经济支持经常见于各类善堂收入之中。同治八年(1869),松江府育婴堂的官捐收入占总收入的16%。② 上海普育堂的经费包含关库每月给钱 500 串、淞沪厘局每月给钱 300 串,其余的由丝茶商栈抽捐。③ 青浦县接婴堂的经费来自地丁钱粮项下每两带捐钱 10 文。同治八年(1869),又在钱粮工费项下每年提捐钱 300 千文。④ 南汇县普济堂的资金主要来自官方拨给的该县新涨沙地的收入⑤,恤嫠经费来自官方革除供赏花之习而省出的 300 千文⑥,育婴堂的经费系本县筹拨草息钱 1 000 串来开办寄养。倘若育婴堂的经费仍然入不敷出,便将每年于办漕工费中发给郡城育婴堂的 840 千文拨归育婴堂使用。⑦ 南汇县育婴堂的经费拨付方式说明,松江府的府级育婴堂的经费中有一个特殊的渠道,即松江府下辖的各级县级行政机构要给府级同类慈善组织交纳一定的运营费用,在维持府级善堂善会运作的同时,以便保障"育婴事业圈"网络的正常运转。当然,一旦行政区划体系的层级发生了变化,各级善堂之间的网络将会

---

① 光绪《奉贤县志》卷二《建置志・公所・新建同善堂碑记》。
② [日] 夫马进著,伍跃、杨文信、张学锋译:《中国善会善堂史研究》,第 243 页。
③ 同治《上海县志》卷二《建置・善堂》,第 203 页。
④ 光绪《青浦县志》卷三《建置・公建》,第 86—87 页。
⑤ 光绪《南汇县志》卷三《建置志・义举・附详稿》,第 612 页。
⑥ 光绪《南汇县志》卷三《建置志・义举・附知县王其淦通禀》,第 616 页。
⑦ 光绪《南汇县志》卷三《建置志・义举・附章程》,第 613—615 页。

崩溃,并且引起关于经营基金的争夺和冲突。这点在清朝灭亡府级政区被撤之后就表现得很明显了。

明清慈善组织尽管历经"官僚化"的过程,但是并未完全变成官方机构。无论是政府还是地方绅董均意识到,地方政府管理的话会滋生腐败,出现胥吏趁机克扣甚至侵夺善堂田产、经费的问题,还是由地方绅商来担任善堂董事比较恰当。"由县经理恐胥役侵收克扣,应由董经收经放较为核实。"①官方和民间产生这种想法并非空穴来风,而是吸取了养济院运行中的经验教训。作为官营救济机构的养济院常遇到胥吏侵渔的弊病,有竹枝词描绘上海县的养济院,即"大南门外陆家浜,养济孤贫院久荒。岁把解存银米给,半供吏役入私囊"②。这种胥吏侵吞养济院经费的现象并非清代上海县所独有,而是一种普遍性的写照。不仅是养济院,就连官办的常平仓也经常为胥吏所侵蚀,因为这种运作模式缺乏足够透明的财务公开与监督机制,导致意美法良的慈善运作机制失效。所以,慈善组织意识到了这一点,并企图从机制上加以改进。

对于慈善组织来讲,除设立时的官员倡廉以及经费难以为继时官方伸手扶持之外,更重要的是置办田地、房屋等不动产,否则很难维持善堂善会的持续发展。清代松江府育婴堂的土地收入占其总收入的73%,个人或团体的捐赠只占9%。③ 土地收入的重要性显而易见。另外,要注意的是,松江府育婴堂的地产并非只存在于附郭的华亭、娄县境内,而是分散在所属各县级单位内。这自然是政区层级所决定的。

各县级单位的善堂也注重土地等恒产的置备。当川沙至元

---

① 光绪《南汇县志》卷三《建置志·义举·附章程》,第613页。
② 顾炳权编著:《上海历代竹枝词》,上海书店出版社2001年版,第232页。
③ [日]夫马进著,伍跃、杨文信、张学锋译:《中国善会善堂史研究》,第240—241页。

堂尚未拥有恒产的时候,被认为是"本不固而求木之茂,源不浚而欲流之长"。只有设立了不动产,有田租和房租才能够弥补善堂经费的不足,保证慈善活动的连绵不断。"岁收田租若干金、房租若干金,以补善资之不足。俾一堂善举可以绵绵延延,久而勿替。"①上海县的同仁、辅元、育婴三堂在没有恒产之前也主要依赖捐资,导致运营困难,后来著名慈善家经元善的父亲经纬劝募殷实富商收买了松江府的五千多亩荒地,在华亭县后冈镇设立仓房以招佃垦种,作为上述三个善堂的"恒久经费"②。奉贤县的情况也与上述各县差不多。清嘉庆年间,奉贤县的善堂开始购置田产,道光中期的县内各慈善组织绝大多数都拥有自己的田产,其中同善总会的土地多达1300亩,高居各善堂之首,有的善堂只有土地数亩。从清末到民国年间,善堂置产的活动持续进行。对于很多善堂来说,土地收入在其总收入中占据绝大多数。③

除了官员倡廉捐款之外,民间慈善组织的经费来源中还有一个重要的部分,即所谓的愿捐。这是把所需善款分成多股,每一股的金额比较小,捐款者可以根据自身经济能力来自愿认股捐款。清末著名善士余治在其家乡无锡县青城乡创办的保婴会,以360文为一会,每人可以根据自己的具体能力来认领一会,甚或十会、百会,"每春秋两季焚香祀神,醵分作会收钱存公,以便给付"④。这种方式扩大了善款捐助者的范围,增大了捐款人数,收

---

① 民国《川沙县志》卷十一《慈善志·至元堂田产记》,上海书店出版社2010年影印本,第234页。
② 朱浒编著:《中国近代思想家文库·经元善卷》,中国人民大学出版社2014年版,第32页。
③ 王恬在其硕士论文中对于清代奉贤县慈善组织的情况进行了比较详细的统计分析,见王恬:《清代松江府的社会救济研究》,第54页。
④ 〔清〕余治:《得一录》卷二《保婴会记事》,同治八年刊本。

到积少成多、集腋成裘的效果。这种简便易行的方式在清代两江和闽浙地区得到了推广，自然也是松江府各地一些慈善组织的重要筹款方式之一，尤其是在经济欠发达的浦东滨海平原区奉贤、南汇和川沙各县更为普遍。

川沙地处滨海，商业稀少，经济欠发达，"向鲜世家大族"①，境内八团龙王庙施棺局利用按股筹资的方式进行运转。每一具棺木合计工料大约需要银六元，分成十二股，每股银元五角。施棺局每施舍棺木一具，就向善士收捐一次，以弥补其不足，保证善堂中棺木常备。在每具棺材所分成的十二股之中，有意向捐款的人可以一人认一股或者数股，"各随心力，总期持久"②。

与川沙接壤的南汇县，在刚分县的时候被视为"海滨僻壤"③，其境内各慈善组织的经费也主要靠愿捐支撑。大致情形如下：新场镇善堂的劝捐小愿，每愿廿四文；航头镇善堂的劝捐小愿为每愿五十文；下砂镇善堂的小愿每愿四十文；沈庄镇西十四图施棺局集小愿七十愿，每愿七十文；坦石桥镇善堂劝二十四文小愿；北六灶镇善堂劝三十文小愿；横沔镇志仁局每小愿二百二十文；张江栅镇善堂劝镇上的商人以及附近各图出小愿来接济，每愿五十文；仁寿庵善堂劝捐小愿，每愿一百四十三文；五团善堂劝捐常年小愿，每日出钱一文，按季收支；六团善堂立大愿、小愿收给。④ 从上述史料可以看出，尽管南汇县各善堂的愿捐方式和每愿的数额不等，但是其运行本质是相同的。

清代浦东各县的民间慈善组织种类多样，可以说其他地方各

---

① 民国《川沙县志》卷十一《慈善志·至元堂田产记》，第234页。
② 民国《川沙县志》卷十一《慈善志·赊棺施棺》，第240—241页。
③ 雍正《分建南汇县志》卷六《建设志下》，第119页。
④ 光绪《南汇县志》卷三《建置志·义举》，第622—623页。

种善堂类型在这片土地上都或多或少地出现过。不容否认,普济类、育婴类和清节类慈善组织更多体现了夫马进、梁其姿等前辈学者所谓的儒生化等特征,但是浦东慈善组织更明显的特征是施棺助葬类慈善组织数量上的绝对优势,这与清代以来人口的飞速增长、晚清以来社会贫困化的加剧和死尸成为地方流氓地痞勒索民众的借口等因素密切相关。施棺助葬成为解决环境与社会问题的关键。

第四章

民国时期浦东善堂的近代转型

第一节 慈善活动的继承与变革

大体说来,民国年间包括民国北京政府时期和民国南京国民政府时期,社会救济政策和内容在不同历史时期有所变化。民国北京政府时期的社会救济活动,除了救灾之外,主要是游民教养与慈善济贫等工作。慈善济贫活动主要由民间慈善团体来主持和举办,国民政府并未出台相关的法规,而游民教养主要由政府来实施,也是当时社会救济立法的主要方向。[1] 南京国民政府时期的社会救济,在分类和操作方式上与此前并无二致,不过在更大程度上希望完成现代社会救济制度的转型。[2]

民国以来,随着国家权力日渐向基层渗透,社会救济事业在地方的发展也日益增加了国家意志的色彩。1912—1949 年的国民政府时期,政府先后制定和颁行了许多以社会救济或"救济"字样命名的社会立法,来调整和规范社会救济活动,内容涉及"关于残疾老弱之救济事项、关于贫民之救济事项、关于无正当职业者之收容教养事项、关于贫病医疗救护之倡导推行事项、关于慈善

---

[1] 岳宗福:《近代中国社会保障立法研究(1912—1949)》,齐鲁书社 2006 年版,第 226 页。
[2] 蔡勤禹:《国家、社会与弱势群体——民国时期的社会救济(1927—1949)》。

团体之指导监督事项"等方面的内容。①

民国年间的慈善事业受到政府越来越大程度的干预和影响,这是国家权力不断加强向基层渗透的后果。包括浦东地区在内的全国各级慈善组织,在民国时期均出现了救济院系统的复兴和影响扩大化的情况。

救济院系统的复兴

民国时期,浦东各地的慈善事业更多受到政府的影响,而且逐渐有以官方养济院为主来统领社会救济事业的迹象。关于此点,从下引材料中可以看得更明白:

> 任何社会,皆应团结合作,始能进步不已。西洋豪杰路滨孙虽漂泊荒岛,营其独立之生活,然总不能旷日持久。以此类推,其他非个人所能担当之事业,皆应群起扶植,公益事业亦然。倘以古人"己欲立而立人,己欲达而达人"为推行之准则,则赖公众之努力,其成就当可千百倍于个人之事业。回顾吾县之公益事业,推动甚早。如旧县志所载,常平、水次、漕、社仓,丰备义仓,同善堂,养济院,义葬局,好善、充善、聚仁、接婴、抚孤、育婴、恤嫠、惜字、旌邑公所等,皆属于公益。今日范围尤广,除民众教育馆、孤儿教养院、公共体育场、奉青体育会附于教育(学校)一类外,余如卫生院、救火会、积谷仓、典当、农民银行、社会服务处、游民习艺所、充善堂(即施柩所)、公墓、养老院、育婴堂等,皆为今日之地方公益事业。最近各处倡办合作社,如生产合作社、渔民

---

① 岳宗福:《近代中国社会保障立法研究(1912—1949)》,第226页。

合作社、畜产合作社等也皆为公益之事业。①

从这条材料可以看出,民国时期地方社会救济事业的范围比清代有了更大的扩展,更多关注到贫苦之人谋生能力的提升,教养之中的"教"重于"养"。民国时期,浦东各地官办救济机构的发展状况在各县间略有不同。

以南汇县和金山县为代表的县份是比较早响应国民政府的号召,设立统一的救济院来统辖原有的慈善团体,并负责开展各类慈善聚集活动。

南汇县在民国时期,将原清代的慈善团体统一改为南汇救济院。先后设置游民习艺所、感化所、妇女教育所、残老所、育婴所、孤儿所,先后收养残老 31 人,孤寡 68 人,孤儿 67 人,有基产田 20 757 亩,经费靠田租和募捐。除该院外,本县先后有慈善团体 44 个,其中公办的 9 个、私办的 35 个。抗日战争爆发后,大部分停办,抗战胜利后陆续恢复。这期间,中共地下党组织在六灶连民乡创建连桥农村托儿所,有员工 4 人,保育儿童 20 名。中华人民共和国成立后,人民政府接收了救济院,其余先后解散。连桥农村托儿所于 1950 年停办。② 金山县在民国元年(1912)由公署设民政科,兼理司法。民国时期,慈善公益和慈善事业属救济工作的一部分,均归县救济院统一管理。③

民国年间的川沙县代表了一个影响强大的综合性善堂来统领境内慈善事业的类型,这与川沙至元堂特殊的历史和它与浦东

---

① 民国《奉贤县志稿》册七《公益事业之沿革·综述》。
② 《南汇县志》第九编《民政·慈善福利·解放前的慈善团体》,上海人民出版社 1992 年版。
③ 上海市金山县县志编纂委员会编:《金山县志》第 24 编《民政》第四章《社会福利》,上海人民出版社 1990 年版。

同乡会的密切关系分不开。川沙的慈善活动主要依靠光绪二十一年(1895)所成立的综合性慈善组织——至元堂,依赖乡里人士资助,办理施衣、施米、抚婴、施棺助葬。① 其在民国时期仍然持续活跃,并且在浦东同乡会的支持下不断扩大慈善活动的业务范围。具体情形参见本书后面的专章论述。民国川沙县养济院的费用从忙漕公费改归地方附税项下,照常支拨。养济院原有头门一间,正屋三间,东西厢房各一间。现存正屋三间、东厢屋一间,余悉坍废。川沙县的养济院类似的救济活动,还有地方综合性善堂的身影。作为川沙境内最重要的综合性慈善组织,至元堂通过捐纳的方式来供给养老钱。至元堂"诸善信,各认常捐,月给养老钱每名三百文"。自民国元年至三年度,共收捐银 180 余圆,支银 240 余圆。民国五、六两年,口粮额数,较前无甚增减出入。民国七年至十五年,口粮增至 310 余户,共给银 11 679.98 元。另施衣米,共计银 8 979.1 圆。②

奉贤县的慈善事业在民国时期虽然也有政府尝试强化的救济院机构,但是更多呈现分散型、各自演化的势头。奉贤社会慈善救济事业的历史可追溯到清雍乾年间,主要是由地方士绅和官员推动。道光时期,在松江知府的倡议和士绅劝捐下,同善总堂、南桥育婴堂、东乡恤嫠局以及西乡恤嫠局成立。清代奉贤县内有 12 个慈善团体。民国时期,在地方士绅主导下,涌现出同仁丙舍、乐善局等一批新的慈善团体。据 1940 年统计,奉贤有救济机构 24 个。③ 各个善堂中,以同善总堂、南育婴堂以及青育婴堂三堂的救济能力较强。

---

① 上海市《川沙县志》第 22 卷《民政》第四章《社会救济》第一节《赈灾》。
② 民国《川沙县志》卷十一《慈善志》。
③ 《民国奉贤县志稿》(民国三十七年),《上海府县旧志丛书·奉贤县卷》,上海古籍出版社 2009 年版,第 602—607 页。

在民国时期奉贤县的救济事业中,养老所可能是最重要的。1929年以后,奉贤县养济院改称养老所,但其运营经费并非政府出资,而是由同善堂于事业费项下每年酌拨款一千元开办,收容老人二十名。其具体管理人员也是由地方闻人名士充当。由林伯希主持并以鬻画来补贴经费。因所养老弱渐多,资建办公室及职员宿舍四间。屋东向有圆门通旧屋。抗日战争胜利后,因地方疮痍未复,请求进入养老院的人越来越多。共收男子供膳宿者三十二人,每月至所领供养费者三十四人,女子衰弱而无凭依而由所方每月供给米粮者达九十名。①

重"教"类慈善机构的加强

从晚清开始,慈善救济近代化的一个主要标志是各类慈善机构的救济活动从重"养"到"教"的转变,至少也主张教养兼施。中国近代救济思想转型,是传统慈善组织的实践经验与当时受到欧风美雨共同作用的产物。与传统救济主要针对鳏寡孤独四民提供住宿、施舍医药棺木等方式不同,近代救济机构的目标是培养弱势人群的自立和谋生能力。② 在此大背景下,各类习艺所纷纷出现。

作为新式机构的习艺所在浦东各地区出现的时间并不统一,而且在地方财政困难的条件下,部分县份的习艺所是由其他原有慈善机构改设而成的。例如,南汇的西常平仓在光绪三十四年(1908)被改建习艺所。③

奉贤县于1932年创办奉城游民习艺所,设木工、藤工、漆工、缝工、理发等项,招收游民50余人。1937年11月为日军炮火所

---

① 民国《奉贤县志稿》册七《公益事业之沿革·分述·养老所》。
② 李国林:《民国时期上海慈善组织》,立信会计出版社2018年版,第40—41页。
③ 民国《南汇县续志》卷三《建置志》。

毁。1948年春在南桥再办游民习艺所,设木工、金工、藤工、园艺等项,训练一年后介绍就业。①

金山县习艺所创设于1932年,先后开办过绳工、藤工、砌工、木工、漆工等组。1948年,金山县救济院下设习艺所、施医所、安老所、育婴(幼)所等机构,其中习艺所留养60人、育幼所20人、安老所20人。中华人民共和国成立后,人民政府对孤寡老人、孤儿、残疾人等生活进行妥善安排,而且注意发挥残疾人的作用,举办福利工厂、商店等,使他们残而不废,成为社会有用之人。②

当然,需要强调的是,传统的慈善活动在民国时期仍然得以延续。奉贤县的育幼院,1937年6月建于南桥。③ 该县在民国年间,另有同寿与善堂、诚善堂、好善堂、充善堂、保婴堂、惜字局、代葬局等。④ 川沙县小湾镇泽化家施棺处,1920年4月,由张介娱、奚子田劝集施棺基金,以六股分认,朱春山、张仲侯、丁正栋、奚正良、宋厚余各一股,费京仁、张介娱合一股。至1925年止,共费银一千零八十圆,制成施棺平器120余具。王家港施棺处,民国二十年,由唐润生、宋鸣岐发起。募得唐杏卿、唐祥和、陆挺芝、宋久余等捐款四百余圆,制成施棺三十余具。⑤

抗日战争期间,浦东各地的慈善机构再次遭到战火以及汪伪政府的破坏。抗战胜利后,国民政府重新重视社会救济工作,其实,早在1945年1月,国民政府就公布《善后救济总署组织法》,规定由行政院设善后救济总署负责战后收复区善后救济事宜。

---

① 《奉贤县志》卷八《民政劳动志》第二章《社会福利》第二节《社会救济》。
② 上海市《金山县志》第24编《民政》第四章《社会福利》。
③ 《奉贤县志》卷八《民政劳动志》第二章《社会福利》第二节《社会救济》。
④ 《奉贤县志》卷八《民政劳动志》第二章《社会福利》第二节《社会救济》。
⑤ 民国《川沙县志》卷十一《慈善志》。

10月,行政院善后救济总署组建起苏宁分署,办理战后难民救济和难民遣返事宜。① 另外,政府颁发《救济院规程》《社会救济法施行细则》《管理私立救济设施规则》以及《救济院基础管理委员会组织规程》等文件,要求各慈善机构建立董事会。② 1948年,川沙县社会救济事业协会成立,会员26人,办理安老、育婴、施衣、施粮、施钱及掩埋尸体等救济事务。1949年5月,川沙解放,地方慈善与社会救济活动掀开了崭新的一页。7月24日,全县遭11—12级强台风、暴雨袭击,海塘冲坍4余里,横沙、圆沙全部受灾,冲坍房屋5 874间,伤亡330人,灾民有16.6万余人,灾情深重。县人民政府成立"临时救济委员会",8月改称"生产救灾委员会",区、乡成立救灾组织。与此同时,松江专区成立"生产救济协会",公推黄炎培为理事长,杨卫玉为副理事长,川沙代表蔡润生为常务理事,在沪劝募经费、物资,开展救灾工作。③

第二节 近代浦东与原松江府属各县的公共款产冲突

本节重点讨论清末民初社会变动中慈善组织与其他社会组织间的关系,其中由于民国初年撤府改县引发原松江府辖各县争夺原来府属慈善、教育款产的事件,最引人瞩目。

本节根据当时当事各方的信函往来以及《申报》对此事的详细报道,详述各县地方团体、政府及江苏省署围绕旧松江府属慈善、教育款产争夺与分配而展开的活动,进而透视各地方团体的

---

① 蔡勤禹:《国家、社会与弱势群体——民国时期的社会救济(1929—1949)》,第93页。
② 《修正管理私立救济设施规则》,1945年,卷宗号:L102-002-0280,奉贤区档案馆藏。
③ 上海市《川沙县志》第22卷《民政》第四章《社会救济》第一节《赈灾》。

利益之争及其反映的社会问题：政区层级的变化如何使得原府属慈善、教育款产聚合的动力丧失；在社会承担能力低下的情况下推进现代化步伐，大力发展教育，怎样使得各地方教育团体因经费短缺而激烈争夺原府属慈善教育款产；清末民初各种新式地方法团的成立又如何使得地方认同感陡增；以及各种地方组织如何展开对地方利益最大化的追求。

清代松江府属慈善与教育机构

传统时代，科举是士子实现社会升迁的唯一途径。明清时期各地方科举名额均有定制，地方官办学校规模基本恒定，中央政府承揽了各地官办教育的几乎全部财政负担，定额定区拨发教育经费。19世纪中后期，由于镇压太平天国及捻军活动需筹集军费，清廷出台了按照捐款数额奖励各府学额的规定，奖励分一般名额和永定名额。在此情况下，江苏全境各府州县学学额均有一定增加。① 尽管如此，其对各地官学规模影响甚微。嘉道以后，中央政府对地方官学的财政影响渐弱，地方政府多拨出一些没收的官产或者新增的荡田作为士子的膏火银及官学的日常支出。官学地位虽重要，但它们拥有的财产很难与同级各慈善机构相比。

清代松江府属慈善、教育机构属于不同的系统。教育机构主要以官办书院为主，慈善机构在不同的历史时期发展形态各异。

云间书院：清初松江府没有考棚，生童岁试在昆山，科试则远赴江阴。康熙年间撤销巡按御史，其行署应废，应松人请，遂将其作为试院。康熙三十八年（1699），郡人莫之玫捐资购买察院后面本邑绅士顾大申宅院，试院规模得以拓展。同年，学使准于此地

---

① 刘正伟：《督抚与士绅——江苏教育近代化研究》，河北教育出版社2002年版，第26页。

岁试，科试仍遵旧例。雍正三年（1725），上、下江分政，学使在此举行科试，从此相沿为例。嘉庆十八年（1813），府属官捐制号板，考凳改用砖石。当时，试院规模已较大，有大堂五楹。①咸丰十年（1860）"寇毁院屋几尽"。同治三年（1864），知府钱德承筹拨官钱，郡人户部主事姚光发等重建。②

育婴堂：康熙、乾隆年间初建，均不久即废。嘉庆十四年（1809），郡人捐资重建。咸丰十年（1860）至同治元年（1862）三次受到太平天国战争的影响，堂务几废。同治七年（1868），举办如旧，不久又废。当时育婴堂有田产3 560亩左右，还有娄县的荡田田租、南汇的牧马地草息、各厅县官捐、上海辅元堂分提丝米捐及青浦等地典捐充作经费。光绪十一年（1885），知府时乃风清查房产，进行改建，接下来的二十余年里，堂产日益增加，堂务蒸蒸日上。光绪三十二年（1906）开办蒙养院。③

普济堂：初建时间不详。乾隆六年（1741），奉旨将娄县所存毕姓没收官田租银1 300余两拨给。嘉庆二十二年（1817），领簿劝捐购买陈案官田440亩，再加原来租米，尚可量入为出。嘉庆时期普济堂规模初备，有各种房屋42楹，田产广泛分布在华亭、奉贤、娄县、青浦、太仓和镇洋等地。④咸丰十年（1860）兵火后，堂务几废。同治年间，政府插手，渐行恢复。民国后各项捐款取消，堂务从简。⑤

全节堂：道光九年（1829）娄县贡生潘镛偕邑人叶臧等集资创设，初名恤嫠局，后改名全节堂。同治十年（1871），创建号舍，留

---

① 嘉庆《松江府志》卷十六《建置志》。
② 光绪《松江府志》卷九《建置志》，第845页。
③ 光绪《松江府志》卷九《建置志》，第856页；《旧松属慈善董事会概况》，第5页，松江区档案馆，档号：3/1/2342。
④ 嘉庆《松江府志》卷十六《建置志》。
⑤ 《旧松属慈善董事会概况》，第5页。

养并设义塾。光绪末年,共有田产3 486亩左右,活典田800亩左右,另还有航船租捐、厘金局拨给的厘捐,各厅县一半的典捐,上海五善公捐、六善公捐等款项。光绪三十一年(1905),附设松筠女校。1916年,奉令清查整理,松筠女校遵照省令,改为女子职业学校。①

上述慈善机构和教育组织,除上引各种版本的《松江府志》的记载外,各机构的公产证据还有各堂历年的《征信录》,不容怀疑。有清一代,政府和民间共同出资出力,基本保证了慈善、教育组织的稳定和发展。

晚清时期慈善组织的发展,与太平天国战后的地方重建密不可分,在受战争影响尤深的江南地区更是如此。② 太平天国战后,江苏省经过财政改革,大力提倡善堂建设,意欲杜绝地方胥吏和手书等佐杂的渔利,以维持地方社会秩序。为此,各地慈善组织雨后春笋般涌现。同治以后,江南的地方善堂都在不同程度上受到各级政府不同形式的资金支持。③ 作为府级的慈善机构,因其行政等级和活动范围,接受辖境中其他县级机构的各种捐款或捐田,是很自然的。

在松江府,同治以后府属各县的慈善机构多已成立。从地方利益考虑,他们未必愿意将钱物和田产捐给府属慈善机构。但是,在行政的层级结构中,此类事实上的捐纳一直存在。各种现存《征信录》很好地揭示了这一点。在府级权威存在的前提下,当然不会出现属县争产之事,但当府属慈善机构的功能部分被其辖县的同类机构取代后,该县对原府属慈善机构的杂捐相应减少。

---

① 光绪《松江府志》卷九《建置志》,第878页。《旧松属慈善董事会概况》,第4页。
② 徐茂明:《同光之际江南士绅与江南社会秩序的重建》,《江海学刊》2003年第5期。
③ [日]山本进:《清代后期江浙の财政改革と善堂》,《史学杂志》1995年第104卷第12期。

例如,同治十年(1871),松江全节堂董耿苍龄呈请一厅七邑征收保节典捐,川沙同知以经费不足为由,呈请上级官厅把川沙境内的典捐一半归松江全节堂使用,另一半作为川沙保节堂的经费。①这一事实,实际上也为府制取消后的各县争产埋下伏笔。

七县因教育而窥视原有慈善公产

民国成立,府制取消,华亭、娄县并为一县,改名松江,川沙改厅为县,奉贤、南汇、青浦、上海、金山五县建制没有发生大的改变。在王朝体制下,松江知府掌握全节堂、育婴堂、松江府学和融斋书院等机构的监督权,委托华亭和娄县士绅经理。府制取消后各机构仍由原绅董继续管理。这引起原府属其他县士绅不满。政区的层级是权力的象征,府制取消后原可号令各县的权力随之消散,这为民国年间七县争夺公产拉开帷幕。

1914年12月,原松江府属七县"公民"14人(每县2人),共同上书沪海道尹请求设立旧松属慈善教育款产联合会,理由如下:

> 所有全节、育婴等事,仍由松江县原办之绅董继续进行。唯事关七县,松江一县之官绅,固未便越权过问,而七县人民既无法定之机关,亦无公共之团体,以致各绅董经营保管之苦心无从报告,且频年荷求诿御而不能。在各绅固觉劳逸之不均,在七县人民则又放弃其责任。揆诸法理,皆未平允。②

众人提议,根据民国二年《县市乡学校联合会规程》中处置两

---

① 光绪《川沙厅志》卷二《建置》,第118页。
② 《处理旧松府属慈善教育款产案》,上海图书馆,档号:536843,第1页。下文中没有注明出处者,皆源于此书。不一一说明。

县以上公有款产的办法①,请道尹令饬七县知事从每县推举公正士绅二人,择日齐集松江组织七县慈善教育联合会,"以资清理而维永久"。此为争夺公款事件的肇端。本呈文委婉之极,各县以体恤机构原有绅董为名,要求安插人员进入各机构管理层,分享福利,管理监督。

道尹认为《县市乡学校联合会规程》是专门处理联合设立学校问题的,与管理公产无关。不过,因所议之事涉及公益,请七县知事妥选绅士处理。② 七县知事召集秦锡田、黄绅锡、陆渠、阮惟和、黄端履、叶秉常、朱祥绂、傅恭弼、蔡钟秀、叶昌升、庄以苾、蔡宗岳等开会,认为根据各种记载,旧松江府属之全节堂、育婴堂、融斋书院、府学田和府学洒扫田等款产,确属原七县共有财产,最后议决:以原有之款产,就原设之机关,为原办之事业;按江苏省设立江阴中学校董会处置校产的办法,由七县知事选派士绅组织联合会,以育婴堂为会所,每年开会二次,作为议事机关,厘定会中规则和会员职权;各县经理、各位董事均可提出议案,以集思广益使原有事业积极进行。③ 此次会议松江县没有派人参加。

1915年1月,松江县知事令饬全节堂和育婴堂等机关派人参加七县士绅联合会议,但因六县呈文被省驳回,育婴堂董事姚筠等据此联名陈述所有慈善事业无需变更。8月,七县联合会召开。姚筠等写信向巡按使、沪海道尹和各县公署抗议。巡按使认为,从前府、道所在地办理事业过多,组织联合会,实为徒起纷争。姚

---

① 《江苏省长公布县市乡学校联合会章程》,《申报》1913年5月20日,122/259(用"/"隔开的数字,前面代表卷号后面为上海古籍出版社复印本之页码,后文不赘)。
② 《处理旧松府属慈善教育款产案》,第1页。
③ 《处理旧松府属慈善教育款产案》,第2页。《(松江)清理七县公产》,《申报》1918年2月22日,150/299。《(松江)推定慈善代表》,《申报》1918年2月22日,150/645。《慈善团成立会》,《申报》1918年3月5日,151/67。

筠等据此批示认为联合会根本不应成立。道尹令姚筠将全节堂和育婴堂经理处全年收支清单上交,以便核对。以后每当六县请松江派人参加会议时,姚筠等均置之不理,六县无可奈何。此事拖延了近三年,没有实质进展。

1918年1月21日,六县代表秦锡田等径到松江育婴堂要求推举代表,姚筠等仍无动于衷。2月21日,六县代表集会松江商会,松江"公民"吴清藻等二十六人推举朱庆咸、姜文傅、杨锡章和沈调阳为本县代表,秦锡田等推举杨锡章为主席。3月3日,六县代表上海的秦锡田、黄绅锡,奉贤的陆渠、阮惟和,金山的黄端履、丁瑞珍,南汇的朱祥绂、傅恭弼,青浦的蔡钟秀、叶昌升,川沙的庄以莅、张志鹤和松江的杨锡章、沈调阳等齐聚松江商会,众人成立联合会,并通过《旧松属七县教育款产联合会章程》,决议各县代表由各公共团体推举后再呈县知事选派,每年开常会两次,以此介入相应机构之管理并核查每年的经费预算。其实松江有关机构早认识到,对原府属款产的清理无法回避,此前松江县在遵从省令设立县公款公产管理处时,原来松江府属慈善、教育款产就不在管理范围内。但是,此举遭到松江育婴堂总董姚筠等的反对。姚的理由是:"夫以法理言,旧府治非松江一区,府治公共事业亦非松江所独有。自民国以来,他府之公共事业与他县并无异言,何独与松江而起争点……此等非法干涉,实难忍受。"①这一说法不确。对原府有款产的处理在民国初年很普遍,浙江金华撤销府制后各县对原府属公产也进行了处理。②

姚筠的立场得到道尹和省令的支持。4月15日,道尹批示:对于公共事业应按习惯办理,众位代表如有不同意见可随时提出

---

① 《处理旧松府属慈善教育款产案》,第6页。
② 《清理原来八邑公款公产》,上海图书馆,档号:531632。

来商量，只是不必再成立慈善教育联合会等新的名目。① 省令认为新成立联合会，是"徒启纷争，无裨实际，应无庸议"②。六县代表以自己是经七县人民之公共团体推举和县知事委任，代表民意力争，但是省署批示维持原案，对七县公共事业可由各县酌派一二董事随时查察。

面对省署和道尹屡次维持原案的命令，秦锡田等其他六县代表开始退而求其次。7月底他们呈准省署训令道尹制定监察章程，选派三名士绅监督松江各善堂的经费收支。8月2日，松江全节、育婴各善堂的董事召集本县24乡自治委员开会，决定由各市乡的董事自己成立一个监察机关，拒绝听从其他县的监察。③ 上级官厅的命令使松江人士错误地以为其他六县根本不可能插手原来府属慈善、教育款产的管理，在其他六县仅要求以三名绅士来监察时，也蛮横地加以拒绝。事情缓和的机会转瞬即逝，此举引起六县的情绪反弹。

1918年以后各县强烈要求加紧处理对于原来府属慈善、教育款产的共管问题，主要是因为民国初年中央和省级政府在建设现代化国家的过程中，多次命令地方建立各种新型教育、社会福利机构，却又无法从财政上给予支持，这在无形中给地方政府带来了负担，它们只能就原有慈善、教育机构进行改造，然而稍微的改动也涉及甚广。1918年3月，松江县署根据省令委派人员利用前清融斋书院的存款，在原罪犯习艺所的旧址上，兴办能容纳三十个乞丐的松江习艺所。④ 而融斋书院的存款在其他六县要求共管

---

① 《组织旧松属教育慈善联合会之道批》，《申报》1918年4月15日，151/710。
② 《处理旧松府属慈善教育款产案》，第3—4页。《反对七邑联合会之省批》，《申报》1918年4月8日，151/595。
③ 《监察府公产近讯》，《申报》1918年8月5日，153/577。
④ 《(松江)习艺所将次举办》，《申报》1918年3月9日，151/123。

和监督的范围内,他们当然不允许松江的此种行为;另一方面,其他六县同样面临遵照上级命令设立新式习艺所的任务,而在上级并不具体拨款和地方财力窘迫的情况下,寻求就原来松江府属慈善、教育款产的共管,无疑是他们最直接的动力和没太多余地的选择。

但是,包括沪海道尹和省长在内的各上级官厅只希望维持现状以减少麻烦,问题不能从根本上得到解决,反在某种程度上助长了松江善堂董事的自傲心理,导致后来更大的风波。

1918年下半年,华北数省灾荒严重,江苏省政府要求各地协助救济并向所属各县分派捐款,松江摊派到5 000元,其中教育会认领500元,并总体负责协济款项的征收。① 松江教育会所认领的款项,除从教育经费支出外,主要是发动学生捐款。其他各县的教育会也面临同样的难题。②

1919年1月26日,奉贤、金山、青浦、南汇和松江等县知事齐集沪海道尹公署,议决《旧松府属慈善教育款产解决办法》。该办法主要内容是:

> 一、松江慈善教育所有名义及一切管理权,悉仍其旧。二、以原有款产办原有之事业,不得移充别用。三、该项事业由所在地方行政官厅实行监督以一事权。四、每年阴历九月二十日为各善堂公开日期,届时由监督呈请本管长官选派邻县公正绅者数人。五、民国八年以前所有历年款项迭经查明呈报者,不得追溯既往以免纷扰。六、向刊《征信录》各机关每年仍照旧执行,惟需

---

① 《(松江)协济募款之进行》,《申报》1918年11月12日,155/471。
② 具体情况见1918年11、12月份的《申报》。

报由监督转呈本管长官公布之。

此项解决办法完全执行了省署的有关训令,却激起六县代表的强烈反对。他们不仅反对本方案,而且把矛头对准了各县知事。通常观念中作为地方"父母官"的县知事,此处却被地方教育机关的代表摒弃于本县利益共同体之外。各县教育机构的负责人与各县知事之间的矛盾由此而生。六县争夺原府属慈善教育款产中各县的代表人物,主要是各地方教育机关的负责人,不是教育会长就是劝学所长。① 他们对原府属慈善、教育公款公产格外关注,主要与清末民初地方教育规模的扩展过速和地方教育经费的日趋紧张密切相关。

清末新政中关于大力发展教育的政策之所以能够得到基层绅士文人们的大力支持,关键在于清政府在废除科举法令以杜绝他们晋身仕途的同时,通过鼓励办学堂以保存他们的特权,因为学堂也能授予毕业生进士、举人和生员的学衔。地方士绅送他们的子弟入学,希望以此保持他们的特权。因此,他们非常热衷于开办学堂,甚至不惜自己花钱来办。②

除了地方士绅对于兴办新式学堂极具热情之外,一部分从日本归国的留学生由于受日本教育模式和体制的影响,满怀教育救国的理想投身于家乡的教育事业,也在客观条件上对于清末民初地方教育的扩展起了推波助澜的作用。黄炎培和张志鹤就是当时的典型代表,作为从日本归国的教育工作者,他们在川沙地方

---

① 关于除松江外其他六县代表的身份,参见民国《川沙县志》、民国《南汇县续志》及各县新修方志。
② [美]费正清、刘广京编:《剑桥中国晚清史(1800—1911年)》(下卷),中国社会科学出版社1985年版,第441页。

教育中的表现尤显。① 其后两人长期担任川沙地方教育机关的领导。在此次松江各县争夺旧松府属慈善、教育款产的过程中,张志鹤一直是川沙方面的代表。

民国肇造,各级政府对地方教育的推广至少在政策上不遗余力,还通过奖励兴学人员等办法来刺激地方人士办学的热情。

上述因素,应和了官方倡导发展教育,不过教育飞速发展带来的经费短缺问题日益突出,地方教育经费的筹措制度和经费来源颇令人烦忧。

在中国传统社会,中央和地方各级政府主要负责与科举密切相关的官学,地方社会的初等启蒙教育主要由私塾来完成。传统的地方教育投资体系的变革是近代教育不断成长的结果。1904年,中国第一部学制正式颁布,各州县开始承担普及教育尤其是义务教育的重担。随着地方自治主要在府、州、县和城镇乡的实施,根据政府规定的教育、实业和警察等事务"就地筹款"的原则,基层社会成为筹集地方基础教育经费的主要途径。② 可是,地方可以筹集的经费相当有限,远不能满足教育规模扩张的需要。为解决教育经费困难,各县纷纷要求增加地方杂捐,为此发生了许多冲突。1920年1月,松江教育会开会,议决将本邑米捐扩充作为义务学校经费。③ 金山县吕巷乡和东二乡,在本年冬漕项内,每石带征教育费三角。乡民反对。④ 5月,奉贤教育会控告县知事匿留附加税和扣除学款,请省署派人处理。县政府无力拨解夏季

---

① 许汉三:《黄炎培年谱》,文史资料出版社1985年版,第5页。
② 商丽浩:《政府与社会——近代公共教育经费配置研究》,河北教育出版社2001年版,第219—226页。
③ 《松江教育会开会纪事》,《申报》1920年1月6日,162/83。
④ 《金山电请免征学款》,《申报》1920年1月23日,162/361。

学款。① 7月,松江召开临时教育行政人员会议,议决加征亩捐,以扩充义务教育经费。② 1919年,奉贤县境内有三所学校停办,附近失学儿童颇多。1920年9月中旬,伟天和维新两所学校,也因经费短缺上报县政府停办,"以距离二十里之乡区,一二学校竟不可维持"③。

松江县的小学教员月工资最低的仅两元,最高也不过十元。1920年,上海和江浙等地发生米慌,米价在短期内持续飞涨。上海各界教员定于旧历六月初八下午齐集上海县劝学所,开会讨论加薪的问题。④ 6月27日,松江县第一、二、四、六、十六等国民学校以及孤儿院、东吴第四学校教员二十余人,在醉白池集会要求加薪,并决定于旧历本月二十六日在劝学所成立小学教员联合会,以维护教师权益。⑤

教育经费的短缺,本就使各地教育机关一筹莫展,为此而增收的地方杂捐又引起乡民强烈不满,地方政府与教育机关因此而生的摩擦也不可能在短期之内解决,米价飞涨引起的教员不满更是雪上加霜。在当时的情况下,希望通过发掘新的教育经费来源已经几乎没有可能,这也在客观上使得六县要求解决慈善教育款产纷争的动力更加强烈。其他各县的教育机构均希望通过原来府属教育、慈善款产的分割,缓解燃眉之急。

争夺公产而引起的拉租与罢课

1920年9月26日,秦锡田等人组成的教育慈善联合会代表

---

① 《奉贤教育会电催省委查款》,《申报》1920年5月29日,164/509。
② 《松江代征义务教育费》,《申报》1920年7月3日,165/43。
③ 《奉贤教育之悲观》,《申报》1920年9月16日,166/262。
④ 《小学教员定期会议加薪问题》,《申报》1920年6月18日,164/886。
⑤ 《松江教员加薪运动》,《申报》1920年6月29日,164/1091。

在上海也是园拟订《旧松江府属公款公产暂行办法》,呈请各县公署备案并得到批示。联合会拟定暂行办法的主要内容如下:

> 一、旧松江属公款公产(凡属于育婴、全节、普济等堂,融斋书院及松江府学学租之款产),坐落松江县外之其他各县者,应由各本县款产处或劝学所通知典业董事及地保,查报存款数目及佃户租额。二、无论息款、花稻租,经典业董事及各图地保查报后,即由该县款产处或劝学所另立存折并发徭征租。其收息日期及收租限期折价等事,悉照该善堂等习惯办理。三、征得之租金息款除完赋及收租收息上之必要开支外,应尽数专款保存,不得移作他用。四、各县款产处或劝学所所征取此项息款田租,应另备清册及收支账目,俾本案得满意之解决,即连同息款、租款移交原有机关。五、前项公产应纳赋税,所有田单印串,由款产处或劝学所传知柜书暂行截留,由本县经收机关自行投柜完纳。六、上开各项办法,由六县代表呈请各县公署备案。松江款产管理人,如向各该县公署呈请追租开欠,应概置不理。①

这一暂行办法可以看作六县对松江的主动出击。在联合会所制定的上述暂行办法中,六县劝学所和款产处起到了非常重要的作用,他们是这次行动的主角。只是各县所接受的原府有慈善和教育租款,并非立即归自己所支配,而是要等待合适的解决方法。各县地方团体绕过各自县公署而采取的单独行动,是针对原

---

① 《处理旧松府属慈善教育款产案》,第 10 页。《教育慈善联合会议决旧松属款产办法》,《申报》1920 年 10 月 22 日,166/900。《旧松属六县代表之呈文》,《申报》1920 年 12 月 13 日,167/741。

来各县知事完全服从省署命令而不顾地方利益的行为所作出的反应。地方团体在这里所显示出来的独立性,在以后争产过程中表现得更明显,也更值得重视。

松江县知事于10月25日和26日呈请省长,认为江苏其他各处没有此等先例,慈善、教育款产应该维持而不宜破坏。松江劝学所在呈文中也说,府有学款已分给各校支配,如被截留将影响教育事业。此外,松江还认为府学田产是明代松江人徐阶所捐,不应将松人所捐田产,分给其他六县。①

奉贤教育机关根据慈善联合会所拟定的《旧松江府属公款公产暂行办法》,截留松江原府有学田在本县的学租。10月30日,奉贤劝学所所长朱声凤率众驱逐松江劝学所在奉贤境内的收租员,毁灭收租石碑,截留松江在其境内一千多亩的学租。各县拉租风潮由此起,原来只是停留在文本上的公款公产争夺,开始进入具体实践层面。

松江劝学所所长到南京面见省长。松江县各教育机关分别致电省长、教育厅和沪海道,请求严惩,呈文中都强调学租是松江教育的命脉,学租被截留将会使全县200余所学校没有经费,由此将引发大规模暴动。松江县立第一、二、三、四、五、六高等小学校,第一、二女子高等小学校和职业学校等,因直接受到经济冲击,决定截留其他各县在松江的学租,并决定以全体罢课作为最后抗议手段。②

11月3日,六县代表在上海决定,如松江各堂董再无明确表示,将实行已拟办法,仿照奉贤截留松江坐落在各县的学租。③ 松江慈善和教育界害怕其他各县截留松江在该县田租,特意在11

---

① 《府有款产之争潮》,《申报》1920年10月26日,166/970。
② 《争管府有款产愈形剧烈》,《申报》1920年11月5日,167/76。
③ 《七县慈善教育联合会近讯》,《申报》1920年11月4日,167/60。

月 4 日召集各堂董事和地方士绅开会,议定除呈请江苏省设法维持外,公推代表向道尹请愿,请其令饬六县派警察协助各堂收租员收租。① 道尹在 7 日批示,请等候省长裁决。② 道尹还强调奉贤县知事负有地方安定的责任,如激发事端则其责无旁贷。③

近千亩的田租被奉贤截留,松江各界当然不会善罢甘休。11月 8 日,松江各校召开第二次紧急会议,议决:请劝学所提起诉讼,请各级政府帮助催缴被截留租额,不达目的将全体罢课。松江教育会长于 9 日到南京面见省长,请其严令取缔拉收学租,以平众怒。同日下午,松江各善堂董事在全节堂开会,决定诉诸法律来解决。④ 10 日,沪海道尹对奉贤强拉学租再次批示,内容和三天前基本相同。⑤ 11 日,省长批示认为应照 1919 年 1 月所拟六条办法处理,无须再作改动。

针对省署批示,奉贤劝学所和教育会于 12 日呈文省长,认为原府有款产被松江把持,既不推广事业、也不许其他各县过问,且利益分配不均,根本不符慈善教育宗旨。这次六县议决各自收回的政策,"远援苏、皖两省分配南京试院之成例,近阅上海马、闵两乡分管强恕学租之办法,接收府产,名正言顺"⑥。奉贤教育会长又于 15 日给省长和教育厅呈文,称本县教育机关也是众志成城。⑦ 17 日下午,六县款产经理处及教育慈善联合会代表在上海劝学所开会,议决截留租息 3 000 余元,由各经理处妥为保存,以

---

① 《松江会议抵制拉租》,《申报》1920 年 11 月 6 日,167/93。
② 《关于旧松属款产之道批》,《申报》1920 年 11 月 8 日,167/135。
③ 《抗争拉租之轩然大波》,《申报》1920 年 11 月 10 日,167/163。
④ 《抗争拉租之轩然大波》,《申报》1920 年 11 月 10 日,167/163。
⑤ 《奉贤劝学所擅收学租之道批》,《申报》1920 年 11 月 11 日,167/185。
⑥ 《奉贤劝学所、教育会之代电——为旧松属款产事》,《申报》1920 年 11 月 13 日,167/221。
⑦ 《奉贤县会电省》,《申报》1920 年 11 月 16 日,167/271。

后仍充慈善款产。①

据《申报》消息,奉贤劝学所所长拉收松江学产之事,已为省长和道尹严令制止,并转谕各保图完租。但奉贤各界却呈请省长要求公平处理,而松江各团体也在组织教育款产维持会,准备截留旧松府属各县坐落在松江的公共款产。所以,风潮并未结束。②

11月21日,松江在县图书馆召开本县各公私团体紧急会议,成立教育款产维持会。③ 同日,金山县农会、商会、教育会等机构的会长和市乡助理员等联合电请省、道,要求按六县拟定办法处理。④ 22日,金山各团体又致函其他各县款产经理处及各团体,希望大家共同抵制上级命令。⑤ 23日,奉贤县立各学校校长呈请省长将旧松府属慈善、教育款产分拨各县教育机关。⑥

此前各团体拉租后声明暂时保持拉收款产以待妥善解决的举动,是在等上级官厅裁定分割,其间心态值得玩味。究竟真的会听从省署安排,还是只是想让自己的愿望由省署说出来以披上合法化的外衣?奉贤教育机关的呈文使问题的核心浮出水面,当时教育机关经费捉襟见肘,各县要求分掉旧松府属教育、慈善款产,这无疑是加速拉租的主要原因。

在松江和其他六县团体纷争不断的同时,民间开始发出声音,提出各种意见与建议。24日,松江"公民"就此事上书省长和道尹,认为争执的根本原因在于善堂董事大多世袭,且有多人身兼数职。建议各善堂董事按各县款产多寡分配名额,由各县法人

---

① 《处理旧松府属款产之会议》,《申报》1920年11月18日,167/310。
② 《奉贤县函允饬追学租》,《申报》1920年11月19日,167/323。
③ 《松江维持教育款产》,《申报》1920年11月23日,167/395。
④ 《金山电请维持公款》,《申报》1920年11月21日,167/357。
⑤ 《金山对于府产纠葛之又一电》《松江维持教育款产》,《申报》1920年11月23日,167/395。
⑥ 《奉贤学界呈请分拨松属款产》,《申报》1920年11月25日,167/431。

团体选举产生。这是来自松江内部的不谐和之声。不过,松江"公民"也指出,作为财团法人的善堂,按照法律应由所在地松江负责监督,此监督权具体由农会、商会和教育会三法团承担;旧松府属教育款产,早已分别支配,按照教育部命令,不得再行更张。同日,青浦县教育会和商会等团体联名上书省长和道尹,请求按照六县代表所议办法处理,以免激起民愤。① 松江民间的意见和建议从客观上说明,原旧松江府属慈善事业中存在操作和运行不透明的问题。

12月10日,六县代表呈文本县知事,强烈反对省政府根据姚筠等意见而下达的命令,强调六县只要求加强对原有慈善、教育事业的监督;并逐条批驳原由各县知事所定办法。众人认为如果1919年前善堂经费支出正当,自无追溯必要,如有舞弊,定当严查。六县代表认为此事已拖延六年之久,必须按照9月26日拟定办法处理,并呼吁各县知事共同行动。②

1920年北方五省遭灾是导致拉锯愈演愈烈的外部原因。国民政府下令各地筹款赈济。江苏省公报规定旧府州治所至少应捐三千元。教育机构也有强制任务。松江北省募捐赈款会附设在劝学所内,11月24日,该筹款会邀集各认募人开会,阴历十一月三十日截止募捐。③ 同日,金山松隐镇国民学校教职员趁放假之际组织劝捐队,为八省度寒急赈募集捐款154元。由该校校长亲送华洋义赈会,请其转交灾区。④ 然而这些都未满足所要求的募捐数额,由教育机关出面以行政的途径解决是必要的,这从另

---

① 《松江公民方面之争管府产意见》《青浦青人争教育款产电》,《申报》1920年11月24日,167/411。
② 《旧松属六县代表之呈文》,《申报》1920年12月13日,167/741。
③ 《松江集议结束赈款》,《申报》1920年11月26日,167/445。
④ 《松江公民方面之争管府产意见》,《申报》1920年11月24日,167/411。

一方面加剧了七县对慈善、教育款产的争夺。此亦是国家客观形势和政策对地方事务影响的明证。

鉴于奉贤和金山拉收旧府属慈善、教育田租,1920年12月2日松江教育款产维持会开始拉收坐落在松江境内的上海同仁辅元堂和金山大观书院的田租,并暂存银行保管。① 14日,六县教育慈善联合会代表呈文各县知事,请撤销原来各县知事所拟定的解决办法,另定新章。② 上海、南汇和青浦县知事批示,静候上级指示。③ 17日,省长批示仍照本年6月3日所议六条办法处理;至于奉贤劝学所拉收学租,已饬令制止,并请其他各县预防出现类似情况。④ 27日,同仁辅元堂呈文省长,请令松江速还所拉租款。⑤

1921年1月初,六县士绅搜集旧松府属慈善教育款产为公产的诸多证据,呈请上海县公署转呈核示并议定七县共管规则。上海县知事命令公款公产经理处将有关证据和呈文函送南汇等县,以便共同向上级请示。⑥ 22日,六县代表(上海县公款公产管理处经理员姚文枏、朱日宣和劝学所长李宗邺,青浦县公款公产管理处经理员支颂尧、戴克宽和劝学所长蔡钟秀,奉贤县劝学所长朱声凤,南汇县财政处经董陈曦南、劝学所长黄报廷,金山县劝学所长李铭训,川沙县款产经理处经理员黄洪培和劝学所长张志鹤等)再次呈文省署,请求撤销原案重订章程。⑦

---

① 《辅元堂收租被阻之呈文——松江旧府属款产问题之枝节》,《申报》1920年12月12日,167/721。
② 《处理旧松府属慈善教育款产案》,第12—14页。
③ 《处理旧松府属慈善教育款产案》,第22页。
④ 《府产争潮之近讯》,《申报》1920年12月18日,167/823。
⑤ 《辅元堂收租被阻之续呈》,《申报》1920年12月28日,167/1003。
⑥ 《关于旧松属款产之文牍——上海县知事之批词》,《申报》1921年1月8日,168/115。
⑦ 《处理旧松府属慈善教育款产案》,第22—24页。

与之同时，各县拉租不止，省令屡次禁止但收效甚微。① 奉贤拉收松江府学及云间书院资产七百元，金山拉收松江慈善、教育田租五千余元，松江继续截收上海同仁辅元堂、强恕学校租款，并收回金山大观书院田租。省政府派遣沈陈杰前往查办并获详细报告，省署据此认为，各县互拉租款是枝节问题，根源在于1919年所定办法有不完善之处，应由地方自行解决，对于款产不主张分割，而应调整处理方法。②

3月13日，松江学界各团体代表在县图书馆召开紧急会议，继劝学所长张彬士辞职后众人决定总辞职。③ 14日午后开始行动。松江县教育会在14、15日连续呈文教育厅，认为沈陈杰偏袒六县，陷松江教育于危境。④

3月18日，沪海道尹和上海县知事接到省长命令，认为："未收之款禁止再收，一切均候官厅解决"，且"拉收租款无论据何理由，总是逾轨行动"，并声称："此后彼此绝对不容再有此等情事，以维秩序。"同时也承认，问题的焦点在于各方不满"民国八年所订六条办法"，为此需"应候另行通令各县知事查明情形，呈候查夺"⑤。同日，浦南"公民"华俦仙、松江"公民"袁远和自治委员张汝砺等分别电请省长，建议先将学产解决。⑥ 松江此次呈文使公产争夺朝多途发展，教育款产和慈善款产的解决由此各自进行。

3月20日，根据省令，教育厅训令将各县所拉租款一并交省

---

① 《辅元堂收租被阻之呈文——松江旧府属款产问题之枝节》，《申报》1920年12月12日，167/721。
② 《处理旧松府属慈善教育款产案》，第26—28页。《申报》1921年3月12日，169/194。
③ 《松江劝学所长辞职》，《申报》1921年3月15日，169/250。
④ 《松江全县罢课大风潮》，《申报》1921年3月16日，169/265。
⑤ 《旧松府属款产问题之省令》，《申报》1921年3月18日，169/304-305。
⑥ 《松江关于罢学电文》，《申报》1921年3月19日，169/322。

保管,等此案解决后再逐一发还。松江挽留张彬士并复课。① 21日,省长命令教育厅询问七县绅士是否已有修订办法,沪海道尹令催各县议复修正管理办法。② 同日奉贤绅、商学界公电省署,赞成由地方自行解决。③ 22日省厅批示拉租均收归省署代管,继续查核。④ 松江派人去省署提取被拉学租,被拒。⑤ 24日,旅宁松人张公镂及南京高师松籍学生呈请省长、教育厅,认为奉、金所拉乃松江教育私产。⑥ 27日,省长批示松江拉收上海辅元、强恕及金山大观田租系各县独有,应缴还。然奉、金执行六县代表议决,截留七县共有租款,等解决办法出来后再发还。⑦

3月29日,六县款产处、劝学所和联合会代表在上海款产处开会,通过由省议员沈维贤等提出的七条办法,主要内容为:从前所议将原有之款产就原有之地点,办原有之事业,应认为固定宗旨,不得变更;七县各举议董二人组织议董会,决议维持及扩展方法,交由款产管理人执行;议董会成立后,各县截留之款产,应分别清理归还。⑧ 此办法虽在名义上同意省定解决原则,然在实质内容和利益争夺方面没有丝毫让步。

省派委员于同日在奉贤宣布,各知事已将各县停止拉租之事呈报省署。松江学界认为如此则对未完租税应出票提追,勒令佃户向松江劝学所完租,并推举代表前赴奉贤,定于31日拜谒各县

---

① 《处理旧松府属慈善教育款产案》,第28—29页。
② 《处理旧松府属慈善教育款产案》,第29页。
③ 《奉贤关于争产之公电》,《申报》1921年3月21日,169/358。
④ 《处理拉租案之省厅电》,《申报》1921年3月22日,169/374。
⑤ 《松江派委被拉学租》,《申报》1921年3月26日,169/438。
⑥ 《省视学来松视察》,《申报》1921年3月26日,169/438。
⑦ 《关于松江府产之奉、金消息》,《申报》1921年4月1日,169/541。
⑧ 《处理旧松府属慈善教育款产案》,第29—30页。

知事，请求依法追租。①

4月1日，奉贤县绅商学界呈文省署，认为若以六县共有教育款产，办松江一县之学校，违背"以原有款产、就原有地方、办原有事业"之命意，倘各县均效仿松江罢课，恐无结果。省署训令奉贤、金山劝学所长，"该两县拉收各项租息着即呈缴省署，即由省长查明，何县缺乏教育经费，再行支配"。两所长奉令后，分函上、青、南、川各县代表征求意见。② 3日李委员到金山后召集会议，金山绅士反对奉贤把款产交给省署，会议持续到7日，无果。③ 本月初，六县绅士在沪议决处理府有款产办法的时候将松江独有之学产并入，5日松江教育会特电省长请予撤销。④ 13日，松江的要求被省拒绝。⑤ 15日，松江声明在秋收以前如仍不能根本解决，将不问何县何署在松款产，一律收归松江所有。⑥ 22日，因对七条解决方案不满，遵从省令而撤销的松江款产维持会又互相联络。⑦ 23日，款产维持会复活后第一次集会，众议对沈维贤所拟之办法诉请撤销。⑧ 同日，省署命令七县知事、省议员、款产处经董、劝学所所长、县教育会所长等到沪集会，解决府有教育慈善款产争潮，各县不参加会议者视为自动放弃，已拉租款遵令缴还。⑨

李委员在金山和奉贤屡次调停无效，最后出现转机。奉贤劝学所函告金山劝学所愿照金邑妥善解决，金山也表示愿援照奉贤

---

① 《拉租案最近闻》，《申报》1921年4月2日，169/554。
② 《关于松江府产之奉、金消息》，《申报》1921年4月1日，169/541。
③ 《(朱泾)省委与县》，《申报》1921年4月7日，169/641。
④ 《申报》1921年4月6日，169/629。
⑤ 《松江呈报学潮始末之省批》，《申报》1921年4月13日，169/743。
⑥ 《松江抗争府产问题之枝节》，《申报》1921年4月15日，169/775。
⑦ 《松江款产维持会有江府或》，《申报》1921年4月22日，169/897。
⑧ 《松江款产处一日三聚会》，《申报》1921年4月23日，169/915。
⑨ 《举行七邑会议之省令——为解决松属教育款产事》，《申报》1921年4月23日，169/918。

办法,金山劝学所长报告金邑所收租款除去忙漕各开支外,将余款如数交付县署暂为保管。4月25日,李委员回省。松江、金山教育款产争执案暂告结束。①

5月16日下午,道署召集七县士绅开会。姚文枏提出意见书七条,强调对原府属范围教育款产各县均有顾问权。松江代表反对姚提意见,另提修改办法六条。最后决定将两方意见,呈请省长核夺。②

6月26日松江劝学所召开第二届教育行政会,讨论各县攘产风潮的影响及如何弥补损失。与会者除各教育行政人员外,还有县知事以及其他的善堂董事等,会议决定以附征漕粮特税充作义务教育经费。③ 推叶桐叔等四人调查奉、金等县拉租事。④

松江和其他六县之间互相拉收租款的升级,松江教育机构罢课的强烈反应,终于使得省道各级机构更深介入松江府属慈善、教育款产争夺的处理中来。在暂时平息了各县之间拉租风波后,江苏省政府开始着手制定具体办法,以便早日解决此事。可是,一波未平一波又兴,围绕省政府这次制定的新政策却又生出了许多事端。

围绕省署仲裁的较量

省署查核案卷后认为,教育款产并非双方争执要点,慈善款产未能解决导致其受牵连。1921年7月15日,省署训令:对于慈善款产按省已订办法解决;属旧松府属教育款产而当时尚未经

---

① 《(朱泾)款产暂告结束》,《申报》1921年4月25日,169/951。
② 《昨日旧松属七邑会议纪——会议争执慈善教育款产事》,《申报》1921年5月17日,170/292。
③ 《松江教育行政会开会纪》,《申报》1921年6月28日,170/1032。
④ 《松江教育行政会续志》,《申报》1921年6月29日,170/1053。

教育行政机关办理固定事业者,由省署决定处理办法;松江把融斋书院的田产办理乙种农校尚未成功,应遵《县市乡联合会规程》组织学校联合会,在松江境内设旧松属七县县立乙种农业学校;府学洒扫田因府祭废止如暂无其他确定用途,应和融斋书院田产一并处理;其余教育款产无论与旧松属有无关系,因松江办理已久仍照旧,不许异议。①

7月22日,省政府重订《处理旧松府属慈善款产办法》四条。主要内容为:

> 一、旧松府属慈善款产已办慈善事业,在性质上成立为财团法人者,其财团法人应隶属于现在之松江县。(说明)以慈善款产而成立慈善事业,在性质上即为财团法人,具有人格,与自然人相同,不能无籍贯隶属。松江府之行政区划,现经废止,而财团法人之总事务所又在松江,当然隶属于松江县。此即旧案所谓,以原有款产、在原有地方、办原有事业,为不变之宗旨也。
>
> 二、前条之财团法人,不得以行政区划变更之故,而缩小其事业所及之地域。(说明)捐款于财团法人者,即捐之后其财产即为法人所有,与原捐款人并无关系。故依七县共捐与一县独捐而论定,财团法人为七县共有与一县独有者,皆不可通。有人格者不得为物权之目的物,而发生共有与独有之疑问也。前条规定隶属于松江县,而非认为松江县所独有。从前事业所及于七邑者,仍须以慈善之习惯而及于七邑,慈善事业尤应不分畛域也。

---

① 《处理旧松府属慈善教育款产案》,第32页。

三、财团法人之监督权,属于松江县知事。(说明)此由隶属而生,亦因事实上之便利也。凡事业所及地域之人(即七县),如对于财团法人有陈述意见而不为董事所采纳或于款项出入有疑问,皆可陈请监督官厅决定。不服其决定者,仍可陈请直辖之上级官厅重为决定也。

四、财团法人之董事仍依习惯办理,不以松江县人为限。(说明)法人成立已久并无不便,现时又无取缔之各种法令,自应暂依向来习惯办理。名为董事者,照旧名为董事,毋庸另改。议董向来由县知事聘委者,照旧由监督县知事聘委,不必多所纷更。旧松属之慈善事业,在习惯上本无某县人得为董事,某县人不得为董事之限制,而为免滋物议起见,尤有兼聘各县人为董事之必要。本条特申明之。①

此外,另有训令:对过去拉租事,由各县知事查明本县所拉款数,除例支纳税等费用外,将该款正式交还原有租款之县核收呈报,限二十日完竣。② 27日,省署令道尹执行。③

这次拟定的四条办法中仍有诸多矛盾之处:视原慈善教育机构为财团法人,按律对其自身行动及组织构成有充分自决权,这和以往由董事把持堂务没有实质区别;其他六县强调对善堂事务进行监督,但在监督权属于松江县知事的情况下,六县代表根本就不可能有所作为。但是,应该注意的是省署的仲裁变换了以前的立场,开始采用"法人"的概念并按照有关法人的法律规定来处理问题,顺着这一思路,各慈善和教育机构开始以清晰的财团法

---

① 《处理旧松府属慈善教育款产案》,第30页。
② 《旧松属款产争议之解决办法》,《申报》1921年7月22日,171/434。
③ 《处理旧松府属慈善教育款产案》,第30页。

人身份来参与公产争夺，并不断强调自己作为法团的权利。

1921年8月25日，六县款产处、劝学所和联合会代表呈文省长，分析省署新订四条办法的不公，并请省长将呈文转交省议会。呈文驳斥的要点包括：一、省署所订办法忽视了六县与松江主张的不同之处在于监督权的归属；二、慈善款产应该像教育款产那样组织联合会；三、民国三年刘增祥等呈文中所谓的府学洒扫田和融斋书院，包括府学田和其他书院田，新订章程多有遗漏；四、慈善董事应由六县推举或六县知事委任；五、各县和松江截留的田租，分别清理归还，旧松府属书院停办后历年所收教育田租也应交联合会。① 9月12日省署批示按新定办法处理。② 20日六县代表的再次呈文被拒绝。③

30日，六县款产经理总董在上海开会。青浦省议员俞祖望致函会议，认为松江县知事不应有委任董事权，各县经董名额应平等，重点在于实际监督权。④ 会议决议：一、邀请七县劝学所代表和县视学定于下星期在上海劝学所开会；二、已提交省议会的慈善款产在未议决前照上年办法进行。同时，劝学所、联合会请维持教育费，照旧征收教育附加税和已带征学费。⑤ 教育经费的短缺在这里仍然表现得十分明显，争产动力经久不衰不难理解。11月6日的谈话会上各代表仍主张保留府学田名义，由县校联合会管理。张彬士等未答复，定13日重开会议。⑥

---

① 《处理旧松府属慈善教育款产案》，第32—33页。
② 《处理旧松府属慈善教育款产案》，第33页。
③ 《奉贤等县款产处又将开会——仍为松江慈善教育款产问题》，《申报》1921年10月20日，174/520。
④ 《处理旧松府属慈善教育款产案》，第33—34页。
⑤ 《松属慈善教育款产争执未已——六县联合会昨又开会议决办法两条》，《申报》1921年10月31日，174/676。
⑥ 《松江府学田尚未解决》，《申报》1921年11月11日，175/241。

金山集中了主要的旧松府属慈善教育款产，因而对省署的处理办法坚决反对，不仅未将前一年拉收的田租交还，还开始征收当年租税。12月3日，松江育婴、普济、全节等善堂就此电告金山。① 省署令催道尹派人分往奉贤、金山和青浦等县，提取拉收租款。金山省议员黄芳墅致电省长，反对由松江推举慈善款产董事，请暂缓提已拉租款。23日，省长批示：争产日久甚至发展到拉租，使地方人士觉得是破坏款产，而官厅认为应负维持救济的责任；省署先后制定解决办法均遭反对，长此下去不利于问题的解决，也蔑视法律。对省署新定办法如不服，可查照《诉愿法》提起诉愿，既无诉讼就应执行；黄芳墅的要求为无理。②

姚文枏及省议员陈同伦等亦先后电请省长否认省定办法，均遭驳斥。29日，金山款产经理处、劝学所、教育会、农会、商会、市乡经董等联合上书省长：在省议会没有讨论此事前执行六县联合会决定的办法，继续截留金山境内的松江慈善款产并专款存储，等慈善共管机关成立后再归还；这是民意，和知事无关，也决不屈从于官厅强迫；1920年所截留的1 273元租款已由地方款产经理处呈缴县署并由省署提走。③ 同日，黄芳墅再次致电省长反对教育款产的处理和慈善款产董事选聘办法：认为云间书院和府学的田租系七县所有，把它们和融斋书院的田产一起作为七县公立乙种农校的基本款产，不许其他六县过问是偏袒松江；各慈善机关在添聘董事时多由堂董吴伯庚决定人选，吴所选人都是熟人以结党营私，导致官权旁落、蠹董弄权；"然凡物不得其平则鸣，政治不得其平，必激起各方之反动。民主政体之下，一私人且不受压抑，而况团体、而况地方之公益"。黄芳墅请求省署不

---

① 《电告拉租》，《申报》1921年12月3日，176/50。
② 《处理旧松府属慈善教育款产案·附录》，第3页。
③ 《处理旧松府属慈善教育款产案·附录》，第4页。

要听信松江一面之词以防激起各方反对,等待省议会开常会商议解决。①

金山县这次反对省署所定解决慈善、教育款产办法的行动,也是由境内的所有团体共同行动,以示代表民意,值得注意的是这些团体已比以往的呈文明显多了法人团体的意识,并把县知事排除在民意之外,法人团体和县境内地方公益紧密地联系在了一起。

1922年1月2日,金山警察捣毁松江在该县的征租处并强行拉租。② 作为报复,当天下午松江纵容"游民"捣毁金山款产处分设之北乡征租局。次日,黄芳墅再次致电省长,认为:松江善堂各董事指责知事不与其他六县法定团体直接争斗的行为是推卸责任;松江借上级官厅压制六县,省署责令县知事压制地方民众的做法徒劳无益。③ 同时,因教育经费短缺,奉贤向江苏省署催款并请求代征公益捐,以弥补教育经费。④

青浦省议员俞祖望致电省长:集合慈善款产的原动力已随府制取消而消失,因此项款产属于慈善教育性质,所以六县主张共管而不主张共分;松江县屡次阻挠和拒绝省令导致六县怀疑其中有黑幕;省署对此事的处理不果断,省定办法有修改必要,否则只会滋长继金山之后各法团的拉租行为,增强对松江的敌意。⑤ 9日,慈善联合会致电省长请速订公平办法,否则其他各县也将截留田租。⑥

2月,省长派翁燕翼查办金山拉租问题,并重订《旧松府属慈

---

① 《处理旧松府属慈善教育款产案·附录》,第4—5页。
② 《松江呈报金山拉租之电文》,《申报》1922年1月3日,177/39。
③ 《处理旧松府属慈善教育款产案·附录》,第5—6页。
④ 《奉贤催办田租附税》,《申报》1922年1月6日,177/93。
⑤ 《处理旧松府属慈善教育款产案·附录》,第1—2页。
⑥ 《处理旧松府属慈善教育款产案》,第34页。

善款产董事会简章》。主要内容包括：

> 一、依省署公布处理旧松府属慈善款产办法第四条规定之董事，设立董事会。二、旧松府属慈善事业，在性质上成立为法人团体者，均由董事会理之，但董事会须照本署前定四条办法，对于财团法人之组织或目的，无决议变更之权。三、董事会处理事业应公开之。如认为处理不当时，得以董事五人以上陈请监督官厅。不服其决定者，仍可陈请直辖之上级官厅重为决定。四、财团法人之财产董事会，应有共同稽核之责。如有疑问，得以前条后段之办理。五、董事会每二月开常会一次，每年开大会一次，以董事名义召集之。六、董事由监督官厅聘委，但奉贤、金山、上海、南汇、青浦、川沙等六县，应由各该县知事推举，咨请监督官厅聘任。七、董事之名额松江八名，奉贤、金山、上海、南汇、青浦、川沙等六县各定二名，但董事全体同意请求变更名额，监督官厅得允准之。八、董事任期三年，期满得连任之。九、本章如有未尽事宜，得由董事会议全体同意，陈请监督官厅修改，呈省核定。十、本简章自决定公布之日施行。

翁燕翼在呈文中说要想解决此问题，尤其要注意旧松府属教育款产、融斋书院和府学的学租问题，尽快令双方妥善接洽。[①]

省长令各县按新定十条简章处理。松江县政府对简章并无异议，但对翁燕翼在报告中关于教育款产的提法极为不满。松江

---

① 《处理旧松府属慈善教育款产案》，第34—35页；《旧松属慈善董事会概况》，第25—26页。

认为省长对教育款产已有详细处理办法,县知事已根据教育厅指令准备召开七县会议,商议成立七县乙种农业学校联合会,翁燕翼的提法可能导致六县借此生事,认为翁不是受到六县代表的影响,就是自作主张。① 在这里,争夺的中心首先明显聚焦于教育款产。后来的事实显示,慈善款产问题比教育款产的解决要复杂得多,参与的人物、团体及其积极性也大于后者。

松江知事根据省署命令于 2 月 12 日在本县劝学所召开了县校联合会,请教育厅派省视学员陆规亮参加。六县主张将府学田和书院田全部归联合会管辖,松江则强调不应把府学田归联合会,如果联合会经费不敷支出,松江县每年补助 500 元,或将前两年奉贤和金山所拉四千元租款作为一次性补助。因双方意见不一,决定择期再议。② 府学田租款的归属为这次会议争论的焦点,主要因为该项款产数额巨大,对松江及其他六县教育事业的开展均作用巨大。由于害怕府学田归县校联合会管辖,松江慈善款产维持会次日召开紧急会议,决定:由该会上书省署反对翁委员所定的十条办法;呈请县署添聘地方资深人士为育婴堂董事,以免六县说育婴事业被少数人把持。③ 松江各善堂所采取的措施,目的在于增加本县人士在育婴堂董中的名额,实质仍在于阻止六县插手育婴事业的管理和监督,当然会引起六县的反对。

十条简章公布后,六县认为董事名额分配不公。17 日,六县代表电请省长饬令教育厅撤销成立教育联合会并反对陆规亮参加县校联合会,松江劝学所速将府学田租、融斋书院和云间书院

---

① 《处理旧松府属慈善教育款产案》,第 36 页。
② 《松江请求撤销义教亩捐》,《申报》1922 年 2 月 9 日,177/587。《松江召集县校联合会》,《申报》1922 年 2 月 14 日,187/687。
③ 《松江教育款产之又一波澜》,《申报》1922 年 2 月 16 日,177/723。

的存款完全交出,然后再定期开会。① 省长在 24 日批示:根据简章第七条名额可以变更;教育厅派人列席教育联合会的事情并未呈报省政府,命令教育厅查明后斟酌办理;教育款项仍照原省令办理。② 3 月 19 日,教育厅答复说各县董事的名额可变更,派员参加教育联合会是为了表示对第一次会议的重视而非列席会议,以后不会出现类似情况。③ 3 月中旬县校联合会再次开会时,因六县代表的反对和松江四位代表的辞职,会议搁浅。④ 六县代表之所以反对省教育厅派人参与县校联合会,主要因为陆归亮也是松江地方教育的负责人,怕其偏袒松江。

对府学田产的争夺与当时的教育形势密不可分。1920 年的米价上涨给教师生活带来的压力并没有随米价回归而降低,加以其他因素,教师对加薪的要求一直存在并日趋强烈。1922 年 3 月中旬,松江小学教员为加薪而罢课。⑤ 但在当时地方教育经费自行解决的情况下,唯有想方设法保存自己所拥有的府学田产,以解燃眉之急。此外,当时江苏全省推广义务教育,并发起在全省开征义务教育募捐的活动,着手改进乡村初等小学教育。⑥ 可是,在清末民初的乡村社会,随着现代国家建立过程中各种新式团体的建立和现代化事业的扩展,地方各种杂捐和特税不胜枚举,民众的承受能力已几乎不能支撑,任何一种新的税捐都可能成为民众背上的"最后一根稻草",民众强烈反对义务教育亩捐的征收。

---

① 《处理旧松府属慈善教育款产案》,第 35 页。《六县争旧松属款产之代电》,《申报》1922 年 2 月 18 日,177/762。
② 《处理旧松府属慈善教育款产案》,第 36—37 页。
③ 《处理旧松府属慈善教育款产案》,第 37—38 页。
④ 《金山亩捐案近讯》,《申报》1922 年 3 月 15 日,178/278。
⑤ 《松江小学教员罢课风潮》,《申报》1922 年 3 月 16 日,178/299。
⑥ 刘正伟:《督抚与士绅——江苏教育近代化研究》,河北教育出版社 2001 年版,第 398 页。

其中,金山县对此事的反应最强烈,持续的时间也比较长。① 面对上级教育机构推广义务教育的压力,各县的教育机关负责人认为,义务教育亩捐的征收应慎重,同时建议截留各地的忙漕特税来扩充义务教育经费。② 在面临既要按照上级命令扩充义务教育,又要防止因代征义务教育亩捐过重而引起民众骚动的两难境地的时候,松江和其他各县的教育界自然都会对府学田产的收入格外看重。松江想通过保存这份田产来维持本就不宽裕的教育经费,其他六县则想通过分得原来府学款产暂时缓解严重的教育经费短缺形势。此种情况下,双方对慈善教育款产争夺的升级无可避免。

面对省署要求快速处理此事的命令以及六县代表要把全部府属学田和书院田统归联合会管辖的要求,松江县知事于4月9日亲自赴省商议。③ 11日,慈善教育联合会议决请省长令七县知事遵令推举董事,定期开会,以尽快开展工作,防止松江慈善机关挥霍款产。④

4月28日,六县慈善联合会认为,松江劝学所应将府学田租等完全交出,然后再召开县校联合会。同日,松江孔教会呈请省长,力争维持近百亩的府学洒扫田。省长根据松江县知事的报告,令将原有府学洒扫田租由县知事保存以资应用。所以孔教会

---

① 《松江请求撤销义教亩捐》,《申报》1922年2月9日,177/587;《金山请撤义教亩捐之呈文》,《申报》1922年2月17日,177/740;《关于亩捐之省令》,《申报》1922年2月25日,177/893;《金山反对亩捐之两电》,《申报》1922年4月7日,179/132;《金山亩捐仍未解决》,《申报》1922年3月17日,179/318;《金山高议员商榷亩捐函》,《申报》1922年5月16日,180/320;《金山反对亩捐之又一电》,《申报》1920年5月18日,180/360。
② 《慈善款产又一波澜》,《申报》1922年2月16日,177/723。
③ 《松江县知事晋省公干》,《申报》1922年4月10日,179/198。
④ 《处理旧松府属慈善教育款产案》,第38页。

又致函六县慈善教育联合会,请求不将府学洒扫田归入争议范围。30日的联合会几乎没有效果,双方争执的焦点仍在于是否将所有教育田产统归县校联合会管辖。5月3日,慈善联合会给松江孔教会回函:对府学洒扫田的管理,应由七县协议解决,联合会未敢承认片面的解决办法。[①] 六县代表已通过慈善联合会统一了对外口径,联合会在争执过程中一直充当着重要角色。

5月4日,省令旧松属教育慈善款产联合会催促各县迅速遴选董事,组织慈善款产董事会。[②] 松江坚持认为省署曾命令将府学田产保存,若县校联合会牵涉府学田产,就是违抗省令,且松江所保留的府学田租早有支配用途。松江方面还称,这些田产是徐光启及其后人所捐,与零星捐集的性质不同,如果将来县校联合会经费不敷支出,松江可比照扩充的学额量力补助。[③] 19日,省长仍批示,融斋书院和府学洒扫田应照省署1921年7月的训令由七县组织县校联合会妥善处理。[④]

8月28日,各县董事请省长令催松江县知事迅速召集慈善款产董事会。[⑤] 9月初再次呈请。与之同时,就外县推举董事的事情,松江各善堂请律师陆龙翔作为代理人,向平政院提出行政诉讼,松江县知事于9月16日呈文省长,认为在平政院没有判决之前,省署的训令是对法律程序的无视,请求停止执行。[⑥]

9月25日,省署根据《行政诉讼法》第十四条"行政诉讼法未

[①] 《处理旧松府属慈善教育款产案》,第39—40页;《松江定期重议学产》,《申报》1922年4月25日,179/514;《松江县校联合会消息》,《申报》1922年5月3日,180/50。
[②] 《处理旧松府属慈善教育款产案》,第41页。
[③] 《松江保留府学租意见》,《申报》1922年5月11日,180/214。
[④] 《处理旧松府属慈善教育款产案》,第39页。
[⑤] 《请速召集慈善款产董事会》,《申报》1922年8月31日,183/657。
[⑥] 《处理旧松府属慈善教育款产案·附录》,第6—7页。

经裁决以前,除法律别有规定外,行政官署之处分或决定,不失其效力"的规定,命令松江迅速办理。两日后,因平政院接受三善堂诉讼,慈善款产董事会暂时无法成立。但省署认为六县有旧案卷可查,不必等平政院的裁决可将此事立即进行。松江县知事既不推举本县的董事,也不召集六县已推举董事开会。此举激怒了六县的代表。

10月14日,六县教育慈善联合会代表召开大会,议决:将1920年10月的议案继续进行,除融斋书院和松江府学的田租外,继续截留松江慈善教育机关在各县境内的租款;因松江没有将学校公产所在的县、保、圩、图、号、户清册向联合会公布,所以慈善、教育两项款产界限不清,如误收教育项下的田租,须经七县学校联合会切实证明,才可归还。①

10月28日县校联合会召开第三次会议,关键是解决了融斋书院的款产。根据光绪癸卯年(1903)《征信录》,当时书院有田130.454 3亩,其中松江捐助95.610 3亩,后由经董购买,现在共有田374.854 3亩,此外还有白银876两、洋7 610元、钱3 250文,分别存入七县典铺。辛亥革命后,上述资金被各县截留。松江县的这部分基金和田产租息从农业学校停办后到1919年,已由省县拨给充做游民习艺所和农校建设经费,1920年租款及息金1 217元,1921年租款除了完赋征收费外,约有洋1 100元。②1922年融斋书院租款的征收,仍委托松江劝学所进行,并按惯例支给100元征收费。府学田租款的问题在此会议上也得到了解决:其主要拨充女子师范讲习所经费(女子师范讲习所的经费部分来自融斋书院款产,还有松江县征收的府学田款产1 500元)。

---

① 《处理旧松府属慈善教育款产案》,第43—45页。
② 《松江县校联合会定期开会》,《申报》1922年10月23日,185/500。

这次会议的最大收获是《七县学校联合会章程》的制定，这也是旧府属教育款争执结束的标志。该章程按照1913年《县校联合会章程》制定，主要内容是：开会时以七县联合设立的学校为会议地点，如必要会长可更改会议地址；七县学校联合会每年春秋两季各开常会一次，如有特殊情况经两县以上、四名委员以上提议，可随时开会；联合会开会时，七县的省议员、县议会、县教育会会长、县教育行政人员和联合会设立学校的教职员可以出席会议并发表意见，但不参与最后的表决。①

松江三善堂给平政院诉状，重点说明修改章程中推举董事条款存在的问题，具体内容为：

> 一、省长为一省最高行政长官，处理事件自应尊重威信，俾人民得所保障，若朝令暮改，将复成何政体。二、省定办法四条已遵，法定期间则命令早经确定，何得再事变更。三、翁委员之条陈十条，显系违反省令，不得谓为省令补充，尤不得以施行细则目之也。查省长原定办法第四条之说明内有"董事向来由县知事聘委者，照旧由县知事聘，不必多所纷更"等语，今翁委条陈改由各县知事推举、咨行监督衙门聘委，是与三堂原来办法不和，非纷更而何，非变更省令而何？四、三堂即为财团法人，聘委董事系属法人内部事项，除监督衙门有权选择外，即省长亦无权干涉，况在他县。五、董事之产生，依大理院解释应以所及地为限，则上海、南汇、川沙等县为三堂事业所不及，何得选派董事。六、依上解释，则选派董事之多寡，亦应以事件之广狭为比例。外县事业占十

---

① 《松江县校联合会开会纪》，《申报》1922年10月30日，185/644。

分之二,则董事名额亦应占十分之二,何得反居多数,且董事由官厅指限区域与名额,法律上绝对无据。①

由此可知,松江三善堂所关注的焦点仍在董事的推举和任免权,以及各县董事名额分配的多寡。诉状中可发现许多有趣之处:首先,诉状是基于对方无视法律程序而提出,但其本身即希望钻法律漏洞。其次,诉状以前省令否定后省令,却认可后者对自己有利的内容。最后,诉状认为董事产生应出于地限,这显与以款产为争夺的中心相左。

针对诉状,省署给予回击:

> 一、原告第一项所诉理由悉属空言,并不能指陈事实,无从答辩。二、查翁委员所拟简章第一条内载,依省令公布处理旧松府属慈善款产办法第四条规定,董事设立之董事会云云,所谓依者即依据省令办法,始终认为确定无变更之可言。其另定董事会简章者,不过就原定办法补充之,不得谓之变更。三、翁委员条陈董事,由各县知事推举者,因非监督官厅所在地之董事,该管监督之松江县知事,未经接洽,无从知其应否聘委。先经各县推举手续,则办理自较慎重。推举虽在各县,而聘委仍属松江,何得谓为纷更。四、董事虽由各县推举,而是否聘委,其权仍在松江县知事,并非一经推举即为董事,是则六县推举,谓为与闻则可,谓为干涉则不免误会。五、三堂事业所及,应视该地之是否纳有捐款为断。原状前述三堂历史,谓善堂基金有劝募外县之款,则上海、

---

① 《处理旧松府属慈善教育款产案·附录》,第8—10页。

南汇等县何以能定其并未捐助。既不能切实证明,何得强认为三堂事业所不及。六、董事员额松江八名,奉贤、金山、上海、南汇、青浦、川沙六县各二名,是松江已占十之八他县仅各占十之二,且董事会简章第七条但书所载董事名额,尚可随时变更。至董事何以能由官厅指限区域与名额,法律上亦无根据,即未能指证明确,不能认为有理由。①

省署的驳斥更为有力,几乎对松江申诉的各种理由进行了釜底抽薪式的回应。

教育款产问题解决后,慈善款产的解决也日益紧迫。1922年11月10日,省署令催松江县知事速开慈善董事会议,但松江仍静候平政院的裁决。② 22日,省署再次命令松江县知事,按决议迅速召集会议。③

但是松江善堂并不甘心轻易接受最新修订的办法,再次辩护:

> 一、省定办法四条颁布于十年七月间,六县并无不服之表示,松江县知事已遵令聘委外县董事十余人,呈奉省长备案,是对于省定第四条之精神已完全贯彻。乃时逾半载又核准翁委员之条陈,致省定办法第四条根本动摇。似此政令无常,尚复成何政体。
>
> 二、此项简章就大体观之,故多演绎省令之词,但其

---

① 《处理旧松府属慈善教育款产案·附录》,第10页。
② 《处理旧松府属慈善教育款产案》,第41—45页;《处理旧松府属慈善教育款产案·附录》,第6—7页。
③ 《处理旧松府属慈善教育款产案》,第45页。

变更省令之处在六、七两条。按省令第四条财团法人之董事仍依习惯,不以松江县人为限。本条精神在"仍依习惯"四字,说明内复郑重申明曰"不必多所变更"。今如翁委条陈,外县董事应由外县推举。此等办法依习惯乎,抑反习惯乎?翁委擅定简章,将省令中重要款项完全变更,乃省长独目之曰根据省令,果谁欺乎?

四、董事之如何产生,系法人内部事务。有规条者依条,无规条者依习惯例。松江三堂既已百年以来遵行惯例,未见有弊,故不烦省长之代订条规也。观省令第四条,财团法人之董事仍依习惯,在取不干涉主义。设入简章而行,则现在已经聘委之外县董事,其势不得不去职,是各该县知事不但有推举之权并有取消之权。此层层干涉,尚能保持法人之独立乎?

五、答辩书误认大理院解释,以曾经捐款者即为事业所及,是又大谬。盖事业云者,谓法人以一定目的施行事务,同时一方又有受益之人,如全节之养恤嫠妇、育婴之接收弃婴、普济之容留老疾者是。至原捐助人之捐款,谓之寄附行为,不能称为法人之事业。揣答辩误解之由来,无非欲认定六县为原捐助人耳。若以原捐助人所居之地即为产生董事之区,是更大谬。盖三堂财产有捐自县官之廉俸者,有捐自浙人坐落浙地者,则董事名额如何规定。此区域论之不可通也。

六、前状所称六县事业占十分之二者,就六县总体言,非谓六县各得十分之二也。顾事业仅占十分之二,而董事名额反占十分之六,乃答辩独谓并非多数,诚不解其计算方法。查三堂有本县董事三十余人(均为义务职,并无夫马等费),设如简章而行,则应留者少去者多。

恐堂务因此废弛，影响于法人者甚大也。①

以今天的眼光看，松江善堂的这次辩护歪曲事实处甚多。辩护宣称维持原省定四条办法，实际只强调财团法人的董事选举"仍依习惯"，忽视了"不以松江人为限"；其借助法人事业的概念不合时宜，此时历史已经向前推进，而法律条文和规定的适用范围是不能回溯的。慈善董事名额争论的实质还在于，新董事会成立势必影响旧董事的利益；其宣称自善堂成立以来就依照习惯办理而很少出事的说法，尤其值得深究：大部分官立慈善机构经过了一个官方提倡和官督民办的过程，运行中不时需要官方的插手。② 松江各善堂也不例外，且表现的时段长而有代表性。比如松江普济堂，乾隆元年（1736）成立后一直经费短缺，堂务只好由官府挑选殷实之家轮流承办，被视为苦役。直到嘉庆二十二年（1817），才因田产增多而可勉强量入为出。③ 太平天国战后，地方官对普济堂的田产和管理进行了整理，但荡田征租中的弊病和"孤贫头"勒索请求入堂的老民的问题仍存在。④ 育婴堂经同治年间重建后有田产 43 560 亩左右，另还有各县荡租或杂捐⑤，本应足用，可光绪十一年（1885）松江知府清查其帐目却发现堂费支绌，且当年所发乳粮也是由华亭和娄县的县令向钱庄借的钱。⑥ 在善堂规模尚未扩大的情况下，经费短缺的原因只能在堂董的徇私舞弊方面。即使到了民国年间，善堂的运行也并非没有问题。1920

---

① 《处理旧松府属慈善教育款产案·附录》，第 10—12 页。
② 梁其姿：《施善与教化——明清的慈善组织》，第 135—170 页。
③ 嘉庆《松江府志》卷十六《建置志》。
④ 光绪《松江府志》卷七《建置志》，第 846—850 页。
⑤ 光绪《松江府志》卷七《建置志》，第 856 页。
⑥ 《松江育婴堂复徐士祺君等公函》，《申报》1920 年 6 月 19 日，164/901。

年米价腾贵,育婴堂却私自高价偷籴存米,引起当地绅民不满。① 育婴堂田租收入是光绪初年的8倍左右,可外恤嫠妇的补助金额如旧。1922年6月,松江绅士朱连新等人向松江育婴堂提议增加嫠妇每月的补助金额,在官方插手下善堂同意。② 两件事均说明善堂的运营有偏离慈善的宗旨。综观全局可知此乃体制的缺陷,所谓的民办慈善机构在缺少完善而有效监督的情况下,各种弊病自然难免,有关论述已超出本文范围,不便展开,但已足够说明松江善堂辩护词的不实。

1922年11月10日,省署令催松江县知事速开慈善董事会议,松江候平政院裁决而不予理会。③ 22日,省署再次令催。④ 平政院第三厅核查卷宗,驳回善堂上诉。⑤ 至此,松江善堂以失败而告终,只好执行省令。

不过,省令的执行并非一帆风顺,原堂董仍想尽办法拖延时间,推卸责任。静候一段时间后,六县代表又呈请省长勒令松江迅速召开会议。28日,省署命令松江县知事在五日内召开地方各公团领导开会,以推举本县的慈善款产董事。⑥ 12月5日,松江县二十四市乡各公团委员开会,议题集中在四方面:松江有董事名额八人,六县共有十二人,比例不均;旧府属善堂董事是否计入这次公推名额;由松江知事照省长前定办法聘请的六县董事是否

---

① 《松江徐士祺等来函》,《申报》1920年6月18日,164/883;《松江育婴堂复徐士祺君等来函》,《申报》1920年6月19日,164/901;《松江徐士祺等复育婴堂董事姚筠等函》,《申报》1920年6月23日,164/977。
② 《请增嫠妇月恤》,《申报》1922年6月14日,181/274。
③ 《处理旧松府属慈善教育款产案》,第41—45页;《处理旧松府属慈善教育款产案·附录》,第6—7页。
④ 《处理旧松府属慈善教育款产案》,第45页。
⑤ 《处理旧松府属慈善教育款产案·附录》,第12页;《申报》1923年1月21日,188/410。
⑥ 《定期推举慈善款产董事》,《申报》1922年11月29日,186/605。

计入这次推举的名额;应还松江的租款未还,新租反继续被截收一事该如何处置。① 松江三善堂旧董姚筠、耿苍龄和朱庆咸等辞职。松江决定按城乡各半的原则重新推举董事。②

1923年1月14日,六县电请松江知事按章程尽快推举新董事,并迅速召集旧松府属慈善款产董事会。在新董事会未成立前各项款产仍由原管理人保管并负完全责任。③

另在平政院的裁决后,松江各堂旧董因不能再以权谋私,特加紧开办第三、第四和第五幼稚园并到处整理房屋,置备器具,以借机浮报开销,公饱私囊,弥补亏空。此以育婴堂为典型。育婴堂的房屋本可继续使用,却以推广事业为名改建楼房,工程承建上任人唯亲,重复购买木料,高抬用款,捏造账目。据上述行为,六县"公民"代表致函松属慈善款产联合会揭露其中黑幕,认为大理院驳回松江善堂诉讼后,争产案已解决,上述事业开办,也需由新的董事会成立后再进行,建议新董事会接收慈善事业后应注意司事的任用,谨防地方不肖之徒侧身其中。④

联合会接到此信后于3月25日开会议决派专人负责督办此事,同时认为应取消松江县知事未经六县推举而聘的慈善款产董事。⑤

省署派人督同松江县知事召集行政会议,选出董事。1923年4月6日,联合会致函各县董事,认为对以后慈善事业该如何进行,预先应有统一主张以便贯彻,定于22日开会讨论。⑥ 虽董事已推举,但松江知事既未聘任,又没有请令开会,为此各董事电请

---

① 《松江县款产处董事会》,《申报》1922年12月7日,187/143。
② 《府款产争议将告段落》,《申报》1922年12月31日,187/167。
③ 《处理旧松府属慈善教育款产案》,第45页。
④ 《处理旧松府属慈善教育款产案》,第48页。
⑤ 《处理旧松府属慈善教育款产案》,第45—47页。
⑥ 《处理旧松府属慈善教育款产案》,第48页。

省长。因各善堂上年的会计预算完结,旧松属七县教育慈善联合会代表6月11日致电松江县知事,请其迅速召集董事开会,以定夺新的收支预算。①

7月14日,第一次慈善董事会议在松江县教育局召开,28日第二次会议制定了会议规则十条。9月1日,召开第四次董事会议,拟定董事会处理方法十二条。3日,慈善董事会推举代表会同县公署委员接收育婴堂、全节堂和普济堂,并对有关的田单进行验契。所有款产接收工作在11月初结束。②

旧松府属慈善教育款产争夺历经十年终于结束,善堂运作进入新阶段。

南京国民政府时期的公产争夺

随着南京国民政府的建立和地方财政出现困难,团体与团体之间、团体与政府之间以及团体与民众之间的矛盾与冲突复发。1927年国民政府成立,国民政府县党部试图接管地区慈善、教育款产,松江县党部提议由清理委员会逐渐接收慈善、教育款产,导致围绕公田利益归属引发了新一轮争夺。1937年抗战爆发以前,旧松属慈善董事会仍按既有规定运转。1940年新建成立的汪伪政权,为了缓和社会矛盾、尽快恢复沦陷区的秩序,开始进行清乡运动和"新国民运动"。1942年成立救济院筹备委员会时,计划将旧松属七县慈善田产收益作为其经费来源之一。根据《接管并整理旧松属七县慈善田产暨教育田产计划书》,旧松属七县慈善款产由救济院、救济事业委员会接管,作为扩充教养所的基金。然而,1944年,松江方面突然打算收回上项共有财产,这样又将引起

---

① 《处理旧松府属慈善教育款产案》,第48—49页。
② 《旧松属慈善董事会丛刊》,上海图书馆,档号:477574。

七县之间无休止的诉讼。抗战胜利后,1946年1月13日,旧松属慈善款产董事会顺利召开了整理慈善款产大会,选举出了常务董事。江苏省第三区公署于1947年将旧松属慈善会改组为江苏省松江、奉贤、青浦、金山、上海、南汇、川沙七县社会救济事业董事会,并制定新的组织规程。1949年后,该会先后被改组为七县劳动教养所、松江县劳动教养所、松江专署安老院、松江县福利院、上海市第四福利院。①

综上所述,对于原有府属款产的争夺,是因府级权威消失,权力下放至地方,社会团体获得法律上的合法性并成为独立法团引发的。1920年前松江和其他六县的争夺持续不断,但关系并不紧张。原来其他六县只要求对旧松江府属慈善教育款产共管,以便对具体的运作过程进行监督,但由于各级官厅都强调维持原状,使得松江县各慈善教育机构的态度比较强硬,六县关于共管的要求始终没有得到应有的重视。1920年,教育经费短缺问题特别严重,当年江浙的米价飞涨又火上浇油,双方关于慈善教育款产的纸上争夺转为实战,相互间拉租风潮骤起并由此引起松江学界的罢课风潮,各县法人团体的活动也日趋频繁。从1920年激烈冲突的情况来看,双方争夺原来旧松府属慈善教育款产的目的,进一步发展为要求分割上述款产。从1921年开始,江苏省政府介入慈善、教育款产问题的程度日深。经过省政府和各县团体的反复协商以及各团体之间的多次较量,在平政院的裁决下,此案最终以组织七县教育联合会和慈善款产董事会的方式得以解决。

综观旧松府属慈善教育款产案的过程,基本上可概括为:要求共管——要求分产——设立组织共管这样一个貌似循环的过

---

① 该段主要参考易文艳:《奉贤公有土地产权研究(1937—1949)》,华东师范大学硕士学位论文。

程,其中蕴含的信息颇值玩味。

省署作为仲裁者,最初置身事外,行事敷衍,后被迫介入,渐愈深。省署对地方呈文的回复,不仅越来越具体,针对性愈来愈强,还直接派人调查事情的来龙去脉并制定详细的处理办法,与地方团体直接对话,甚至还被迫与松江善堂在法庭上相见。县知事则与之相反,初时作用较大,受到信任,被委以重托,对各方意见上传下达,后来不被地方团体信任,甚至被忽略,即使参与,也只是执行者,并无独立意识。省署及县政府对该事的不同态度和所起作用的变化,是官僚制度运作的实际反映和必然产物。至于各级官厅对该事态度以及所起作用的转变,可看作是对地方团体行为的被动反应。

在地方团体中,松江是一个强者,只是未能审时度势地谋求协调,而是蛮横地置各方意见于不顾,以致失去主动。拉租风潮出现后,松江扮演受害者角色,紧接着又以牙还牙,拉收其他各县公私团体在松江境内的租款,使自己更加孤立无援。在最终不得不接受慈善董事联合会的设立及监督之时,原董事趁交接权利之机肆意挥霍款产,行无赖之为。其他六县一直保持积极主动,各方寻求证据,善于抓住时机或者做适当让步,虽然分割原府属慈善教育款产的目的没有实现,但最终成功设立了慈善款产联合会。

这一过程表明,作为政治权力代表的县政府,在地方政治的变革中,权力式微,社会团体的力量则相应上升。虽然各县代表以及其他各地方团体负责人的请愿、上诉、集会等操作套路与传统社会中的地方乡绅颇为类似,但他们所依恃的力量及话语权主要以法人团体的名义进行。无论是教育机关的各种呈文、某个县份共同呈文,或者某几个县的共同集会来反对对方或省政府的某项决定时,大都以法人团体的名义,且强调法人团体的独立性与地方利益的不可侵犯。法人团体的出现及影响力,是本事件中最突出的表现,也是当时社会转型的特点之一。旧松江府属七县争夺原府属慈善教育款产的过程,体现了法人团体、各级政府及民众关系的复杂性。

在清末民初地方自治观念深入人心、法制社会渐显雏形的背景下,各县随着清末"新政"而先后成立的商会、农会和教育会等社会团体,因为县制明确,地域界限清晰,财政上有自己单独的预算,从而具有较以前更强的独立性。新的团体也经常应某个区域、某类人群或某种利益而产生,或长期或短暂存在,成为某种使命的载体。无论是某一县境内的团体还是县际之间的联合团体,都是基于一种因地域而生的经济共同体观念。团体的存在及其复杂性远超出上面的描述,团体负责人在团体的组织和运作中所起的作用很大,松江某些善堂的堂董对组织联合会的阻挠使事件的解决拖长达十年之久。团体负责人的行为从自身经济利益角度也可以得到很好的解释,当时对能经营好某团体的负责人官方会给予奖励。任何团体的负责人都不愿意团体的利益在自己的任内受损,这样不仅自己失去政府奖赏的机会,更重要的是在地方上的影响力会降低,而当时地方人民对个人的尊敬和认可是一种重要的"符号资本"。所以,无论是松江堂董"非法"私心,还是六县代表合法的利益追求,均有个人利益的诉求。团体与团体之间、团体与民众之间、团体与政府之间的冲突、矛盾和协调,从某种意义上,构成了一部清末民初的地方社会史。

不仅如此,款产的争夺还从某种程度上反映了社会意识由扶助贫弱向培育精英的转变。教育团体在地方社会中作用明显上升,并开始超越原慈善组织而居于中心地位。清末"新政"以前,慈善组织和官办教育机构在地方社会中均是维持社会秩序的重要力量:地方县学一方面担负着培养晋身仕途的士子的任务,同时还要宣讲乡约和《圣谕广训》来强化封建正统的意识形态;"作为维护社会秩序的策略,清中后期以来慈善组织其实越来越成功,此时善会相当有效地凝结着一个日益庞大的中下阶层。这个日益庞大的阶层的价值观结合着社会精英及下层社会的意识形态。善会以较小社区为单位,巧妙地安抚、凝结了这个阶层的力量,因而也稳定了社会,延缓了可能因利益冲突而导致的社会动荡。既存的社会秩序也因而受到一定的维护"①。在太平天国之后的江南重建过程中,慈善组织的作用和势力影响是其他组织和机构所无法比拟的。

而晚清内忧外患,社会危机日益严重,自强成为人们的重要目标,大力发展教育是达到目标的根本手段,慈善事业逐渐退居次要地位。尤其是甲午战争后,"人才为国家根本,盛衰之机","才智之民多则富强,才智之士少则国弱","国势之强弱视乎人才,人才之盛衰系乎学校"等言论占据社会思潮主流。② 晚清新政中所推行的地方自治事业八项具体内容之第七项即是推广初级国民教育。当时地方自治组织所推行者,以地方教育为主,其他公益事业为辅。③ 地方教育事业在地方自治中的重要地位,使其获得重视,地方教育团体的地位和作用因此明显上升。当时的城镇乡自治公所成为义务教育创办以及经费筹集的主体单位,不仅要对义务教育进行宣传和发动,还要负责本地义务教育的组织和实施。④ 所以,在这次争夺慈善教育款产的过程中,各县市乡经董

---

① 梁其姿:《施善与教化——明清的慈善组织》,第311页。
② 《礼部议复整顿各省书院折》,朱有瓛主编:《中国近代学制史料》,第1辑(下册),华东师范大学出版社1986年版,第157页。转引自商丽浩:《政府与社会——近代公共教育经费配置研究》,河北教育出版社2002年版,第182页。
③ 王树槐:《清末江苏地方自治风潮》,《近代史研究集刊》第6期。
④ 刘正伟:《督抚与士绅——江苏教育近代化研究》,河北教育出版社2001年版,第180—181页。

不遗余力地争取自己权益的实现。政府对教育经费的重视也体现了民国初年教育机构在地方社会中的重要地位,虽然当时各项建设多需经费,而政府财政紧张,可政府还是比较注意多途径地去解决教育经费问题,而不是完全放任自流,纯粹由民间解决。如1922年11月,江苏督军齐燮元命令各县清理城根地,以该项的全部地价充作教育经费。① 在上述各政策因素影响下,教育机构在地方社会中地位上升,意识转化为现实,在此次款产争夺过程中,教育团体机构表现活跃,是争产的主要参与者,慈善组织尽管仍继续保持原来的作用和影响,但在与教育机构的对比下,可见其没落。再者,就国家和人民的关注程度以及发展态势来讲,亦不能和同时期的教育机构相比。

不过,这次争夺慈善教育款产的过程中,也透露出当时国家政策的急速推行对地方社会发展的负面影响。清末民初在政府的大力倡导下,教育规模扩大迅速,但是地方教育经费日益捉襟见肘。原善堂的经费被地方筹划充作教育经费,便加剧了其他六县和松江对原府属慈善教育款产的争夺。社会意识的进步促使了国家政策对教育事业的过度倾斜,政府在要求扩大教育规模的同时,还对各种初级学校的学费进行了严格限制,同时对无力缴费和成绩优异的学生减免学费。② 这样,在国家财政能力有限情况下,只能通过开征杂捐来筹集教育开支。各种杂捐的征收,给地方精英提供了一种介入地方财政的合法渠道,在清末民初的地方自治活动中,建立新型学校的经费来源就主要得益于这种财政收入。③ 当杂捐成为农民的沉重负担,且教育杂捐的征收并非

---

① 民国《川沙县志》卷六《工程志》。
② 《中华民国史档案资料汇编·第三编·教育》,江苏古籍出版社1991年版,第64—66页。
③ [美]费正清主编:《剑桥中华民国史》(第二部),第363页。

取之不尽,于是,地方教育经费便成为这次慈善教育款产争夺的主要背景和原因。就当时的情况来看,政府大力发展教育的各项措施,明显与社会的实际能力脱节。

民国年间,浦东慈善组织的近代转型主要表现在两个方面。一是慈善业务的继承和发展,从以"养"为主向教养兼施、以教为主的转变,在这个过程中更注重被救济者谋生能力的培养。当然,传统的救济鳏寡孤独四种人的慈善组织仍然在运作,不过,所有的慈善组织都受到国家权力下移的影响。浦东在这方面也有明显的表现,养济院逐渐成为各区县境内主要的社会救济组织的领头羊,而且慈善组织以救济老人和游民为主。另外一个重要的转型是慈善组织地位逐渐被教育团体所取代。自太平天国战后,江南重建的过程中最注重社会秩序的恢复,慈善组织起到了重要的作用。但是随着晚清社会结构的变化,民众越来越认识到教育的作用,加上晚清"新政"的推波助澜,教育事业的重要性越来越强。地方公款公产争夺的复杂历史,就是这一转型的集中体现。

第五章

近代浦东地方善堂的运作实态个案——
至元堂（上）

至元堂并非川沙最早的慈善组织，但它乃川沙第一个县级私立慈善机构。本章将探讨与至元堂成立相关的问题，以理清川沙慈善组织之间的传承和变异关系。

第一节 至元堂成立前川沙的慈善组织及活动

川沙很晚才成为独立建制。嘉靖三十六年（1557），建川沙堡。清顺治三年（1646），改堡为营。雍正二年（1724），析上海长人乡置南汇县。嘉庆十年（1805），割上海高昌乡的十五图、南汇长人乡的十图置川沙厅。① 1912年，川沙由厅改县。至元堂成立前川沙慈善机构的活动，可分为两个阶段。

嘉庆十年（1805）至光绪五年（1879）间川沙的慈善机构

川沙是新设的县级单位，慈善机构刚开始并不多。"慈善事业，道光、光绪两志，均未列有专门。如义学、善堂、义冢入建置门；蠲免、义赈、积谷入民赋门，至育婴、养老、恤嫠入善堂目。"② 这

---

① 光绪《川沙厅志·疆域》，第56页，《中国方志丛书·华中地方》，第174号，（台北）成文出版公司。本文后面所引该方志中材料的页码，均出自本版本，以下不做具体说明。
② 民国《川沙县志》卷十一《慈善志》，第840页，《中国方志丛书·华中地方》，第132号。本文后面所引该方志中材料的页码，均出自本版本，以下不做具体说明。

里所谓的慈善组织,有些严格意义上并不在讨论范围。为叙述方便并与至元堂成立后川沙的慈善事业对比,特把上述慈善机构的成立过程及活动,做一概述。

义仓:在城北门内。道光十六年(1836),同知何士祁建。何士祁在新建义仓纪念文字中表明,义仓经营所剩盈余,可支持恤嫠和育婴等慈善事业。咸丰十一年(1861)太平军进攻浦东地区,义仓被毁。同治四年(1865)同知何光纶重建,十三年同知陈方瀛重修。①

养济院:在城西隅。嘉庆十五年(1810)建,经费由一厅二县捐廉。咸丰十一年(1861)太平军进攻被毁,同治五年(1866)何光纶重建。②

保节堂:在城北门内九如桥东。同治八年(1869),同知汪祖绥倡捐举办恤嫠,在节孝祠内设局按月给恤。起初,经费主要收取户捐和米捐。九年,董事瞿光藻、汪效骞等以此地久无主人,禀准充公,作为日后建堂的基地。十年,因经费不足,经川沙同知上报后,主要以川沙境内典捐一半归松江全节堂使用,另一半作为保节堂经费,户捐和米捐不再征收。③

后因堂基过窄,董事吴洽调拨朱姓土地一亩六分,增加"嫠额"八名,该地成为日后至元堂的堂基。光绪十七年(1891),经董朱源绍"复请米捐典息一款,扩充嫠额,增设恤字嫠额四名,矜字嫠额四名,共连原额四十八名"④。"本堂照旌例,以三十岁以内守节者为恤字号,其三十岁以外,查系夫亡子幼实难度日者,列入矜字号,亦准给恤。"对于申请抚恤的寡妇,应把自己的年龄、住址和

---

① 光绪《川沙厅志》卷二《建置》,第101—103页。
② 光绪《川沙厅志》卷二《建置》,第117页。
③ 光绪《川沙厅志》卷二《建置》,第118页。
④ 光绪《川沙厅志》卷二《建置》,第172页。

丈夫家里情况向堂里详细报明,然后由堂派人查明情况,按申请先后顺序决定抚恤的人员。恤字号和矜字号寡妇所得抚恤,有很大差别。恤字号寡妇每月发钱六百文,如上有婆母,可另加钱三百文。如还有幼儿,可再增加三百文。矜字号寡妇,则暂以每月给钱三百文为定额。恤字号每月发白米一斗,清明节时发祭扫费二百文,如遇家中丧葬,还可酌情给予补助。矜字号的寡妇,则每月仅发五升白米。所有堂中寡妇,每年十月可领到堂里所发棉袄一件,如家中还有老小,也可为他们带回棉衣。这些棉衣上都有"如意"字样,次年五月必须归还,严禁把棉衣典当。从恤字号和矜字号寡妇所受待遇的差别可知,清节堂的目的是鼓励寡妇特别是年轻寡妇守节。由于清节堂刚开设经费不足,所以设恤字号和矜字号寡妇各十六名。另还有一候补名册,以便以后挨次补缺。①

这个规定的背后预示着,如果以上寡妇没有谢世,别的寡妇即使非常年轻、家境也很贫寒,亦不能轻易得到抚恤。虽然保节堂章程中规定,如有亲戚可依或曾经再嫁的寡妇不能得到堂里抚恤,但对前者的判断有一定弹性,很明显主要针对后者。因为保节堂的一个十分重要的任务,就是要为恪守妇道的寡妇申请政府的旌奖,还要为节妇死后送入节孝祠以表彰守节的苦行。

保节堂对抚恤寡妇对象的规定,可看出明显的教化色彩,主要目的是提倡年轻寡妇的守节。有关章程与当时其他地方同类善堂的条规并无大的区别,很可能是参照其他地方已有的章程所制定的。当然,这种目的并非单纯出于施善者的主观愿望,中央政府对贞节的旌表是有一定年龄限制的。此时的保节堂并没有自己的独立建筑,只是附设在节孝祠内,而所谓的堂基也只是一块荒无人烟的土地。川沙同知急于设立保节堂,说明设立的根本

---

① 本段分析的清节堂"保节章程",详见光绪《川沙厅志》卷二《建置》,第119—120页。

目的是推行传统的礼教观念,而非解决当时寡妇生活上的根本困难。梁其姿已经指出保节类善堂的这一特点。梁先生曾把乾隆中后期以后保节堂的大量出现,视作是当时慈善组织"儒生化"的一个重要表现,但这里看到的是政府官员对节孝的大力提倡。

梁其姿认为"18世纪后期出现的救济寡妇的善会也透露了儒生阶层所欲坚守的价值,以及这些价值的普及化"①,救济节妇的组织"牵涉较鲜明的意识形态色彩,同时也关系着更复杂的社会力量:贞节问题、家族对节妇援助的模式、中央政权的意识形态、日益严重的社会不安、地方社会维护正统思想的力量等对清节堂的举办有不同的影响"②。梁先生的观点确为不易之论,其实这里还牵涉到观念和意识形态的转化问题。清节堂等救济寡妇的慈善组织的出现,反映了乾隆中期以来慈善机构"儒生化"的趋向,这种趋向和封建政府通过礼教维护社会秩序的想法相结合,导致政府对此类行为的大力提倡并形成制度化的措施,这种措施反过来刺激和引导地方政府和绅士对保节的大力提倡。政府和社会的取向和需要,就这样通过"自下而上"又"自上而下"的方式结合在一起。

恤孩局:在城北门外种德寺。道光十六年(1836),何士祁"捐廉"设立。根据道光《川沙厅志》记载,当时主要收养五岁到十岁被遗弃的流浪儿,共三十名。从每年十一月一日起到次年三月一日,每人给米两石左右。经费除由川沙厅捐给一百多千文外,还有绅士和富商的捐赠。如有愿意领养这些小孩作为义子,官府可发给执照,前后共有九名被领养。但这个机构很快被废。

接婴处:在厅署西民房。同治十三年(1874),陈方瀛捐廉设。

---

① 梁其姿:《施善与教化——明清的慈善组织》,第172页。
② 梁其姿:《施善与教化——明清的慈善组织》,第204页。

每岁接收初生婴孩,雇乳母养之,岁终分送上海、南汇两县育婴堂留养。① 川沙是从上海、南汇两县分设出来,所以川沙接婴处的婴儿送往两地。这本身也说明,当时川沙厅在经济和社会慈善事业方面的落后。育婴事业是项开支浩繁的善举,除经济特别繁盛的市镇会设立规模不大的育婴机构外,一般均设立在县城和府城之内。一般市镇内仅设立接婴机构,通过该机构再把婴孩送到育婴堂。即使到了同治以后慈善机构担当地方重建任务时,也是如此。② 川沙在太平天国战后地方善举重建的过程中,显然还无力设立这类花费较多的育婴机构而仅成立了接婴组织。

清晖阁:在高家行镇。嘉庆十四年(1809),黄铭书、曹河等捐建,主要负责施棺、助葬事务。川沙二十二保各图无力棺殓埋葬的,都在此得到帮助。③

同善堂:在城西门内仰德祠右边。道光十四年(1834),同知何士祁建。根据何士祁的《建同善堂记》可知,松江府所辖七县都由同善堂来负责施棺、助葬等事,唯独川沙厅成立三十余年却没有相关机构。据何自称是与士绅庄行忠等商议后,仿上海同仁堂体制建立的。④ 不过究竟是何先提议还是庄等禀请何来批准,已无法考证。方志中往往会把士绅的行动归结为官员政绩。同善堂虽为川沙厅设立,但其服务范围并未涵盖川沙全境。川沙二十二保各图仍由高行镇清晖阁负责。同善堂仅负责川沙十七保、二十保各图,及八、九两团的路途死尸和病故而无力埋葬之人。

同善堂实行董事制,设立司总一人,另设司月六人轮月管理收捐和棺木。棺木先由川沙厅捐出五十具作为底棺,编号放在堂

---

① 有关恤孩局和接婴处的记载,详见光绪《川沙厅志》卷二《建置》,第121页。
② 光绪《松江府志》卷九《建置志》,第845—968页。
③ 光绪《川沙厅志》卷二《建置》,第124页。
④ 光绪《川沙厅志》卷二《建置》,第122页。

内,平时由城隍庙主持照管,以后按编号发放,不准随便挑拣,每具棺木价格为一千六百文。如有棺木被人领走,当月司事收捐一次,以补足挨号。施舍棺木定要掩埋,境内二十多处义冢每年三、九月实行掩埋。①

惜字所:在八团南五甲。基地乃咸丰四年(1854)蔡姓所捐,房屋主要由蔡云李、徐嘉锡和周舒泰等集建,共有瓦房和平房五间、"字藏"一座。②

义冢:川沙义冢是逐步设立的,刚从上海、南汇分立时,它接管了两县在川沙境内的义冢地。后经川沙同知努力,义冢的数目和面积形成一定规模。川沙义冢增加的过程,如表5-1所示。

表5-1 川沙厅义冢面积统计表(1805—1867)

时间	义冢所处位置	面积(亩)
嘉庆十五年(1810)	上海县二十二保各图义冢地	9.520
嘉庆十五年(1810)	南汇县十七保、二十保各图义冢地	18.774
嘉庆十七年(1812)至道光十三年(1833)		30.782
咸丰七年(1857)至同治六年(1867)		6.830
		总计65.906

资料来源:光绪《川沙厅志》卷二《建置》,第124页。
说明: 1. 本表根据有关义冢的文字叙述所制。
　　　2. 有关义冢的面积,方志中用亩、分、厘、毫来表示,此处统一用亩制来表示。

① 光绪《川沙厅志》卷二《建置》,第122—123页。
② 光绪《川沙厅志》卷二《建置》,第124页。

第五章　近代浦东地方善堂的运作实态个案——至元堂(上)　145

从表5-1可看出,川沙厅从上海、南汇接管的义冢地共28.294亩,约占总数的43%,而后来增加的则有37.612亩,大约占57%。

其实,后来义冢地的增加,是由官府和士绅共同完成的。先是由川沙同知周垣于庚午年(清嘉庆十五年,1810)因官俸较充裕而"捐廉"设置部分义冢,后松江府也给川沙捐银设置部分义冢地。当地士绅祝日霖等也捐献了部分土地。政府官员的提倡和努力,在义冢土地的设置中起了决定性作用。除从上海和南汇接管的义冢地外,由布政司庆保、同知周垣和何士祁捐赠的土地共22.543亩,占后来义冢设置总面积的60%左右。各种士绅共捐赠土地15.891亩,约占义冢地总数的24%。

从该阶段川沙境内慈善组织的规模和成立过程可看出,因当时独立建制的时间不长、境内经济实力有限、士绅人数和影响不大等原因,各种慈善组织与周边各县相比较不完备。这也使得在慈善组织的设立和活动中,国家权力所起作用远大于当地士绅,其中尤值得称道的是川沙地方长官周垣与何士祁。

周垣在嘉庆十五年(1810)任川沙同知,刚上任就对川沙的"停棺不葬"风习感到"怆怀",于是"详捐义冢",其举动得到布政使庆保的支持,庆保也捐置义冢地。"阖境绅士遂踊跃捐助,葬以万计。"如果说周垣奠定了川沙义冢的基础,何士祁在整个官办善举中的作用比周有过之而无不及。何士祁在道光二年(1822)中进士,道光十二年(1832)由元和县令升任川沙同知。"凡有益地方者,次第举行,建仰德、龙神、节效各祠及同善堂。川沙向未有学,应试仍归上、南。士祁谓欲厚风俗,端由士始,捐建观澜书院,为培养人才地。……建置义仓以备凶荒,立义学、设恤孩局以资教养。……又因川境科名寥落,士气不扬,创建魁星阁……(道光二十九年)是科秋闱祝椿年获解,士祁赠以诗句云'天上文章牛斗焕,壁间丝竹管弦新'(注祝生家邻廨署)。"①除增置义冢外,何还在义仓、义学、对婴孩和妇女的救济及施棺助葬等方面做了大量工作。他使太平天国战前川沙的官办善举规模初备,战后善举的重建也是在这些设施基础上进行的。

从上述何士祁的举动还可看到川沙当时教育的落后。作为新析散厅,川沙学额主要还在上海和南汇境内,虽然设立了观澜书院,但应试仍在上述两县。祝椿年获解而得同知赋诗祝贺,这在当时人文渊薮的江南可谓少见,也从侧面反映川沙能够科考中榜之人的稀少。这种情况也暗示了地方士绅数量之少,他们对地方的影响可想而知,该时期川沙善举主要以官办为主也就不难理解。

光绪五年(1879)至二十一年新建慈善组织

前述各种慈善组织,主要见于道光《川沙厅志》和光绪《川沙厅志》。从光绪五年到至元堂成立前,川沙还有系列慈善组织出现。

施钱机构:光绪六年,长人乡九团张炳言等捐资"倡办急周所一处,择里中孤寡废疾无力者,每人月给钱三四百文,年额十数名。后由其弟秉彝、朗清接办。历三十余年,约捐钱一千四百余缗"②。"八团蔡家路、青墩、合庆、祥盛各镇,光绪以来,向由里中同志集一文原择极贫之户数十名,每人付一支折,令向该店自取。"③根据资料的时间记载,"急周所"可能到清末已不复存在,其他各镇的"施钱"组织则延续到民国时期。

施棺赊棺:光绪八年(1882),"城乡大疫,棺材铺居奇",贫苦

---

① 光绪《川沙厅志》卷八《名宦志》,第412—414页。
② 民国《川沙县志》卷十一《慈善志》,第880页。
③ 民国《川沙县志》卷十一《慈善志》,第881页。

之家很难买得起棺材。城内的倪紫垣仿照上海闵行镇的赊棺办法，募集二百圆，备置棺木数十具，平价售出，"赊现各半，觅保归偿"。但赊棺人却往往逾期不还钱，致经费缺乏需补贴资金。光绪二十三年（1897），并入至元堂。①

八团龙王庙施棺局，始于光绪十三年（1887）。当时八团沿海居民从海中打捞了一块遭受风潮的木船散木，经董把其放在庙内低价出售。顾家骏等倡议办理施棺，后陆龙升等人捐资并拟订章程，"禀准"后在庙内设局施棺。进入民国后，该局仍继续活动。②

合庆施棺局：成立于光绪二十一年（1895）冬，由顾懿渊、杨朝贵和顾澄清等禀请开办，"继有薛姓捐地，顾姓捐屋"设局施棺。"该屋初设义塾，自改施棺局后，常备平器二十具，编号登册，贮局待领，随施随补。"专派一人住局打扫兼看管，不纳房租但每年要捐助棺木二具。该局位于合庆码头北面。凡合庆需施棺的人，须有担保。棺木施出一具，合庆的店铺再捐资另备一具。③

集义社：光绪十五年（1889），"职绅"朱其莼"禀设"高行镇集义社，开设保节活动。"恤嫠为全节大功"，当时因经费有限，暂定恤额二十名，每人按月给钱五百文。保节妇女中如愿意到上海清节堂，集义社可随时把她们送去；其中年老残疾的，还可送到上海普育堂"留嫠"④。该社还进行"施衣米"的善举，开办赊棺、施棺活动。施棺分正、副二号，"正号"施舍给本乡贫苦居民，"副号"棺木则主要给流民和乞丐等。如遇路途死尸，仿照同仁辅元堂的办法收殓，在上海境内的归上海，在川沙境内的上报川沙厅。赊棺主要仿当时会馆和辅元果育堂的办法，需有亲族等担保，并在一年

---

① 民国《川沙县志》卷十一《慈善志》，第881页。
② 民国《川沙县志》卷十一《慈善志》，第882页。
③ 民国《川沙县志》卷十一《慈善志》，第873页。
④ 民国《川沙县志》卷十一《慈善志》，第881—882页。

内归还棺木的工本费。①

冬米会：光绪十八年（1892），朱源绍和陆蓉塘倡捐组集冬米会，由会中同志各就其乡贫苦者，给以十斤或五斤米票一纸，到预约米铺，验票照领。②

从光绪五年到光绪二十一年，川沙境内各种慈善组织次第出现，一方面说明川沙经济实力的进一步增强和士绅势力的上升，也说明原来厅设慈善组织的善举，尤其施棺和施钱等机构所及范围有限。如原有慈善机构能使城乡很多人得到及时救助，各乡镇主要以自己区域为服务范围的慈善组织就没有必要成立。同时，因设立此等慈善组织的人员其各自的影响范围和财力有限，其所设机构的服务范围也在无形中划定。在诸多因素中，川沙自身科考人物或通过其他方式获得功名的人物的出现是十分关键的。

太平天国战后，江南科考恢复正常。"川沙虽设治，而学籍分隶上、南。观同、光间诸生表，始自同治丙寅（1866），迄于光绪乙巳（1905），前后四十年，凡为试科二十有九，入学者得一百九十二人。""科举时代得有恩拔副岁优五贡以上出身者，谓之正途。清光绪季年，废止科举，诏兴学堂，厘定学制。而于奖给出身，仍用举人、贡生等名称。至民国乃汰除之。"在整个江南的举人和入学人数的情形下对比，川沙境内有"功名"的人数比较少。虽然比刚设治时地方士绅的数量有明显增加，但他们的实力和影响仍极有限。尽管如此，地方士绅的出现还是为后来至元堂的成立奠定了基础。参与至元堂建立和在其中任职的人物，大多有科举的身份和背景。

---

① 民国《川沙县志》卷十一《慈善志》，第876页。
② 民国《川沙县志》卷十一《慈善志》，第884页。

第二节 至元堂的成立

至元堂成立前的四五年之中,川沙慈善组织又有新发展。朱源绍(字友梅,附贡生)的老师陆雪香和丁晓梅(名钦文,监生)、潘怡田(字心望,职监)等创立"平器局",并行"施灰助葬"等活动。朱源绍和陆蓉塘(名占梅,监生)募集棉衣和冬米,顾筠坡(名宗望,武生)主要进行"惜字"等活动。其他的施医和赠药等善举,也分别有人从事。同时,朱源绍还奉"公家之命"举办保节和施棺活动。但上述善举均各自进行,相互间缺乏必要联系,举办之人也常以"无办公之地为憾"[①]。其实,上述众人之所以对善举"无办公之地为憾",除了是要扩大善举规模和举办善举便利外,建立正规的、组织化的慈善组织也是这些地方人士增强自己实力和威望的需要。"官僚体制之外的精英有能力代表他们的利益及其所在地方的利益。管理地方事务的制度化的复杂性,对于分散的、非正式的精英力量是一种约束,它为公共领域中的精英资源加进了正规的组织化的维度。"[②]作为地方实力派人物,他们的活动并不一定都能归入"公共领域"之内,但是他们渴望有独立的办事机构来扩大活动空间,并由此加大对地方的影响。至元堂正是在此背景下成立的。

乙未(清光绪二十一年,1895)仲夏,丁钦文和潘心望首倡建立善堂。众人商议后,当年五月由保节堂董事朱源绍和川沙"职董"潘心望、丁钦文呈文川沙厅抚民同知陈家熊,希望利用保节堂

---

① 《川沙至元堂征信录》,光绪二十三年(1897),浦东新区档案局,档号:33/1/1522,第2页。关于上述之人的身份,参见同本《征信录》,第10页。
② 玛丽·兰金:《中国公共领域观察》,见黄宗智主编:《中国研究的范式问题讨论》,社会科学文献出版社2003年版,第217页。

基地建立新善堂。得到陈家熊的批准并首先"捐廉"后,朱源绍等开始四处奔走筹资。在《募建至元堂捐启》中说之所以取名至元堂,因为"元者,善之长也,事之本也"。当年十一月十二日兴工,光绪二十二年(1896)三月建成。"计面南堂屋五楹,东为侧厅,西为厢屋,前为门道,共一十间,四周缭以崇垣,共糜工料洋银一千五百余元"①。至元堂成立后,曾屡呈各级政府部门批准。潘心望、朱源绍、丁钦文和陆占梅等"堂董"曾呈文陈家熊,陈分别上报抚、宣、藩、道等各级行政机关。②得到这些部门的批准后,至元堂才算正式合法的慈善机构。

川沙至元堂成立后,很快就设立了堂中的董事,其中大部分是原来就从事慈善活动尤其是在建堂过程中努力奔走的人。通过表5-2可明确地看出此点。

表5-2 川沙至元堂任事人员表

姓名	字号	身份	姓名	字号	身份	姓名	字号	身份
丁钦文	晓梅	监生	陆占梅	蓉塘	监生	花树棠	楚园	
潘心望	怡田	职监	陆世馨	雪蓉		陆炳麟	蘅汀	
朱源绍	友梅	附贡生	顾宗望	筠坡	武生	潘昌望	采严	
陆世昌	益卿	世职	朱福苹	骥臣	文生	丁钦桂	东垣	
劳文薰	燮卿							

说明:1. 本表中董事的姓名和字号主要根据《川沙至元堂征信录》,清光绪二十三年(1897),上海浦东新区档案局,档号:33/1/1522,第4页。
2. 人物的身份主要根据《川沙至元堂征信录》,第10页。

① 《川沙至元堂征信录》,光绪二十三年(1897),浦东新区档案局,档号:33/1/1522,第3—9页。
② 《川沙至元堂征信录》,光绪二十三年(1897),浦东新区档案局,档号:33/1/1522,第8—13页。

第五章 近代浦东地方善堂的运作实态个案——至元堂(上)

至元堂的成立与原来川沙的慈善组织最大的区别为当地士绅已经发挥了很大的作用,而不是像原来那样主要是由官方来组织并兴办。

至元堂建立所用钱财,除部分官员和倡议建堂人员的捐款外,还得到了许多其他人士及川沙城乡各种店铺的捐款。至于"城乡殷实铺户"的捐款,名为"劝募",在更大程度上可能带有摊派性质。[1]现将建堂过程中捐款者姓名及所捐金额整理成表5-3。

表5-3 至元堂建堂捐户列表 （金额/元）

姓 名	金额	姓 名	金额	姓 名	金额	姓 名	金额	姓 名	金额
陈家熊	60	萧	40	王	20	潘怡田	100	丁晓梅	100
陶锦堂	70	陆益卿	50	杨敬春	50	东泰森	50	丁子干	50
同泰典	50	公益泰典	50	奚一笑	50	树德堂王	50	效德堂王	50
徐协昌	50	顾合庆	50	奚朗如	50	陶凤由	50	陆合顺	50
叶永丰	40	公永兴	30	顾仁和	30	陆兰伯	25	恒昌泰	24
顾筠坡	24	豫春瑞	20	丁松泉	20	隐名氏★	20	隐名氏卫	20
王同和	16	周隐名	16	宋文齐	15	恒丰仁	12	徐祥记	12
陶聚兴	12	南川米船客	10.5	同森泰	10	广兴隆	10	厉裕春	10
老万森	10	和顺昌	10	协成干	10	洪盛	10	乔德春	10
陆文华	10	高源兴	10	和盛	10	王瑞堂	10	王瑞梁	10

[1]《川沙至元堂征信录》,光绪二十三年(1897),浦东新区档案局,档号:33/1/1522,第9页。

续　表

姓　名	金额	姓　名	金额	姓　名	金额	姓　名	金额	姓　名	金额
无名氏	10	朱丽记	10	饶初廷	10	仁记	10	善兴堂沈	10
曹协泰	10	丁永泰	10	谢立隆	8	董庆成	8	蔡德顺	8
刘天成	7	生生堂	7	金裕兴	6	陆莲溪	6	黄心、全甫	6
张禹泰	6	胡万和	6	公和	6	天六堂	6	保和堂	6
养仁堂	6	张子香	5	温清室	5	如松馆	5	得意楼	5
恒源和	4	彬记庄	4	陈雨乡	4	顾隆昌	3	薛吉甫	3
张梅夔	3	季正昌	2	蒋恒兴	2	顾协隆	2	总计	1 775.5

资料来源:《川沙至元堂征信录》,清光绪二十三年(1897),浦东新区档案局,档号:33/1/1522,第20—22页。

说明: 1. 表中带★之隐名氏,包括三泰、顾万源、宝书堂三家。
　　　2. 原文中总计的统计数字为1 795.5元,但根据笔者计算结果为1 775.5元。
　　　3. 本表中陈家熊为川沙同知,萧为二三场署萧氏,王为司理厅王氏。

通过表5-3可知,建堂经费除部分官员和倡议者的捐资外,主要是其他人士及各店铺或较大家族的捐款。官方在建设过程中不占主导地位,官员的捐款也仅是象征性的。官员的"捐廉"主要有抚民同知陈家熊60元、二三场署萧氏40元、司理厅王氏20元,仅占总金额的7%。根据捐款名单可知,各位发起者所行的"劝募",涉及川沙城内的很多店铺、商家与个人。捐款共84笔,所捐金额大小不等,从二元到十数元、数十元,甚至上百元。虽然捐款的人数和店铺很多,但金额在20元以下的却占了绝大比例。捐款金额在20元以上的户数仅25家,约占总户数的32%,但金额却占总数80%多。因捐款金额在20—50元的户数中,50元以下和以上的均为4户,所以捐款在50元以上特别是50元左右的商户和个人所捐金额占总金额的绝大多数。

虽然捐款依次进行,但并非所有款项都在建堂过程中很快交清,一些捐款到至元堂建成很久才到位,有的甚至要再拖上一段时间。有关统计中曾说,"各善捐有书定之后,迟至二十二年夏秋缴到","尚有宋余庆堂捐入徐西昆借款洋一百四十元,因未收齐待入二十二年内"①。值得注意的是,一些捐款以实物形式出现。至元堂购买一些常用物件时,就以"画捐抵给"。通过表5-4,可明确看出此点。

表5-4 捐款以实物方式"抵给"列表

店　铺	器　物	价格(元)	付款方式
陶聚兴	椐木八仙桌一对	12	画捐
丁茂泰	椐木账桌一只	6	画捐
金裕兴	椐木八仙桌一对	9	画捐6元,找付洋3元
张禹泰	单靠椅八只	11	画捐6元,找付洋5元

资料来源:《川沙至元堂征信录》,光绪二十三年(1897),浦东新区档案局,档号:33/1/1522,第26页。

另外,宋余庆堂所捐140元系徐西昆欠款。对余庆堂来说可能是极难讨回的陈年旧账,就顺势作为捐款。同森泰和顾协隆捐款14元是南汇邱如柏的欠款,该款直到光绪二十二年(1896)方才到位。② 至元堂曾专门派人到南汇催款,出差费就花了5元。③

---

① 《川沙至元堂征信录》,光绪二十三年(1897),浦东新区档案局,档号:33/1/1522,第22页。
② 《川沙至元堂征信录》,光绪二十三年(1897),浦东新区档案局,档号:33/1/1522,第30页。
③ 《川沙至元堂征信录》,光绪二十三年(1897),浦东新区档案局,档号:33/1/1522,第28页。

这种现象表明,有的家族或者商家虽最终捐了款,但却非完全自愿,其中有一定的强制性摊派因素。川沙城内几乎所有商家和稍有名望与财力的人,均为建堂捐钱出力。后来为至元堂各项善举捐钱、物的名单,大部分没脱离捐款列表中的人物。可见,这次"劝募"的确几乎涉及每家每户。

至元堂是在一块荒地上建成的,大到房屋的包工建造,小到祭神所买的纸和糕饼等林林总总各项,无不需花钱。兹将各项开支,分类如表 5-5 所示:

表 5-5 至元堂建设开支表

开支项目	金　　额	换算后数额（元）	所占比例（%）
建堂工程	洋 160.85 元,钱 6 777 文	234.55	32
建堂装修	洋 96.61 元,钱 5 315 文	154.41	21
置备器物	洋 214.86 元,钱 851 文	224.11	31
杂项开支	洋 49.99 元,钱 6 141 文	116.77	16

资料来源:《川沙至元堂征信录》,清光绪二十三年(1897),上海浦东新区档案局,档号:33/1/1522,第 23—29 页。

说明: 1. 本表中钱和洋元的换算,系据本《征信录》第 30 页的"洋 43.5 元和足钱 40 千文"的比率而得。
2. 本表中换算后的数额以及各项开支所占的比例均根据四舍五入的原则进行了修正。
3. 本表中所列的杂项开支,是从开始建堂到光绪二十一年(1895)年底的杂项综合开支。

根据表 5-5 的统计可知,至元堂建堂开支大约花费 730 元,其中房屋建设的主体工程花费较少,支出了大约 235 元,占总支出的 32% 左右;而建筑的装修、置备器物及各杂项支出却大约占总开支的 68%。

建堂的经费,主要来自县城商号和店铺的捐款;同时建设过程中无论是商号介绍工匠包工建筑,还是所需各种工料和器物,也主要是向曾经捐款的商家购买。其中,至元堂付给张月修的建堂等费用1 040元,系由陶锦堂介绍的。虽然后来因为张月修声称因为工料费昂贵等原因而没有承包该项工程,但陶锦堂的"面子"仍由此得到充分的显现。另外,至元堂还向严森泰、陶聚兴、杨祥记、森顺、东森泰、何源盛等商家购买过金额不等的各类商品。[①]

联系前面至元堂曾经以"画捐"的形式向其他店铺购买过商品的情形,可以说至元堂的"劝募者"和捐款的商号间达成了某种"天然默契"。既然建堂资金主要由商号捐给,那么他们也应从建设过程中得到一些间接回报。主要依靠有影响的商人来介绍工匠,及向某些店铺购买必要的物品,就顺理成章了。对至元堂来说,以后主要还得靠这些商家和店铺捐款;对商人们而言,为"善举"不得不捐款的同时,也要得到一点力所能及的好处。

初期章程分析

至元堂制定了详细章程,以规范善堂活动。本小节主要通过对章程的分析,透视其运作原则及善举所反映的意识形态特点。

至元堂采用董事制,由六人组成董事会,为防专断,不设总理。具体的收捐、账目及善举的实行,由六个"司事"每月轮流负责。司事无薪水,只有出远门劝捐或收捐时,堂中酌情给路费。开会办公和举办善举时,由堂中提供一日三餐,此外无论董事或司事,都自备饭食。由于当时经费限制,在保证恤嫠和施棺正常进行下,还将先举办施医、给药、施棉衣、冬米、施灰助葬、赊棺和

[①]《川沙至元堂征信录》,光绪二十三年(1897),浦东新区档案局,档号:33/1/1522,第23—28页。

惜字等七项善举；其他诸如恤老、保婴、义塾、修桥、掩埋和放生等，则等经费充足时再扩充。为不亵渎神明，对善举强调公平和公正，以让真正的贫苦者得到救助。经费的筹集仿照集义社章程，在川沙城乡"劝集"月捐，根据捐款多少决定善举大小。如集资"钱至十千，洋至十元以上"，就"存典生息"。当时最企盼的是有人捐田产或房产。所有账目每月月底由堂董共同审阅，年终刊刻征信录以便查对。至元堂作为慈善活动办公的地方，一人常驻照管，不许借住，严禁借宿。①

施医在夏秋季开办，各科医生四五人每逢三八两日开诊，上午九点到下午四点接待病人。求治者需先报明性别和住址来挂号，依次等候。病人候诊时所坐位置，体现出严格的男女之别。男人坐在大门两旁和厅前，女人坐在西厢房里。即使父女或夫妇同来，也需遵此规矩。所给医药主要是先前至元堂准备的"痧暑"等药或外科所用膏药等，除此外一概不给。如确实有赤贫老幼，则"有同人量施一二"发给小票到药店取药，但必须抄取药方以便查对。因病重而不能到堂就医之人，其亲属可到堂报明姓名和住址，请求医生前往，但以城厢内为限。② 光绪三十年（1904），至元堂修订了施医章程。聘请内外科医师二人住堂，二月常日开诊，从八点开始到下午二点结束。贫病不能到堂就诊的，可备舟车请医生前去，但以下午二点为限。如无舟车则医生不去，以城厢内外为限。③

施棉衣或冬米，先发小票。至元堂在冬至发棉衣，腊月二十

---

① 《川沙至元堂征信录》，光绪二十三年（1897），浦东新区档案局，档号：33/1/1522，第14—16页。
② 《川沙至元堂征信录》，光绪二十三年（1897），浦东新区档案局，档号：33/1/1522，第17页。
③ 民国《川沙县志》卷十一《慈善志》，第824页。

四后发冬米,由各贫户持小票向米行领取。棉衣有新旧之分,新衣需有保人,但至元堂中人不能作保。"如有零落旧户顾惜体面者",由当月司事确认实情,把棉衣送到他们手中。每张小票能领十斤米,但必须在领到小票后三个月内领取,还不准"易作它物",否则扣留该票。另外,凡地痞、棍徒和江湖流丐,一律不给衣米方面的救济,如有强行索要滋事者,则"送请究治"①。

至元堂首先保证保节和施棺,主要因为此前它们就是官办的慈善活动,而同期开办的善举都是费用较小的项目。这说明在经费有限的情况下,善举也要先考虑官方的意识形态。川沙和建堂者本身经济实力有限,各项善举经费也有明显摊派性质。至元堂的建立及起初的慈善活动,对城乡各商号和店铺而言,明显具有"徭役化"倾向。至元堂的施药仅限费用少的,这固然因当时经费所限,但也说明此举可能更侧重象征意义。出堂诊治的地域限制,在一定程度上透露出当时慈善活动具有一定的社区观念。来堂求治之人本多,医生没有过多时间外出;更重要的是外诊非善举重点所在。施舍棉衣中顾惜体面的"零落旧户",很可能指没有功名的破落儒生群体,只有这些人在此等情况下仍顾及并死守面子。至元堂在慈善活动对儒生的特殊照顾,与乾隆中期以来善堂发展过程中的"儒生化"相一致。②

从川沙厅成立到光绪五年川沙境内的慈善组织发展状况可看出,因当时成为独立建置时间不长,各种慈善组织与周边各县相比较不完备。在慈善组织的设立和活动中,国家权力所起作用远大于当地士绅。放在同治以后江南地方重建的大背景来看,这并非川沙慈善组织的特点。通读光绪《松江府志》中有关慈善机

---

① 《川沙至元堂征信录》,光绪二十三年(1897),浦东新区档案局,档号:33/1/1522,第17—18页。
② 梁其姿:《施善与教化——明清的慈善组织》第五、六章。

构及其活动的记载,可更明了县级机关在慈善组织重新恢复中的作用。不过因为川沙原有经济实力薄弱、善举活动较少等因素,国家权力在这里所起作用更加突出。从光绪五年到二十一年至元堂成立前,川沙境内各种慈善组织次第出现。一方面说明各乡镇境内士绅势力上升,另一方面也暗示原来厅设慈善组织活动不多,尤其在施棺和施钱方面所及范围有限。同时,因设立此等慈善组织的人员其各自的影响范围和财力有限,也使得其所设机构的服务范围也在无形中得以划定。

梁其姿在《施善与教化——明清的慈善组织》的"附录"中,有关清代川沙的慈善组织仅列出了1874年官办的接婴局、1869年民办的保节局、1834年官办的同善堂,并把同善堂视作综合性善堂。① 但同善堂仅从事施棺和施灰助葬活动,并不算严格意义上的综合性善堂。成立于光绪十五年(1889)的高行镇"集义社"则兼办保节、衣米、施棺和赊棺等多种善举,该社才算川沙至元堂成立前真正的综合性善堂。梁先生认为,"清代以来,这些施棺善会又多兼掩埋,即埋葬当地无主枯骨;有的更兼办惜字、施医、义学、恤嫠育婴等其他善举,成为后期的综合性善堂。因此事实上,要清楚地分别施棺与综合性善堂是不容易的"②。不过,川沙的同善堂没有兼办施棺助葬外更多善举,也没有发展成综合性善堂而被至元堂取代。这说明梁先生的看法在总体上合适,遇到个案时还需具体分析。

夫马进在《中国善会善堂史研究》附录中,曾对清代包括江苏在内六省善堂的普及情况进行了详尽统计,但有关松江府的统计根本没提川沙境内善堂的情况。③ 梁其姿之书中曾提到川沙的慈

---

① 梁其姿:《施善与教化——明清的慈善组织》,第359、371、403页。
② 梁其姿:《施善与教化——明清的慈善组织》,第279页。
③ [日]夫马进:《中国善会善堂史研究》,同朋舍,1997年,第774—777页。

善机构,惜乎遗漏了上述光绪五年到清朝结束,为数不少的慈善组织。夫马进在对有关慈善组织进行统计时,运用方志的情况,笔者并不知晓。梁其姿之书附录中详细列出了所用各种方志,虽也用了很多民国时期的方志,但江苏省民国时期的各种方志尤其县级方志并不多。成书于清末光绪年间的许多县级方志,由于纂修的时间所限,对光绪到清朝灭亡这段时间各种慈善机构的情况没有记载,相关记录只有到民国时期该地的方志内去寻找。时间虽短,但有关情况不容忽视。就此而言,夫马进和梁其姿对有关清代善堂数目的统计,还有较大的扩充空间和讨论余地。

从至元堂成立前后川沙慈善组织情况的对比可知,对一地区慈善公益事业,究竟是官办抑或民办为主,主要取决于此地的经济实力和实力派人物的数量及他们对地方的影响。正因为太平天国战前川沙在刚设治之初经济实力较低及地方科举出身的人数很少,当时境内的慈善组织主要以官办为主。战后重建过程中慈善组织的设立尤其是至元堂的建立,则是在地方人士力量增强的情况下出现的。

第三节　清末民初的至元堂

至元堂甫一成立,清末"新政"很快开始,善堂在清末"新政"和民初川沙的政治舞台上,扮演了十分重要的角色,成为新式机构团体的活动场所。同时,至元堂自身的田产房产也日益完备。在清末民初的地方社会中,善堂与其他机构团体在合作的同时,也不免产生矛盾冲突。本节主要探讨清末民初善堂在政治、经济各方面的活动,并进而研究在改朝换代过程中社会的变迁及地方实力派人物的活动,以透视慈善组织与清末民初社会变迁间的关系。

清末民初至元堂的慈善活动

至元善堂成立后，慈善活动逐一展开，只是在各阶段由于自身设施和经济实力的原因，善举也展示出不同形态。本小节从两个阶段探讨善堂在清末民初的慈善活动，至于善堂规模基本完备后的具体经营事态，后面将辟专节论述。

至元堂建设过程中已有人捐给田产，到光绪二十二年（1896）该堂有地 24.1 亩，包括上等好地、等则较低的荡田及塘坡地。① 此外，至元堂还想得到一些横沙的田地，作为善举基金。横沙是长江入海口的新涨沙洲，咸丰八年（1858）出露水面。随后不同单位和阶层均觊觎之，曾引起川沙厅和营汛之间以及不同报领人间的各种矛盾。同治十二年（1873），江南总督李宗义批准"横沙永远作为公产，不准军民人等承买"②。该岛最终被费学曾和姚文枏等买去，并于光绪十四年（1888）把报买的 20 025 亩土地捐给江阴南菁书院。江苏学政王先谦又把该岛郁姓所买同等面积的田地以及横沙新涨滩地全部买进，此后横沙所有土地由南菁书院经管。③ 光绪二十二年（1896）四月，至元堂董事朱源绍等上书陈家熊，希望从横沙取得三四百亩土地，以便开展慈善活动，但因南菁书院系江苏学政黄体芳开办，当时已开始对横沙洲田招人围垦，陈家熊不能做主。后江苏学政王先谦批准南菁沙务局，从该年起每年拨给至元堂钱四十千文，以扩善举。④

---

① 本数字根据上述《征信录》第 43—44 页的"善姓捐入田产细数"统计得出。其中有一户捐入土地"一方"，笔者根据《中国步和亩的进位变迁表》对其进行了换算。该表见梁方仲：《中国历代户口、田地、田赋统计》，上海人民出版社 1993 年版，第 546 页。
② 光绪《川沙厅志》卷四《民赋》，第 272—275 页。
③ 民国《江阴县续志》卷六《学校》，第 366 页。
④ 《川沙至元堂征信录》，光绪二十三年（1897），浦东新区档案局，档号：33/1/1522，第 19—20 页。

光绪二十一年(1895)主要建设至元堂,该年善举仅开办棉衣和冬米两项。由"陶锦堂"经办,施舍棉衣 100 件、冬米发放 3 212 斛,冬米小票在城隍庙发放。① 经费全部来自别人捐赠且用尽。该年收支除建堂和善举费用外,结余 212.67 元存入次年账目。②

光绪二十二年(1896)至元堂各项建设已完,加上南菁书院拨款及田产收入,善举的规模和范围均有很大发展。该年收支状况如表 5-6 所示。

表 5-6 光绪二十二年至元堂收支细数

收入来源	金额(元)	支出项目	金额(元)	规模
佃户租款	13	施给药费	160.26	共施医 4 260 人
各种捐款	87	棉衣	66.175	旧棉衣 462 件,另捐新布棉衣裤 50 套
医药捐	115.7	冬米	168	白米 7 000 斤
棉衣捐	66.175	平器	半价收取	棺木 23 具
冬米捐	168	钱漕、俸工、杂用等	114.79	
上年结存	212.67	结余	198.82 元,另存平器捐 23.4 元左右★	

资料来源:《川沙至元堂征信录》,光绪二十三年,浦东新区档案局,档号:33/1/1522,第 30—43 页。

说明:1. 本表根据《征信录》中有关内容整理而成。
2. 表中标有★的是因为平器捐中含有钱 760 文。

---

① 《川沙至元堂征信录》,光绪二十三年(1897),浦东新区档案局,档号:33/1/1522,第 29—30 页。
② 《川沙至元堂征信录》,光绪二十三年(1897),浦东新区档案局,档号:33/1/1522,第 41—42 页。

拿表5-6与光绪二十一年(1895)相比,除施棉衣和冬米外,施医和平器等善举也次第开办。

从本年的收支项目中仍可看出,各商号与至元堂间的微妙关系:商号要给善堂捐款,但善举的开办,也尽可能让商家从中得到一定的经济利益,并且一些商家所得常超过付出。施医方面,至元堂曾经向养仁堂、天六堂和保和堂买膏药、七液丹等药品,共计22.5元。"冬米"方面,向王协盛付米款24元,分别向周协和、陆恒昌付24元,分别向朱丽记、朱福记付48元。"平器"方面,向陶协盛付款55元。朱丽记捐"纯阳正气丸"100服,但在米行生意上赚了许多。[①] 此种情况及上述建堂过程中有关商号的介入均表明,在至元堂羽翼未满之时,这种双方的"默契"的确存在。这种现象在经济不发达地区的慈善组织中,应该是普遍存在的。慈善组织的成立和运作需要一定的经费支持,但是店铺的支持与善堂对店铺的回报是种顺理成章的事情,这是社会运作的实情和规律。

至元堂自身的建设和善后完成后,各项慈善活动次第开办,规模也随着经济实力的增强有所扩大。具体情况,分述如下。

赊棺:光绪二十三年(1897),川沙城内原由倪紫垣等人所设的"赊棺"组织,因经费原因而并入至元堂。从开办到1914年为止,"支银二千余圆"。同光以来一直由同善堂办理的"施棺"活动,光绪二十六年(1900)川沙抚民厅命令由至元堂兼办。

育婴:"光绪二十六年,丁逢源倡议筹捐开办,至元堂同志顾元丰为之饮助。"从光绪二十六年(1900)开始到1914年(其中光绪三十一年到宣统三年,没有统计),共接婴二十余口,收入捐银

---

① 《川沙至元堂征信录》,光绪二十三年(1897),浦东新区档案局,档号:33/1/1522,第31—40页。

六百四十余元,支出六百四十余元。1922年四月起,租用至元堂西刘姓瓦平房一所,雇用乳母留堂抚养,改称育婴所。

至元堂同人推举九人组成委员会,从中推选委员长一人、常务委员二人。因经费有限,该所会计、书记和庶务等暂由至元堂职员兼任。按常规,他们每星期日开会一次;如有特殊情况,可临时开会。育婴所设看护主任一名,副看护一名,保姆根据婴孩数量而定。每个保姆负责五个小孩,看护主任时常监督她们的养护工作,如有疏忽随时开除。保姆的家属和亲戚有事可来找,但不许留宿。

育婴所专门收养三岁以下遗弃婴孩,仿照上海新普育堂等地的办法"采用新法育婴"。婴孩开始进育婴所的时候,由庶务先检查该婴儿是否有病或者残疾并详细登记其出生年月日和时辰,按号登记后交看护主任。编号从第一号起向后延续,如婴孩出堂或夭折,该号取消并不再填补。为鼓励送婴到所,凡送婴的人根据路途远近,酌情赏给五角到二圆不等。婴孩的卧室分为四个级别,出生三个月的为第一级,六个月以内的为第二级,十二个月内的为第三级,一岁以上的为第四级。婴孩营养主要用代乳粉、米汤和米糊,由看护监督保姆根据小孩出生时间的不同,每天进行不同次数的喂养。婴儿衣服、被褥和尿布要随时更换。婴孩卧室的温度要随时注意,门窗也由保姆随时擦拭干净。小孩每星期都要洗澡,天热时洗浴次数还要增加,看护主任要注意浴室内和洗澡水的温度。看护主任和保姆要时常注意小孩的体温和饮食,如有病就让庶务员请医生救治。发现患有传染病的小孩要及时转移治疗,对他们用过的衣服和尿器等要随时消毒。

如有人想领养小孩,需说清自己姓名、籍贯和住址,等育婴所查明后再填一张保证书,注明领走的婴孩究竟是作为子女还是要作为将来的女婿或儿媳,严禁贩卖小孩。另外,领取人还要量力给育婴所一些钱。当然,育婴所里的庶务每年会在春秋两季巡视被领走的小孩,如发现小孩被虐待或贩卖,就立即向委员会报告以惩罚领取人。当时除在育婴所的西首设置接婴处外,还在张家桥季正昌号、青墩协记槽坊及龚镇商民协会设立了接婴分处。[①]

从上述可知,至元堂育婴所的管理分为三个层次:委员会主要负责日常所要进行的事情,具体的事情则主要由看护主任、副看护以及书记、庶务等来负责,对于婴孩的具体抚养则主要由保姆在看护主任的监督下进行。育婴所虽然是在至元堂的名义之下,但是从其委员会的构成以及有关的章程可以看出,两者之间没有行政上的隶属关系。育婴所的管理和至元堂的不同之处在于,至元堂实行董事的司月轮流制,并为防止专权而不设总负责人,但该所却有委员长。此时对于婴孩的抚育已不再采用乳母乳养,而代之以喂养。对于婴孩的饮食起居各方面的详细规定说明,这时候育婴堂所采用的技术以及各种条件已经比以往有了较大的进步和提高。但是,章程和具体的实践存在必然的差距,效果也未必会十分明显。随着时间的推移,有关章程在有形和无形中已发生较大变化。在下文有关至元堂1916年和1917年善举活动的分析中,可明显看出此点。

恤嫠:有关保节的活动,光绪三十年(1904)至元堂董事潘守勤禀报后由该堂接办。"矜字号"和"恤字号"节妇一律给恤,但不再设固定名额。如原来冬米典捐不够,就在恤嫠存款项下支息补充。该项存款共六百六十多千文,由蔡旌捐入。1912年后,原来上缴松江全节堂的"典捐"也被扣留使用。从1912年到1914年,共收入包括公费、户捐、典捐、连同扣留的全节典捐等"七百数十元",支出五六百元。民国五年到十年,"共给口粮银3 212.614元"。

[①] 有关育婴所的介绍,参见民国《川沙县志》卷十一《慈善志》,第864—867页。

"矜字号"寡妇除每月可领取钱三百文外,如遇家有老小,也可享受与"恤字号"相同的待遇。清明祭扫亡灵,矜字号与恤字号均可得二百文钱。抚恤资金现规定每月十九日定期发放,发给的年米以钱的形式于腊月十九日给三百文。① 与原来的保节堂相比,至元堂更订后的保节章程,大大提高了对"矜字号"寡妇的救济力度。虽仍以保节为旗号和目的,但其中的教化色彩已比原来淡化许多,救济成分显著增强。另外,抚恤已经主要以资金的形式发放,并日益制度化。

掩埋:原由经董朱源绍等办理的施灰助葬活动,光绪二十四年(1898)开始由至元堂经办。当时规定,每年寒食节举办掩埋一次。或者就地埋葬,或者迁到义冢,每具给沙泥二担,石灰二担,小工四名,每工发酬劳三角,共花 2.8 元。从光绪二十六年(1900)起到 1914 年(其中从光绪三十一年到宣统三年以前,因为缺少统计,故不在内),共计掩埋棺木 1 219 具。其间收入大小银元 946 元 128 角,支出银元 1 187 元左右。1915 年后照常进行,并有进一步发展。②

义冢:按照清末开办地方自治的有关章程,义冢移交给市乡各区,查明地址后统一由公款公产管理处转交给至元堂接管。

施衣米:从光绪二十二年(1896)开始,至元堂开始施衣米。从光绪二十三年到 1914 年(其中不包括光绪三十一年到宣统三年),共收捐银 2 500 多元(不包括衣米等实物),发米 68 300 余斤,支出"二千数百余圆"。

至元堂修改了施衣米章程,救济贫户不再让人来堂担保,而由堂派人在各地段调查,并按照极贫、次贫分类。在造册时具体

---

① 民国《川沙县志》卷十一《慈善志》,第 871—872 页。
② 民国《川纱县志》卷十《卫生志》,第 826 页。

注明需救济之人的姓名、住址、年龄、有无行业及是否残疾等；对妇女要注明是某人妻子，以免出现混淆和假冒。米票除十斤的外，还有五斤票，"以一、二、三张，分等送给"。棉衣的发放已提前到十月份，冬米则推迟到年终时发给，发放棉衣已不需要票。衣米仍交给原访人，让其按户发放，至元堂不再直接经手，"以杜重复冒滥之弊"。同时，至元堂的同人之家属则应该自给，以杜绝姑息和作弊。①

从修改后的章程可看出，至元堂施衣米的工作比以前更细致，考虑到了更多的实际情况，简化了发放手续。同时，有些规定还反映出该善举由至元堂经手的过程中，曾出现了一些作弊等现象。这也许是任何慈善组织在运作过程中都难免的，但修改后的方法也不能杜绝此类事情。没有人能保证调查人在造册时不会徇私舞弊。

至元堂的善举除章程中的规定外，它还参与了社会上许多突发性灾难的救济活动，时人将其分为协赈和公赈。

协赈主要是救助北方的水、旱灾和浙江的"兵灾"。"民国六年，京直水灾。陆家骥、陆清泽，奉县委募得捐银二千圆，送由县署转解。"同时，至元堂慈善团又另外捐集现银 2 132.01 元，公债票 143 元，储蓄票 114 元，殖边银行钞票 153 元，北京交通银行钞票 38 元，棉衣裤 400 套。②"民国九年，直、鲁、豫、晋、湘、浙等八省发生水旱奇灾。至元堂慈善团，自捐并劝募，共集银 4 421 圆，又小银圆 427 角，钱 1 700 文，旧衣帽、鞋袜 641 件，以上两次如数送由上海中国济生会，襄解灾区。"③ 1914 年，江浙发生"兵灾"。至元堂慈善团集银 1 004 圆，小银圆 8 角，铜圆 6 枚，旧衣 413

---

① 民国《川沙县志》卷十一《慈善志》，第 876 页。
② 民国《川沙县志》卷十一《慈善志》，第 844 页。
③ 民国《川沙县志》卷十一《慈善志》，第 844 页。

件,均由上海中国济生会送交江苏兵灾各县联合会,分别送交灾区。①

公赈主要指至元堂帮助县政府,处理本地灾情的救助和善后。"民国四年秋,烈风暴雨,折屋伐木成灾。奉办冬赈一次,春赈两次,共发赈银9 069.53圆。棉衣在外。"这次赈济由县知事范钟湘以及继任知事赵兴窦监督,选派陆清泽和顾家骥为主任,在至元堂内设立义赈会。共收赈灾捐银11 856圆。省里所发赈银,另入官赈。除去经费不计外,还剩捐银2 489圆。② 1916年十月,白米价格飞涨,贫民生活困难。至元堂发起平粜,分别在县城、八团乡的青墩和长人乡的王家港三个地方出售。总共买了籼米1 080包,合1 160.775斗,总计花费13 670.831元。至元堂贴补1 915元。③

至元堂的协赈活动,说明民国初年的善举已超出社区范围,更多走向了社会。至元堂的此类活动,深受上海中国济生会等大型新式慈善机构的影响。清末民初,上海的慈善机构数量猛增,新式慈善团体的出现,使得自清末已兴起的义赈有了进一步发展。④就江南而言,晚清的地方善举除强调社区限制外,对北方和周边地区灾害的救济已成常例。光绪三、四年间北方直豫秦晋四省旱灾,松江府属各善堂绅士劝募巨额资金,通过上海的救济总会发往灾区。同时,还有青浦等地人士,直接到灾区从事救济工作。江南地方善堂的此类举动,得到了光绪皇帝和北方地方政府

---

① 民国《川沙县志》卷十一《慈善志》,第844页。
② 民国《川沙县志》卷十一《慈善志》,第839页。
③ 民国《川沙县志》卷十一《慈善志》,第840页。
④ [日]小浜正子:《近代上海的公共性与国家》,第50—129页;李文海:《晚清义赈的兴起与发展》,载自李文海:《世纪之交的晚清社会》。

的嘉奖。① 民初以降,《申报》等上海各类报纸中,有关慈善团体为各地水旱灾害或战乱善后募捐的告示和报道更加数不胜数,至元堂只是上海周围受沪上慈善团体此类号召影响的县乡慈善机构之一。清末的公赈,主要由知县委托经董办理,到民国初年则主要由至元堂来经办。这主要是因为民国初年政局不稳,川沙县政府不可能得到江苏省政府大规模的公赈物资。另外,以往的许多经董多成为各种团体的负责人,没有办法和能力再行召集。

值得注意的是,上述川沙至元堂的慈善活动,除协赈和公赈超出川沙县城外,原有章程规定的善举仍主要在城内进行。与此同时,川沙城外其他乡镇的慈善组织在清末民初仍然存在并继续活动。② 但乡间慈善机构和团体的活动,缺乏具体史料,无法深入研究,只好付诸阙如。下文主要探讨与至元堂有关的问题。

善堂与清末民初的地方社会

清末民初政局动荡,晚清新政和民国初年各项措施在基层实施,至元堂成为川沙政治活动的中心,各种新式团体刚开始时的办公地点几乎全部设在至元堂内,这使得至元堂在无形中更提高了自身的地位和影响力。在此过程中,至元堂的各项设施及财产也日趋完备。

1900年8月14日八国联军占领北京,慈禧太后和光绪皇帝"巡狩"西安。12月初,京师和各省高级官员奉命上书言事,陈述

---

① 光绪《松江府续志》卷九《建置志》,第946—950页。
② 具体参见民国《川沙县志》卷十一《慈善志》,第878—882页;卷七《交通志》,第470—471页。

他们对行政、军事、教育、财政和其他方面的改革意见。1901年1月29日,经过太后指示,皇帝发布上谕,开始进行改革。① 由此,揭开了清末"新政"的序幕。

清末"新政"中,重要的政策为推行地方自治。地方自治事业共有八项:一、设立自治研究所,二、办理城镇乡镇自治组织,三、办理府州县自治组织,四、调查户口,五、调查岁入、岁出,六、设立各级审检厅,七、推广初级国民教育,八、设立巡警。前四项为地方自治组织之基本工作,后四项可谓之一般行政工作。当时地方自治组织所推行者以地方教育为主,其他公益事业为辅。按照办理地方自治的进行次序,先设立自治局或自治期成会等筹划组织,并设立自治研究所,次则为户口调查,然后设立城厢自治公所、城镇地方自治公所、府州县厅自治公所。② 川沙的地方自治发展很快,各团体机构次第成立。许多机构在成立时,与至元堂有千丝万缕的联系。

商会:清光绪三十年(1904),颁行商会章程。"凡是商务繁盛地方及通商巨埠,得设总会。商务稍减地方,则设分会。"川沙经济并不发达,只设分会。川沙商务分会成立于光绪三十二年,经费主要向商家收取,除"酌修房屋"外,还办了一所初级小学。1913年,工商部颁布商事公断处章程,川沙因商业上事务简单,无设立必要。1914年,奉令改分会为县商会。

商务分会的会所一直设在至元堂内,直到1921年陆清泽(莲溪)、陆文信(问梅)父子和艾文煜(洵春)等发起募款,把县城东面的财神庙改建为商会,仍然奉祀财神。捐款的事情由上述三人负责,但具体工程则由陆文信负责。改建工程从该年春天开始,二

---

① [美]费正清、刘广京编:《剑桥中国晚清史(1800—1911年)》(下卷),第437页。
② 王树槐:《清末江苏地方自治风潮》,《近代史研究集刊》第6期,第313—314页。

月份即告竣工。共收捐款8 757.74元,但总支出9 757.74元,不足的1 000元由陆文信捐垫。除商会搬到这里外,地方储蓄会和市区救火会也附设此处。① 清末民初,商会的名称和负责人曾发生系列变化,具体的人事变更如表5-7所示。

表5-7　川沙县商会职名表

名称	所在地	总理	会长	职员	成立年月
川沙厅商务分会	城内至元善堂	潘守勤顾懿渊		议员	清光绪三十二年七月成立,顾氏乃清宣统二年正月被举
川沙县商会	城内至元善堂		陆清泽(正)艾文煜(副)		1914年1月呈报改组,由省核转部备案连任一次
川沙县商会	城内至元善堂		艾文煜(正)陆文信(副)		1921年3月被举,九年4月互选连任
川沙县商会	市区特建		陆文信(正)叶宏滢(副)	会董特别会董	1922年12月被举
川沙县商会	市区特建		徐树滋(正)凌鹏飞(副)		1925年2月被举

备考:查清商会章程,分会设总理一员。至1914年,商会法颁布,总理改称会长,并设副会长。
资料来源:民国《川沙县志》卷五《实业志》,第216页。

教育:光绪三十二年(1906)春,组织"学务公会",同年十二月成立劝学所。川沙学务公会成立时的主要负责人为黄炎培,黄琮、潘守勤、沈亮杰、陆家骥和张志鹤等人也参与了学务公会设立

---

① 民国《川沙县志》卷五《实业志》,第214页。

的具体事宜。光绪三十四年(1908),视学员兼劝学所总董黄炎培因事辞职。宣统元年(1909)五月,同知成安召集全境各校长开会,投票选举张志鹤为总董。劝学所原在川沙城内的一座庙里办公,宣统元年(1909)五月为办事便利而迁入至元堂。

辛亥革命后,废除劝学所成立"学务课"。1913年一月,"学务课"改称第三科。1914年八月设立教育款产经理处,1918年六月裁撤,同年重设劝学所。1923年五月,改劝学所为教育局。① 劝学所改成教育局后,县教育会会长黄炎培、教育局局长张志鹤"以原借至元堂房屋不敷使用"为由,经县批准对原下砂场公署进行修理后搬入办公。同时,县教育会、教育局地方款产处、清理盐田董业协会、交通局、塘工水利协会和县农会等单位也一并迁入。② 其实,教育局之所以转移办公地点,除工作需要外,主要是因为和至元堂争夺地权而产生了矛盾。具体经过,容后面详述。

咨议局议员选举:光绪三十四年(1908),颁布咨议局议员选举章程,各省以厅州县为初选区,以府为覆选区。川沙同知陈纶照会地方绅董,筹备选举事宜。开会选举陆家骥为所长,黄炎培、顾懿渊为副所长,事务所设在至元堂内。③

城镇乡地方自治选举:咨议局成立后,颁布了城镇乡地方自治章程。宣统元年(1909)六月,同知成安照会黄炎培、陆家骥、张志鹤、包志澄和顾懿渊筹备此事,该所也设在至元堂内。他们首先调查户口,依照程序先市区再依次到乡镇。厅州县章程颁布后,该所又改为厅自治筹备公所。所以在城自治成立后,各乡自治就提前筹办,宣统二年冬天一律成立。但是次年的自治风潮,

---

① 民国《川沙县志》卷九《教育志》,第641—648页。
② 民国《川沙县志》卷六《工程志》,第271页。
③ 民国《川沙县志》卷十八《选举志》,第1294—1295页。

导致该所解散。① 1913年,自治公所改选,次年自治被勒令停止。1923年秋,恢复自治,但很快又取消。② 民国年间有关国会议员的选举,仍主要在至元堂内进行。1915年第二届国会议员初选举和1920年第三届国会议员初选举,均由蔡宗岳和陆家骥分任众议院初选事务所正、副所长,在至元堂商议有关事宜。③

救火会:由于经济欠发达,川沙的消防救火组织清末时仍较简单。光绪初年仅有"水龙"两具,后来有关官员曾先后捐款以扩大规模,并向城内的店铺"收捐存典"以其利息作为活动经费。从光绪二十三年(1897)起,有关消防的典捐存折均由至元堂保管。宣统元年(1909),经董潘守勤倡议成立救火会。1912年,由城乡自治公所重新组织联合会,推定艾文煜为会长。1922年秋,该会重行改组,推举艾文煜为会长、陆文信为副会长。直到此时,至元堂才把有关的典捐存折转给救火联合会。④

农会:宣统二年(1910)六月,川沙同知接江苏巡抚命令,要求按照农工商部奏定章程筹备设立农务分会。在筹备过程中,因次年川沙自治风潮会务终止。1913年春,江苏省命令改组农会,川沙依令而行。1920年八月和1926年八月,分别根据有关法令进行改选。农会也一直设在至元堂内,直到1926年八月改选时,才

---

① 有关川沙自治风潮的研究,参见 Ma, Amy Fei-man, Local self-government and the local populace in Chuan-sha, 1911, *Select Papers from the Center for Far Eastern Studies*, University of Chicago, 1(1975,6); Roxann Prazniak, Weavers and Sorceresses of Chuansha: The Social Origins of Political Activism Among Rural Chinese Women, *Modern China*, April 1986;王树槐:《清末地方自治风潮》,《近代史研究集刊》第6期;黄东兰:《清末地方自治制度的推行与地方社会的反应》,《开放时代》2002年第3期。
② 民国《川沙县志》卷十八《选举志》,第1295—1318页。
③ 民国《川沙县志》卷十八《选举志》,第1316页。
④ 民国《川沙县志》卷二十一《警务志》,第1423页。

搬到县商会办公。① 和商会一样，川沙农会组织在清末民初也发生了名称和具体负责人的变更，具体情况如表5-8所示。

表5-8　川沙县农会职名表

名称	所在地	会　长	职　员	成立暨改选年月
川沙县农务分会	城区至元善堂	徐宗美（总理）	会董十二人名誉会董六人	清宣统二年十一月成立，三年三月被委任
川沙县农会	城区至元善堂	吴大本（正）陈有恒（副）	评议员、调查员各六人	1913年5月呈报改组，由省核准咨部备案
川沙县农会	城区至元善堂	陆家骥（正）吴大本（副）	评议员、调查员各六人，书记、会计、庶务一人	1920年8月改选
川沙县农会	市区县商会	吴大本（正）陆家骥（副）	评议员、调查员各六人，书记、会计、庶务一人	1926年8月改选

备考：查清农工商部奏定章程，分会设总理一员。至1912年，颁布农会章程，该总理为会长，并设副会长。川邑农会并无经费，遇有支付款项，呈由县署于地方实业经费内斟拨。

资料来源：民国《川沙县志》卷五《实业志》，第179页。

城自治公所：宣统二、三年间，城自治公所与筹备自治公所一同附设在至元堂内。民国后改称市公所，因为没有资金，仍无建筑，暂时附设在场署第二进大堂东隔壁一间房屋内。1914年取消自治，该公所亦随之取消。②

布业公所：发起于川沙境内的"同梢平业"。清末围绕征收布捐，还发生了征收者与各布行间的矛盾。1913年冬天，该公所租

---

① 民国《川沙县志》卷五《实业志》，第179页。
② 民国《川沙县志》卷五《实业志》，第293页。

赁至元堂西南隅墙外基地，建立厅事一间，东西次间各一，后连倒座，前面天井，并且还有围墙，主要利用前清"贡布"津贴"羡余"作为开办经费。①

保卫团：1914年十一月，江苏督军、巡按令各地办理保卫团。县知事范钟湘就自治区域的一市五乡，设立地方保卫团六处。川沙设在至元堂，陆清泽（莲溪）为团总，其实质是由原来川沙市区商团改组而成。②

清末新政的推行，为川沙地方实力派人士提供了活动的机会，而至元堂则为他们建立系列自治机构和参与清末民初川沙的政治活动提供了舞台。清末新政和民国初年所增设的机构团体，刚开始时几乎全部附设在至元堂内。这种现象在当时松江府所辖的七县内很特殊，当然也主要与当时川沙的社会经济发展落后有关。根据有关农会和商会的组织章程，在经济发达的地方分设各种分支机构，而川沙均达不到有关要求，故只设立了一个机构。以往的商业来往较少，也使得奉命成立的机构团体没有活动的基础和场地，设立于当时在川沙已有地基和房产的至元堂内，成为一种必然的选择。

与川沙相连的南汇和同在上海附近的宝山，这两个县在当时新政过程中各种自治机构和团体的设立与活动，同川沙相比就表现得更具分散性和多样性。南汇由于自身经济的发达和以往商业、慈善机构较多，商会不仅从一开始就有自己的办公机构，而且在所辖的几个镇内还有派出的分支机构，其他的农会等机构团体也是如此。③ 宝山县在清末民初的社会改革，由于有了钱淦等一

---

① 民国《川沙县志》卷五《实业志》，第296页。
② 民国《川沙县志》卷二十一《警务志》，第1414—1416页。
③ 南汇县在清末和民初各种自治机构和团体的活动情况，具体参见民国《南汇县续志》中的相关叙述。

批具有特殊身份背景和经历的人主持,在推进三权分立的共和政体、农工商和社会公益等各项具体改革方面,均取得了令人瞩目的成果。① 当时的川沙,缺乏南汇和宝山的各种条件,而刚刚在上海活动的川沙各色人等,还不具足够的影响力,这就使得至元堂在当时的社会改革活动中成了当地各个团体活动的中心。

善堂与地方权力的消长

地方自治机构的设立和自治活动的推行,使川沙地方实力派人士的活动空间得以扩大,很多原来他们所从事的事务和活动,由原来的政府默认变为具有了合法性。川沙县城的士绅和商人,原来就多从事地方事务的处理,新政的推行使他们的地位更加稳固。许多原来只管理各自乡镇的经董和士绅,纷纷借此机会出现在川沙县的政治舞台。顾懿渊乃八团人,其父即为商人并创办商店"顾合庆",轮到他时商业更盛。顾懿渊乃首任川沙商会会长,并同时负责咨议局议员选举和城镇乡地方自治选举。陆家骥是九团人,其父陆龙升是商人,经营米行和花米行等,曾为至元堂筹建捐款。陆家骥在清末和黄炎培、张志鹤等人共创学务公会并参与地方自治选举工作。包志澄是九团乡人,府学岁贡生,清末主要负责八、九团的海塘修筑事宜。宣统二年十月,地方自治成立,被选为九团乡议事会会长。三年八月,被选为厅议事会会长。1923年自治恢复,仍任县议事会会长。1926年去世,年七十七。吴大本是长人乡人,年轻时在上海教书,后回乡从事教育。清末

---

① 有关清末民初宝山县的地方社会改革,参见杨立强:《清末民初宝山的新乡绅及其领导的社会改革》(《上海史研究论丛》第11辑)以及田中比吕志:《清末民初における地方政治构造とその变化——江苏省宝山县における地方エリートの活动》(《史学杂志》第104编、第3号,1995年,第47—72页)。田中之文承蒙复旦大学历史地理研究中心李晓杰老师从日本大阪大学带回复印件,在此谨致谢忱!

历任长人乡乡董,并主管当地的水利事务。民国年间也长期负责川沙商会事务。陈有恒出生于高昌乡,清末新政中历任高昌乡乡董和议长,民国初年任川沙县商会副会长,后来还出任松属七县慈善款产董事等职。① 民国年间的地方事务,仍主要由此时期出现的人物在管理。

清末民初,随着原来倡建至元善堂人物的谢世或年龄增大,善堂管理以及川沙地方管理中出现了权力真空,但是这种真空被原有实力人物的后代或门生所填补。陆应梅(雪香)乃朱源绍的老师,殁于同治二年(1863),但是其子陆炳麟为府学岁贡生,在以后川沙的地方社会中一直有一席之地,并受人尊敬。② 至元善堂的主要发起者和领导者朱源绍殁于光绪二十九年(1903),其子孙有功名,虽没有继续插手善堂之事,但是丝毫不影响他们的社会地位。③ 曾做过至元堂董事领袖和育婴堂主任的陆清泽在清末民初正当五十多岁的壮年,在继续参与地方社会事务的同时,更多的精力在于开办现代化的公司上,但是他仍然在川沙的商会和慈善机构中担任职务。更值得注意的是,陆清泽的儿子陆文信(问梅),也开始参与川沙县商会和至元善堂的事务管理,并在以后的地方事务中,一直是不容忽视的人物。④

虽然在清末民初的川沙社会中,地方经济的发展与周边各县相比相对落后,但经济实力在任何地方都是个人参与政治活动的资

---

① 此处人物的主要经历,详见民国《川沙县志》卷十六《人物志》和上海市《川沙县志》卷二十三《人物志》。
② 民国《川沙县志》卷十六《人物志》,第 1078 页;有关陆炳麟的事迹,可参见上海市《川沙县志》卷二十三《人物志》,第 955 页,至于其在民国年间的具体活动,散见于民国《川沙县志》各章中。
③ 民国《川沙县志》卷十六《人物志》,第 1065—1066 页。
④ 民国《川沙县志》卷十六《人物志》,第 1083—1084 页。陆文信的相关活动,除了民国《川沙县志》中的相关介绍外,主要散见于民国年间川沙的各种档案内。

本，川沙地方诸商本人或其子侄辈大多在清末民初登上地方政治舞台，其中以张志鹤与陆家骥最为典型。张志鹤的父亲张兆熙乃川沙九团的名人，经常处理乡间事务，并在光绪三十一年(1905)大潮灾后的九团塘工中功绩卓著。惜早卒于光绪三十四年(1908)，年方四十九岁。① 志鹤兄弟三人皆有成就，尤其以张志鹤在地方教育事业和后来浦东同乡会中的作用为最。② 陆家骥是九团新港槽坊、花米行等商号主人陆龙升之子，陆龙升热心公益事业，在筹建至元善堂的过程中捐款较多。陆家骥弟兄五人，家骥是南汇儒学的诸生，历任地方公职。③ 1902 年 10 月，陆家骥就和黄炎培、张志鹤等人起草将观澜书院改为川沙小学堂的禀文。1903 年黄、张出走日本后，陆家骥接手川沙公立小学的教育事业。曾经因教育方面成绩卓著，荣获过江苏省公署一等银色奖章。此外，陆家骥还出任过至元堂的主任董事，以及经管其他川沙地方公益事业。④

商人及其后代登上川沙的政治舞台，在清末民初是历史的必然，他们以往就在地方事务中发挥一定作用，"新政"中对各项团体选举资格的经济限制，使得他们顺利参与地方事务。这个过程是自然的，也是顺理成章的，并没有出现一些学者所谓的随着清末"新政"运动的推行使得地方事务被劣绅控制的现象。⑤ 这在清

---

① 民国《川沙县志》卷十六《人物志》，第 1085 页。
② 上海市《川沙县志》卷三十三《人物》，第 963—964 页；《川沙县教育人物志》，浦东新区档案馆藏，第 58—61 页。
③ 民国《川沙县志》卷十六《人物志》，第 1079—1082 页。
④ 《川沙县教育人物志》，浦东新区档案馆藏，第 29 页。
⑤ Philp Kuhn, "Local self-government under the Republic: Problems of control, autonomy, and mobilization", F. Wakeman & C. Grant eds., *Conflict and Control in Late Imperial China*, Berkely: University of California Press, 1975, pp. 257-298. 转引自梁其姿：《施善与教化——明清的慈善组织》，第 324 页。另外，章开沅、马敏和朱英主编的《中国近代史上的官绅商学》对于民国初年长江中游的个案研究中，也有类似的观点。

末民初的江南应不是特例,至少在上海周边县份中,地方权力的承接和转移是通过一种相对平稳的状态实现的。而所谓的随着清末新政而导致土豪劣绅掌握地方事权的说法,也许在不发达地区倒成历史真实。当然,此点还需更多个案去验证。

至元堂在为清末民初川沙新成立的各团体提供办公方便的同时,也增强了自身的影响和实力。主持川沙商会和农会工作的陆清泽、陆问梅父子和陆家骥等,本身也是至元堂的主要负责人,先后主持善堂日常工作。当时的很多人物多是身兼数职,既然借用了至元堂的地方,就要多考虑一些善堂的利益,这在无形中也为善堂田房产规模的建立提供了方便。当然,至元堂在成为当时川沙政治活动中心的同时,也引起部分书吏的不满。在1911年的川沙自治风潮中,川沙厅书吏李松坪亲自赶往俞公庙,对激愤的乡民大声说道:"议员应打,乡民不可打,最好将城中至元堂打去,以绝其根,新法永无复行之日。"[1]只是由于后来官府的大力介入,才没有发生意外。民国年间,川沙县城内所有与慈善事业有关的机构团体,均划归至元堂经管。1919年一月,川沙县议会通过决议将同善堂龙神祠由至元堂管辖。[2]

至元堂与设在该堂办公的其他团体间,刚开始尚能和谐相处,但随着各自业务的发展,后来已开始各自办公。商会在迁入新址后,也由管理商会之人负责的储蓄会和市区救火会,也一并迁入。教育局在另迁新址后,由负责教育局之人管理的县教育会、教育局地方款产处、清理盐田董业协会、交通局、塘工水利协会和县农会等单位也一并迁入。此处体现了地方实力派人士在

---

[1] 民国《川沙县志》卷二十三《故实志》,第390—393页。
[2] 民国《川沙县志》卷十九《议会志》,第1386页。

各自负责具体事务时权力的无形分割,由他们负责的具体机关团体,自然要在一起办公。至元堂和其他机构团体虽然在开始时同舟共济,但它们之间也不免会发生各种摩擦。至元堂曾和川沙县的其他团体,发生了经济与其他矛盾,其中与教育机构间的冲突最大且时间最长。

1921年,江苏台营官地总局命令川沙政府公布命令,人民可缴价报领塘坡地。当时,原租户报领者甚少。后来,张国模、陆文信、朱琦、周熙敬、凤怡庭和张文田等人向县里呈报,将所有领剩余的营产零星基地、各墩塘坡完全承领,充作至元堂的善举恒产。其中的塘脚地、塘坡地和城根地共一百三十多亩,花了895元。① 1922年十一月,江苏督军齐燮元又令各县清理城根地,以该项的全部地价充作教育经费。于是,引起了川沙县教育会、劝学所(后改称教育局)与至元堂间的利益纠纷。张国模等在给川沙县政府的呈文中说,城根地亩的缴价报领在江苏督军的命令之先,不在指定的拨给补助教育费之内。可是,当时川沙县教育会会长黄炎培、副会长陆培亮及劝学所所长张志鹤等在呈文中却说,地方人士根本不知道张国模等报领城根地亩的事情,应将张国模等的"承领费"退还,而把城根地亩收归教育所用。双方互相争执,相持二年,方得解决。1925年一月十八日,川沙县教育会、教育局和至元堂一同呈文县政府,"兹念慈善、教育同为地方公益事业,会商和平办法,此项地亩,作为各半管理"②。

至元堂和川沙县教育会、教育局的这场地权争夺虽得到了暂时的解决,但问题却远远没有就此了结,双方的利益冲突仍在。

---

① 民国《川沙县志》卷六《工程志》,第308页。
② 民国《川沙县志》卷六《工程志》,第261—264页。

1922年,川沙县教育局和至元堂因争夺小校场东首的基地而引起诉讼,很长时间里没有得到解决。后来在前教育局局长张志鹤的调解下,双方达成协议,教育局将有关产权移交至元堂,至元堂补偿教育局地价银三百五十元。①

值得注意的是,各团体间的摩擦冲突并没有针对团体的领导个人,他们之间既有矛盾又进行合作。当他们具体负责的团体发生变化时,他们的立场和所代表的利益也随之转化。陆清泽曾担任过至元堂的董事长和育婴主任,但当其作为清理盐田董业协会的负责人时,由于至元堂和教育局的土地冲突,他也随教育局搬到新址办公。② 至元堂和教育局首次发生土地纠纷的时候,张志鹤是教育局方面的主要代表,但在后来的纠纷中,张又成了双方的调停人。

虽然慈善和教育同为地方公益事业,但在涉及具体经济利益的时候,地方士绅却不免发生纠纷,在他们各自行为的背后,都有着为自己负责团体利益的驱动。至元堂和川沙教育部门的地权纠纷,主要是由当时江苏省各级部门的政令不一引起。这说明民国初年省级政府的内部,并没有形成统一而有效的组织机构,各部门为了经济利益推行各自的政策,县级政权只有按照各种不同的命令行事,结果却导致了基层组织内各种各样的利益冲突。

清末民初的川沙社会中,至元堂自身的影响力经过了一个上升并随之下降的过程。这个过程和当时整个社会的观念变化密切相关,自新政以后教育在人们心目中的重要性日益提高,人们对教育的重视远甚于慈善。由原来慈善组织在地方社会中一枝

---

① 民国《川沙县志》卷九《教育志》,第772页。
② 民国《川沙县志》卷十六《人物志》,第1083页;《川沙县教育志》,川沙县方志办,第13页。

独秀的情况,转变为后来各种新式团体林立,教育界影响日渐增大的现象,对后来川沙社会的影响不容忽视。

第四节 至元堂资产完成后的善举

善堂田房产规模的完成

至元堂建立后,"凡医药、助葬、接婴、义塾、洋龙诸善举,及旧有之棉衣、冬米、赊棺、惜字等,均资力奉行"。川沙境内的鳏寡孤独和贫困无告者,大都得到了不同程度的救助,可至元堂没有"恒产"。只有杨锦春(斯盛)为义塾捐款六百圆,备置市房四间,租金作为"脯资"。其他各项善举均为随时劝捐,常出现经费不足的情况。光绪二十七年(1901),张子香和陆益卿"因约同人分任捐纳,闻者壮之,多乐从者,丁君听涛、潘君敏齐,仰承先志,亦从而和之","于是并得图团田一百十一亩有奇,义冢三十亩有奇,城乡市楼平房一十五间"。自此之后,可收取一定的房租和田租,来弥补善举经费的不足。[①]

清末新政中至元堂成为川沙地方各种新式机构团体活动的政治舞台,同时善堂的田产和各项设施也不断增殖,1927年已基本奠定各项恒产规模。

民国《川沙县志》出版于1936年,其时间断限截止于1927年,但对1927年后有关系、有价值的事情也计入。[②] 拿民国《川沙县志》中有关至元堂田、房产的记载和至元堂1926、1927年度《征信录》中的有关记载加以对比,有助于了解至元堂田、房产建立的具体过程。

---

① 民国《川沙县志》卷十一《慈善志》,第857—858页。
② 民国《川沙县志·序文四》,第10页。

表 5-9 中至元堂田亩的减少主要是因为,其中该堂在八团三甲昃字二十八号所买的 33.401 亩土地,后来与万元堂发生了地权纠纷,经过黄兆禄的调解后,沙田局又在八团拨了 36.22 亩土地给至元堂。该地被计入至元堂"未成效"田数之中。① 其实,在 1927 年之后,至元堂还增加了 4.771 亩的土地。育婴所田亩数量的减少,根据《征信录》和民国《川沙县志》的对比,除了沈仁吉所捐的 1.944 亩土地不知去向外,主要是因为张国模、陆文信等人捐给至元堂的 159.961 亩土地不知何故在民国《川沙县志》中却变成了 107.126 亩。除此两项外,育婴所的土地在 1927 年后新增加了 4.781 亩。②

表 5-9 民国县志和 1926、1927 年度《征信录》中善堂田房产比较

项 目	《征信录》的记载	《川沙县志》的记载	1927 年后增减数目
至元堂基地(亩)	2.516	2.516	
至元堂田亩(亩)	163.858	135.228	-28.630
"未成效"田(亩)	1 076.7	1 275.06	+198.36
育婴所基地(亩)	4.25	6.755	+2.500
育婴所田亩(亩)	164.284	114.286	-49.998
至元堂市房(间)	40	56	+16

资料来源: 1.《川沙至元善堂民国十五、十六年度征信录》,浦东新区档案馆,档号:33/1/1514,第 2—5 页。
2. 民国《川沙县志》卷十一《慈善志》,第 858—864、867—868、874—876 页。

---

① 民国《川沙县志》卷十一《慈善志》,第 863 页。
② 有关数据系根据至元堂 1926、1927 年度《征信录》和民国《川沙县志》中,有关至元堂田亩记载的对比后得出。

第五章　近代浦东地方善堂的运作实态个案——至元堂(上)　183

至元堂的"未成效"田主要包括,华成盐垦公司股份二股荒地516亩、高墩沙滩地和八团新涨滩地。其中,华成盐垦公司股份的荒地在淮南阜宁县。① 这说明至元堂的活动并不限于简单地举办慈善活动,它的触角已经伸到了经济领域,并且是远在外地的股份。表5-9中"未成效"田亩在1927年后的增加,主要与至元堂续领横沙岛高墩沙的续涨滩地有关。至元堂报领高墩沙的新涨滩地主要有两次,分别是在1920年和1930年。

1920年,"今为谋增川沙公产以裕公款起见,报买本县境内高墩沙滩地"。高墩沙的沙田由劝学所所代表的川沙公产团体与江苏公立南菁学校、南通县教育会以教育公团的名义报领,将来共同经营。川沙公产共买地四千亩,花费12 872圆。其中的土地,按照各个机构交钱多少进行分配。川沙公产团体对外由劝学所代表完全负责,内部则由各团体按照合同进行管理。待到沙滩成田后,每年所得租息,除开支办公费和赋课外,应提成十分之二归劝学所支给县教育费之用,其余则按照各团体所交金额的多少平均分配。②

表5-10　1920年川沙公产团体各团体的代表、所交金额和分得田亩数

团　　体	代　　表	资金(圆)	分得滩地(亩)
川沙县劝学所	所长张志鹤	7 472	2 322.22
县立高等小学校	管理校产校董陆家骥、黄洪培	3 000	932.10
至元善堂	经董陆家骥	1 000	310.70

① 民国《川沙县志》卷十一《慈善志》,第863页;同时还见《川沙至元堂民国十五、十六年度征信录》,浦东新区档案馆,档号:33/1/1514,第6页。
② 民国《川沙县志》卷九《教育志》,第743—744页。

续 表

团　体	代　表	资金（圆）	分得滩地（亩）
市区公所	经董陆清泽、艾文煜	400	124.28
私立莲溪国民学校	原捐办人陆清泽	1 000	310.70

资料来源：民国《川沙县志》卷九《教育志》，第743—744页。
说明：本表根据1920年三月一日上述各团体订立的《报领高墩沙滩地合同》的条款改制。

1920年，上述团体又报领高墩沙续涨滩地二千亩，并对原合同条款进行了修订。原来规定成田后每年要拿收益的十分之二，提交县教育局（原称劝学所）支给县教育费之用，当时已大约有五分之一的沙滩陆续成田；但为了便利，就在维持原有比率不变的情况下，仿南菁书院和其附股各户先例，由其他四家团体在其成田总额中提取十分之二划归县教育局作为县教育公产。

表5-11　1930年各团体所得田滩及两次最终所得田滩数

团　体	代表	金额（圆）	滩亩	应提滩亩	总计实得滩亩
县教育局		4 296.11	1 161.11		3 986.662
公立小学校		1 724.38	466.05	279.630	1 118.520
至元堂	张艺新	574.79	155.35	93.210	372.840
第一区公所	陆培荣	229.92	62.14	37.284	149.136
私立莲溪学校	陆文信	574.79	155.35	93.210	372.840

资料来源：民国《川沙县志》卷九《教育志》，第745—747页。
说明：1. 本表根据1932年四月各团体所订《承领高墩沙滩地续订合同》有关条款改制而成。表中所说应提滩，系根修订条款中的方法折合而成。
　　　2. 表中的"总计实得滩"指的是1920年和1930年的报领亩数与应提田亩数加减之后的最终结果。

其中民国《川沙县志》所记载的1927年后至元堂"未成效"田亩的增加,主要就是1920年此次新买入的高墩沙新涨滩地。这些滩地在后来陆续成田,且成为以后至元堂田产逐步增多的主要原因。

通过《征信录》和民国《川沙县志》中有关至元堂田、房产的对比可知,虽然在1927年到1936年之间,至元堂的田产和所拥有的房产出现过不同程度的波动,但是幅度都不大。撇开至元堂承领滩地在以后逐渐成田对于其田亩总数变化的影响外,至元堂的主要田、房产在1927年之前已基本形成。

在至元堂各项田、房产逐步建立的同时,其建筑规模也逐渐得以扩大和完善,这主要表现在纯阳道院较大规模建筑的完成和至元堂育婴所楼房的完工。

光绪二十三年(1897),朱佐廷声称为了继承先辈遗志,在至元堂的后面捐置纯阳道院基地1.266亩。道院在很长时间内假借至元堂房屋两楹,作为祭拜场所。1920年,道院方建成房屋九楹。1923年,又兴建了东西厢楼房。至此,纯阳道院规模方具。在兴建的过程中共有近百人数额不同地进行了捐款,共计6 174元。在此次兴建花费的7 198.663元的开支中,有两项尤其值得注意。因为纯阳道院曾经长期假借至元堂的房屋,所以除了付给承租至元堂中堂及西大间顶首的租金100元外,修建至元堂东厢的二间房屋也花了100元。[①] 至元堂本为举行善举以及各"堂董"开会议事的地方,但是它并不反对作为道教活动场所的纯阳道院假借其地进行活动。该堂房屋出租给纯阳道院的本身则说明,虽然道院以往曾经作为至元堂的附属机构,但是它们在经济上却是独立的。

1925年五月,至元堂发起疏浚三灶港市河。东起体育场,西到王府庙前,长50丈左右。先由至元堂垫款雇工疏浚,同时由市

---

① 民国《川沙县志》卷十三《宗教志》,第956—958页。

董向"同沾水利之户"募集经费。① 至元堂背临三灶港白漾口,1927年又筹款在三家浜的北面购买土地兴建育婴所楼房 5 幢、披屋 4 间,在河上架桥与至元堂相连接。1928 年十一月,该项工程完成。② 至此,至元堂的规模基本形成,并延续到 1949 年前。③

随着各项田、房产的逐步增多和渐趋完善,至元堂的实力逐渐增强,在从事慈善活动的同时,介入经济领域的程度也愈来愈深。至元堂自己作为有关田产的"单户"和自行购置田地与房屋的现象明显增多。有关情况,统计如表 5-12 所示。

表 5-12　民国《川沙县志》中有关至元堂的财产分类统计表

财产名称	总面积(亩)/房间数量	自领单户的面积(亩)	该面积所占比例	自置面积(亩)/房间	该面积/房间所占比例
至元堂基地	2.516			1.475	59%
至元堂田亩	135.228	84.973	63%	22.263	16%
"未成效"田	1 275.06a	1 275.06b	100%	1 225.06	96%
育婴所基地	6.755			6.755	100%
育婴所田亩	114.466	107.126	94%		
经管义冢	126.609	66.843	53%	8.33	7%
至元堂市房	58c			38d	66%

资料来源:民国《川沙县志》卷十一《慈善志》,第 858—864、867—868、874—876 页。
注释:a. 其中包括当时已经成田的 59.652 亩。
　　　b. 此类"未成效"田地主要由至元堂承领,故把其归入"至元堂自领单户"内。
　　　c. 统计的房间中既有平房又有楼房,包括"间、披、廊"。其中有 7 间房乃丁霓若所捐赠,至元堂和教育局各管一半。
　　　d. 其中 33 间是至元堂建设在别人土地上的。

---

① 民国《川沙县志》卷六《工程志》,第 371 页。
② 民国《川沙县志》卷十一《慈善志》,第 869 页。
③ 《救济设施情况调查表》(1948 年 12 月),浦东新区档案局,档号:33/1/67,第 76 页。

第五章 近代浦东地方善堂的运作实态个案——至元堂(上)

如表5-12中所示,撇开至元堂基地和育婴所基地不说,其他无论是至元堂所经管的各种田地还是义冢,由其自领单户的土地面积均在50%以上,更有甚者高达90%或100%;在其自行购置的田地和房屋中,除了义冢地和至元堂田亩所占的比例较低以外,又有多项是在50%以上。

如果自行购地说明了至元堂的经济和社会实力增强,那么绝大部分土地均归自己所领的背后,却含有深刻的经济原因。

当时至元堂的各类土地尽管"科则"不同,但都须按照有关规定缴纳赋税及各种附加税,单户的不同就预示着向政府交税的人员不同。如土地由其他人"领单",则至元堂还需等单户来交租,这样不仅程序多,还可能出现至元堂多次催租而仍不能按时得到租金或者"租谷"的情况。如土地有至元堂自行"领单",虽然堂中董事和其他工作人员不会自己耕种这些土地,但它可以以至元堂名义来出租。至元堂在收租时就可减少一个中间环节,不仅提高了办事效率还能使经济利益得到较有效的保证。更重要的是,至元堂在对有关的田地上报"科则"以确定上缴税额的时候,可利用自己的影响和堂董的私人关系来进行活动,使土地"科则"被人为降低以便逃税。

民国年间川沙的田赋分作漕田、盐田和沙田三种,并且还分为不同的科则。漕田科则分为下田、东田、最薄东田和准田。① 八、九两团的田亩绝大部分为盐田,科则分为上则、中则、下则和下下则。② 沙田分为上等芦滩、中等草滩和下等泥滩。③ 不同田地、不同科则之间的"亩捐"有很大的差异。至元堂曾经在1924年到1930年之间,三次向有关部门对有关的"成田"依照盐田的标准报价升课。现将有关情况整理了一下,如表5-13所示。

---

① 民国《川沙县志》卷八《田赋志》,第502页。
② 民国《川沙县志》卷八《田赋志》,第526页。
③ 民国《川沙县志》卷八《田赋志》,第529页。

表 5-13　至元堂报领"成田"升课情况表

团别	名　称	则别	亩分	科则/亩	银数	报升年份
九团	各甲	白涂则	50.131	一分五厘	0.752	民国十三年
八、九团	老护塘坡地	上则	98.218	一钱	9.822	民国十三年
八团	川沙县城基地	上则	48.663	一钱	4.866	民国十三年

资料来源：民国《川沙县志》卷八《田赋志》，第561页。

其中至元堂所报领的新升课的老护堂坡地以及川沙县县城城根基地都在漕田界内，可至元堂却向下砂场署报升为"灶课"并得到该机构同意。当时民国《川沙县志》编者认为，此举"不无混乱区域之嫌"①。至元堂作为慈善机构，在一般人的眼中可能被视作是社会道德的典范，但是这种偷税、漏税的行为却好像与至元堂的身份不合。这种通过不正当的手段所得的额外钱财，至元堂究竟把它们用在何处，由于资料所限我们不得而知。但是，就当时人的反应来看，似乎对至元堂的这种行为颇多微词。

从至元堂田、房产建立和完善过程中，可看出其自身实力和社会影响的增强，但其财产建立的过程却非一帆风顺。至元堂曾和川沙县的其他机构、团体发生了各种摩擦。除前面已提到的至元堂和教育机构间的矛盾外，至元堂和万元堂也发生过土地产权纠纷。

至元堂的财产、机构和规模在1927年已基本完成，该时期善举的具体收支更能代表善堂在民国初年的运营状况。通过1926年、1927年收支状况的具体分析，可看出具体的慈善活动，并透视其中所反映的社会变迁。

---

① 民国《川沙县志》卷八《田赋志》，第561页。

与明清以来其他慈善机构的筹资渠道基本相同,至元堂筹集资金的方式也可分为官款资助、私人捐赠、以土养产和以息养业四种。①

所谓"以息养业"是指把善举基金放到典当铺中生息,以此支持慈善活动。有关至元堂"以息养业"的情况,通过至元堂1925、1926、1927年度所存基金数额、利息及运营情况能够得到比较详细的反映。至元堂的各项基金,主要按照所办善举分类存入典当铺,例如存入协茂、恒和顺和晋源等的育婴基金,存入协茂和顺茂的宣讲基金,存入恒和顺、懋昌、东方和协记(槽坊)的孤贫基金,存入同、益泰典的保节基金等。同时,还有部分基金存入其他典当铺,但是并没有说明具体的用途。另外,至元堂每年还有不同数额的"存现"。基金的存放没有固定商号,可随时根据需要和意愿,把钱取出使用或存入其他地方。各典当铺所付利息没有统一标准,但均在年息10%左右浮动。当然,有的差别也较悬殊。例如,"协记(槽坊)孤贫基金"1926年的利息高达24%,"蒋恒兴桂记"1926年的利息却仅7%,"东方孤贫基金"1926年的利息更低至3%。虽然至元堂基金的存放没有固定金额和商号的限制,但育婴、宣讲和孤贫方面的基金,明显占较大比例。1925年,三者所占总数的比例大约分别为育婴48%、宣讲27%、孤贫22%。1926年,三者所占比例大约分别为育婴26%、宣讲22%、孤贫18%。值得注意的是,并非全部基金均放入典当行生息,至元堂还直接从事部分放贷。该堂在1926、1927年度均在"协记"中放了50元的孤贫基金,但"协记"仅是一个槽坊,而非典当机构。②

---

① 熊秋良:《清代湖南的慈善事业》,《史学月刊》2002年第12期。
② 《川沙至元善堂民国十五、十六年度征信录》,浦东新区档案局,档号:33/1/1514,第7—9、32—34页。

虽然"以典生息"是至元堂善举资金的来源之一,但在至元堂收入来源中所占比例不大。1926年"典息"大约占收入总数的7%,1927年所占比例为8%左右。

其他三种筹资方式的情况、"善款"的具体运营以及至元堂的各项活动,可以通过表5-14中至元堂1926、1927年度的收支情况得到比较清晰的反映。

表5-14显示,1926年的收入中,田租和房租所代表的"以土养业"仅占收入总数的5%。该年收入中最大的一笔款项为城濠塘坡地的让渡地价。就捐款总额而言,数额较多的依次为衣米捐2 548.801元、孤贫捐2 279.4元、临时平粜捐1 915元、育婴捐943.5元、掩埋捐516元、医药捐382元、保节捐114.504元;数额较少的项目为惜字捐67.503元、宣讲捐15元、平器施棺捐11.328元。就捐款人数来说,最多的分别为衣米捐125人、临时平粜捐87人、育婴捐69人、掩埋捐69人、医药捐63人、孤贫捐60人;捐款人数最少的为宣讲捐、保节捐和平器施棺捐,参加人数均为3人。各项捐款占收入总数的46%。抛开城濠塘坡地让渡地价收入的特殊性,捐款所占相应收入的比例则高达78%。

至元堂该年支出中,真正用于各项"善举"的经费占支出的49%左右,扩充田地和市房等活动的占19%,西南城湾平泥和拆建西水关桥的经费占9%。所行善举中花费最多的分别为棉衣冬米2 335.596元、孤贫口粮2 045.975元、育婴1 262.893元、平器施棺961.342元、掩埋638.235元、医药555.639元、宣讲373.508元;花费最少的为惜字62.29元。撇开至元堂掩埋人数,就从慈善活动中受益最多的人数来说,显属孤贫口粮以及棉衣冬米两项。前者使328人受益,后者虽无具体的人数记载,从施冬米的数量及区域范围看,也定然使许多人得到好处。

第五章　近代浦东地方善堂的运作实态个案——至元堂(上)　191

表 5-14　至元堂 1926 年收支状况列表

收入项目	金额(元)	捐款人数	支出项目	金额(元)	受益人数	支出项目	金额(元)
田租	437.482	30a	备物	210.878		西南城湾平泥工	1 337.153
房租	537.766	9b	修理	45.832		拆西水关工	100
育婴捐	943.5	69	育婴	1 262.893	28f	造西水关桥工料	213.773
宣讲捐	15	3	宣讲	373.508		伙食	738.24
惜字捐	67.503	37	惜字	62.29		职员薪水	440
孤贫捐	2 279.4	60	孤贫口粮	2 045.975	328	夫役工资	216
保节捐	114.504	3	保节口粮	264.778	36	笔墨、纸张、油火、电灯等	181.053
衣米捐	2 548.801	125c	棉衣冬米	2 335.596	g		
医药捐	382	63d	医药	555.639			
掩理捐	516	69	掩理	638.235	722h		
平器施棺捐	11.328	3	平器施棺	961.342	23		
平器售价	710	50e	赋税	104.145			
临时平粜捐	1 915	87	临时平粜贴耗	1 915			

续 表

收入项目	金额(元)	捐款人数	支出项目	金额(元)	受益人数	支出项目	金额(元)
坡濠塘坡让渡地价	8 446.5		建造西门市房	1 675.383			
南菁中学横沙板租	38.168		报买人囤四甲沙田	575			
邱鼎盛房顶	216		沙田局清丈塘坡及溢额补价	1 002.782			
各项典息	1 472.518		公费、邮信、年节杂支等	142.26			

资料来源:《川沙至元善堂民国十五、十六年度征信录》,浦东新区档案局,档号: 33/1/1514,第7—31页。

注释: a. 本人数为给至元堂交田出租的,不属于捐款人员,但为列表和叙述方便,暂把其归入"捐款人数"内。其中小高墩沙和合庆义冢家并非以个人名义交款,而仅列出有此两项。

b. 此处的人数也仅给至元堂交房租的人数。

c. 其中周廷秀没有捐钱而是捐献白米5石。

d. 其中有4人捐献的为各种药品。

e. 此处为购买"平器"的人员数目。

f. 其中包括病故的5口和被人领作义女的1口。

g. 此处不显示具体的受益人数。其中城厢及城外四乡给米1 422斤,合庆、青墩给米4 152斤,龚、曹、合三镇给米6 419斤,华家路给米1 065斤。

h. 此处的"受益人数"系指被掩埋的尸体而言。城厢内外共埋大棺22具,中棺2具,小棺32具,小营房,合庆共埋大棺114具,中棺29具,小棺250具,九囤乡共埋大棺50具,中棺6具,小棺214具,大虹墩共埋大棺1具,小棺1具。其中小高墩沙和合庆义冢家并非以个人名义交款,而仅列出有此两项。其中小高墩沙和合庆义冢家并非以个人名义交款,而仅列出有此两项。合庆、青墩、合庆三镇,合庆三镇,合庆三镇,青墩共理大棺1具,小棺1具,车门共理大棺1具,小棺1具。

第五章 近代浦东地方善堂的运作实态个案——至元堂(上)

表 5-15 至元堂 1927 年收支状况列表

收入项目	金额(元)	捐款人数	支出项目	金额(元)	受益人数
田租	601.817	33a	备物	125.237	
房租	629	9b	修理	52.192	
育婴捐	664.36	57	育婴	1 675.631	39f
宣讲捐	2	1	宣讲	104.399	
惜字捐	56.955	36	惜字	72.357	
孤贫捐	1 755.791	55	孤贫口粮	2 210.734	324
保节捐	108.696	3	保节口粮	279.143	34
衣米捐	1 019	104c	棉衣冬米	837.502	g
医药捐	358	53d	医药	270.165	
掩埋捐	35	3	掩埋	92.02	128h
平器施棺捐	530	2	平器施棺	811.994	
平器售价	418	32e	赋税	131.434	
临时平粜捐	1 549	49	临时平粜贴耗洋	9 029.852	
城濠塘坡让渡地价	4 874.55		报买八团滩地、升科	1 189.1	
南菁中学横沙板租	33.38		福食	932.703	
顾姓捐沈文生赎田价洋	24		笔墨、纸张油火、烟茶、电灯等	211.047	

续　表

收入项目	金额(元)	捐款人数	支出项目	金额(元)	受益人数
永盛林记房顶	42		夫役工资	182.573	
各项典息	1 181.946		职员薪水	528	
			交际费	118.431	
			电报公费	195.071	
			邮信、年节杂支等	95.262	

资料来源:《川沙至元善堂民国十五、十六年度征信录》,浦东新区档案局,档号: 33/1/1514,第7—31页。

注释: a. 本人数为给至元堂交田租的人数清单,本不属捐款人员之列,但是为了列表和叙述的方便,暂时把其归入"捐款人数"之内。其中,合庆义家并非以个人的名义交款,仅列出了有此项。
b. 此处的人数也仅指给至元堂交房租的人数。
c. 其中艾勇新捐白米5斗,并不在该项计算的总数之内。
d. 其中有4人捐献的为药品,也不在该项计算的总数之内。
e. 此处为购买"平器"的人员数目,而非捐款的人员总数。
f. 其中包括病故的11口和被领作义女的4口。
g. 此处不显示具体的受益人数,其中包括棉衣裤150套,城厢及城外四乡给米6 250斤,合庆、青墩给米1 989斤,龚、曹、顾三镇给米2 481斤,华家路给米1 220斤。
h. 此处的"受益人数"指被掩埋的尸体而言,其中城厢内外埋大棺1具,青墩、合庆埋大棺7具,小棺55具,九团乡埋大棺20具,中棺1具、小棺30具,七团埋大棺14具。

表5-15显示,1927年的收入中,至元堂的田、房租占9%,该年收入中最大的一笔款项为城濠塘坡地的让渡地价。就捐款数额而言,总数比较多的项目分别为孤贫捐1 755.791元、临时平粜捐1 549元、衣米捐1 019元、育婴捐664.36元、平器施棺捐530元、医药捐358元、保节捐108.696元;数额较少的为惜字捐56.955元、掩埋捐35元、宣讲捐2元。其中捐款占收入总数的

47％。抛开城濠塘坡地让渡地价收入的特殊性，捐款所占相应收入的比例则高达72％。

该年支出中，因"平粜贴洋"过多，用于常行"善举"的经费比例为33％。除报买八团滩地及原有土地升课外，至元堂没有过大的扩充田、房产及其他工程的行动。各项善举中花费最多的依次为孤贫口粮2 210.734元、育婴1 675.631元、棉衣冬米837.502元、平器施棺811.994元、医药270.165元、宣讲104.399元、掩埋92.02元，花费最少的为惜字72.357元。撇开至元堂掩埋的人数，孤贫口粮和棉衣冬米两项的受益人数最多。前者使324人受益。虽然棉衣冬米的具体受益人数不明，但从施舍白米的数量与地域范围看，受益人数自然不少。

慈善活动的社会透视

至元善堂慈善活动中各项收入和开支的差别很大，在具体收支的背后都暗含着社会变迁对善堂的不同影响。对至元堂1926、1927年度收支状况中所反映的社会变化，可作初步分析如下。

至元堂的筹资渠道虽是官府捐助、私人捐款、以土养产和以息养业并存，但各方式所占份额有很大差别。所谓"官府捐助"并非由县政府或更高一级政府机构直接拨款，而是由猪税公所和纱税公所捐款。1926、1927年，两机构均为育婴、孤贫分别捐款25元，纱税公所在1926年还为"衣米"项目捐200元。[①] 这两个机构所捐数额、所占比例极有限。联系到至元堂初建时期，除当时的川沙抚民同知陈家熊、二三场萧氏、司理厅王氏共捐款120元外，很少有县政府机构捐款的记录，可以说"官款"仅起点缀作用。

---

① 《川沙至元善堂民国十五、十六年度征信录》，浦东新区档案馆，档号：33/1/1514。

"以土养产"和"以息养业"的收入虽占一定比例,但每年善举的主要经费,仍源于各界人士的捐助,这也在一定程度上限制了至元堂善举的规模。

至元堂对各项不动产的管理有完全权利,不受原捐献人的任何限制。它没有把所得田地全部出租而可能有出卖土地的现象,1926、1927年该堂都从城濠塘坡地的让渡中获取了巨额利润。城濠塘坡地是1921年张国模、陆文信、朱琦、周熙敬、凤怡庭和张文田等承领后,捐充"恒产"的。为了这些土地,至元堂还与教育会、教育局发生了长达数年的地权纠纷,直到1925年才解决争端。可是随后的两年中,至元堂却把此项"恒产"中的一部分让与他人。土地转让中的巨额利润,可能是至元堂此举的最大诱因,这也从侧面揭示了其和教育机构发生地权矛盾的经济因素。另外,从前面至元堂田、房产建立过程可知,1926、1927年是至元堂田产因让渡城濠塘坡地而发生重大变化的主要时期。让渡城濠塘坡地中的巨额经济利润,可能也是后来张国模和陆文信等人捐助的土地无故在《川沙县志》所记载的至元堂田产总量中消失的原因。

广大民众的捐款主要集中在救济孤贫、棉衣冬米和育婴等方面,说明捐款人更关注被救济者的生活和对初生的婴儿的救助。从善举支出可知,这些项目也确是重点。"平器施棺"在每年的支出中也占有较重要的地位,一方面当时普通民众的贫困,需领取平价棺木的人较多;另一方面说明,领取棺木过程中可能存在"冒领"现象。平价棺木的报领只需有一定名望的人担保即可,难免一些本不困难的人领用低价棺木。

宣讲捐每年捐款的数目和人数均极少,但支出却往往是收入的数十倍,两者间巨大反差的背后有着极深的社会原因。至元堂在建堂之初的章程中规定,善举经费的筹措仿照集义社的方法,不分城乡进行"劝捐"。① 一些有名望、地位、经济实力并热心慈善事业的地方人士会主动捐款,但对于一些商家和经济并不富足的普通民众而言,"劝募"是要花一定时间和精力的。前述至元堂初建时的捐款中,就有一定的强制性因素。通读这两年《征信录》中的捐款名单可发现,除少数人物的个别捐款外,捐款数额较大的人物或店铺,对所捐的项目具有连续性,并且他们两年内的捐款数额也往往出现惊人的相似。正是由于"劝募"人员要做大量的"宣讲"工作,才会使此项开支数额巨大。就为"宣讲"捐款的人数而言,也说明很多人对善举捐款的热情并不很高,只是"不得已而为之"罢了。值得注意的是,原来在教育机构工作的张志鹤等地方实力派人物,并没有为至元堂捐款。这一方面说明两机构原来纠纷的影响仍在,另一方面也说明至元堂的"劝捐"对于此类人物的影响有限,他们的主要精力放在教育上面,对慈善事业的兴趣不大。同时,也暗示那些被"劝捐"的个人和商户的无奈。如再拿后来1933年至元堂交给浦东同乡会的"经募义勇军款"名单和《至元善堂民国十五、十六年度征信录》征捐款的名单进行对比,可发现至元堂"劝募"对象的稳定性,即部分民众对至元堂捐款的"徭役化"倾向。②

保节捐每年捐款的数额及受此救济的人数基本上保持稳定,说明虽然到了民国年间但传统的贞节观念并没有很快消失,在部分民众中仍有市场。1926年有6位女性成为此项善举新的救济对象,但值得注意的是,同年有位"唐张氏"从七月份起自愿停止接受保节救济。其实,无论从为保节捐款的人数还是支出的经费而言,都可看出保节不是善举的重点与核心。从至元堂对孤贫的

---

① 《川沙至元堂征信录》,光绪二十三年,浦东新区档案局,档号:33/1/1522,第15页。
② 《浦东同乡会关于援助东北义勇军和难民问题的函》,上海市档案局,档号:Q117/1/130,第84页。

捐助中,也可看出接受保节救济人数减少的端倪。接受孤贫救助的人当中,女性占70%左右。这说明生活孤苦无助的女性,完全可通过此种救济方式来勉强维持生活,而不必刻意加入"保节"队伍中去。如考虑到继续接受保节救济的,可能多为从晚清延续下来的年龄较大的守寡妇女,就可理解为什么仍会有保节经费的相当开支。

"惜字"捐款人数虽多,但数额及支出所占比例均很小。说明"惜字"观念虽在地方上仍有人信奉,但这些人已不占社会重要地位,他们的经济实力微薄。

有关保节和惜字信仰在民间的变迁,有深刻的社会原因。梁其姿把乾隆中期以来"惜字会"和"清节堂"等机构的出现和发展,视作慈善机构"儒生化"的重要表现。① 但是,清末"新政"特别是1905年科举制度的废除,使传统儒生通过科举晋身仕途的愿望没有实现的可能,这使以往以文昌信仰为特征、以科举中榜为主要目的的惜字活动,失去了信仰主体。不过,由于传统信仰的延续性,它倒成为普通民众对文字和文字载体的一种禁忌和敬畏。直到20世纪30年代中期,江南地方民众仍对"任何字纸,甚至是新闻报纸,都应仔细地收集起来;废纸应加以焚化,但绝不在厨房里烧毁,而应送到庙宇中专门用来焚化纸帛的炉子中去加以焚化;或在露天烧掉"②。随着社会的变迁和邻近上海的原因,川沙的社会观念也在发生变化。时人也曾注意到,"自国人吸收世界文化,最近五十年间,恰为思想转变时期。我邑逼邻交通中心上海,响应尤捷。而清末废科举、兴学校,实为新旧思想而大时期之界岭"③。晚清和民国以来社会观念的变化,打破旧的封建枷锁的观

---

① 梁其姿:《施善与教化——明清的慈善组织》,第171—239页。
② 费孝通:《江村经济——中国农民的生活》,商务印书馆2001年版,第97页。
③ 民国《川沙县志》卷十六《人物志》,第1061页。

念与运动,强烈冲击着当时社会,这是惜字和贞节观念淡化的主要原因。

至元堂掩埋尸体的数量之多,说明 1926 年、1927 年间死亡人数较多,但更大程度上是种强制性掩埋行为。民国《川沙县志》中没有这两年出现大灾或者大疫的记载,不可能是因意外而死亡的人数激增,但川沙有深厚的"停棺不葬"之俗。"川境旧俗,惑于风水,虽素封之家,亦多迁延不葬。荒地寺庙,厝棺累累,妨碍卫生,莫此为甚。"① 至元堂进行掩埋活动,一方面因为"停棺不葬"有违传统伦理忠孝观念,更重要的是防止腐烂尸体可能会引发的大规模传染病。早在晚明时期,已有人认识到荒郊野外的腐烂尸体可能会引发流行病。自那以后有关的荒政书籍中常要求地方官员和地方精英们掩埋尸体,至少要覆盖起来以清洁空气。② 后来的地方官员及善堂均重视掩埋尸体对公共卫生的重要性,嘉道以来这种观念尤其强烈。③ 但是和其他地区一样,以至元堂为代表的地方精英们的礼教和卫生观念与普通民众风水观念间的差异,并没有随至元堂的掩埋活动而消除。1947 年川沙县参议会第一次大会时,有人临时动议关于"四乡浮厝应如何督令掩埋,以壮观瞻而重卫生",最后决议县政府令乡镇保甲长"督令"掩埋,不遵守命令的则由乡镇保甲长会同慈善机构及当地热心人士代为掩埋。其后至元堂又充当了强制掩埋的角色,结果引起部分民众对至元

---

① 民国《川沙县志》卷十《卫生志》,第 826 页。
② [法]魏丕信著,徐建青译:《18 世纪中国的官僚制度与荒政》,江苏人民出版社 2003 年版,第 31 页。
③ 梁其姿:《施善与教化——明清的慈善组织》,第 288—297 页。其实,清人对停棺不葬与传染病之间的关系有比较系统认识,这更促使了地方官员和精英分子对于掩埋的强调和重视。有关的具体论述,参见余新忠:《清代江南的瘟疫与社会——一项医疗社会史的研究》,中国人民大学出版社 2003 年版,第 126—133、141—143 页。

堂中某些人士的仇视与报复。①

1926、1927年至元堂大规模的平粜活动,可缓解当时白米价格上升的趋势,避免因此而出现的社会混乱,有效维护了川沙的社会秩序;但是,严格来说,平粜并不在地方善堂应行善举之内。明清以来,有关平粜的事情多归常平仓、社仓和义仓承当。② 川沙的常平仓初建于嘉庆十五年(1810),咸丰十一年(1861)因为太平军战争而毁,同治十三年(1874)川沙同知陈方瀛重建。义仓由川沙同知何士祁初建于道光十六年(1836),咸丰十一年(1861)亦因太平军战争而被毁,同治四年(1865)同知何光纶重建,同治十三年(1874)同知陈方瀛重修。③ 太平天国战争后,川沙境内的平粜主要由这两个机构负责。光绪十八年(1892),川沙境内积谷"尊奉新章,易谷存钱",并依照此法办理了光绪二十四年(1898)的平粜。此后,因为新政的实行,宣统二年(1910)三月的平粜,川沙厅责成筹备自治公所及商务分会办理。民国肇造,社会动荡,政局不稳,各项政策朝令夕改。民国成立时,川沙民政长官试图加强对积谷的控制。1914年七月,江苏巡按使命令以经董的方式筹办。1922年五月,赈务处又命令对此项业务进行整理。1926年四月,办理平粜,"计耗银1 258.78元"。同年七月,"县署转省令购谷六成存储"④。由上可知,自晚清以来本就效率不高的地方平粜机构及其工作,因为社会动荡、政策不稳,终几至形同虚设。魏丕信认为,作为平粜主要机构的常平仓"看来有一个兴衰交替、前后接续的过程(且不说还存在显著的地区差别),其标志性特征

---

① 《掩埋浮厝卷》,浦东新区档案局,档号:33/1/736,第3—22页。
② [法]魏丕信著,徐建青译:《18世纪中国的官僚制度与荒政》,第152—174、228—233页。
③ 民国《川沙县志》卷二《建置志》,第100—101页。
④ 民国《川沙县志》卷十一《慈善志》,第837—847页。

是：每个时期都是从中央政府力图重新整顿并严格监管常平仓开始，然后从地方一级开始逐渐腐化衰败，直到下一个时期，再从中央政府抓紧控制开始"①。那么，至元堂的事例则说明，清末民初随着最高统治机构的更迭以及社会的动荡不安，常平仓的平粜职能已由县级政府向地方慈善机构转移。这种现象到1933年国民党江苏省政府统一整理积谷的时候，方又重新由县政府来主管。

至元堂的善举明显受到自身经济实力的限制，量入为出的原则使善堂的活动只有随着自身经济实力的增长而扩大。清末民初的新政和自治等活动，使得善堂在川沙地方社会中起到了重要作用，并使得自身影响力大增。善堂田、房产在1927年之前已基本确立，此过程中善堂和其他机构团体的矛盾纠纷，凸显了地方实力派人物在民国初年的利益争夺，而这种地方人物的权力和经济纠纷，却与清末民初政权更迭、社会动荡及上层政府部门政令不一等因素紧密相关。土地和市房等恒产基本建立过程中及此后的至元堂，更多介入经济领域，自领"单户"、放贷甚或用不正当手段为己谋利，这是民初以来慈善组织作为独立团体后出现的新情况。这种现象在某种程度上暗示了，堂董活动背后的某种变形和扭曲。民众捐款及善举支出的针对性，反映出清末民初社会观念的深层变化。

夫马进通过苏州普济堂和杭州善举联合体的例子，论证清代善举对于部分堂董的"徭役化"。② 赵世瑜等则从湖州双林镇的个

---

① [法]魏丕信著，徐建青译：《18世纪中国的官僚制度与荒政》，第155—156页。
② [日]夫马进：《中国善会善堂史研究》第八章《善堂の官营化と善举の徭役化——普济堂经营に见る"国家"と"社会"》、第九章《杭州善举连合体と都市行政、ギルドおよび国家》，同朋舍，1997年，第493—618页。

案研究,认为与在较高级的行政中心,国家的渗透强度存在很大差异,市镇本身并不存在"正式的"权力机构,再加上市镇居民中的外来人口和工商业人口比重较大等因素,善堂官营和善举徭役化的现象在双林镇上并不存在。① 至元堂成立过程中及后来民众捐款中的"劝募"、为争取捐款而导致"宣讲"经费的大量支出等现象,说明慈善活动捐款中对一般民众和商家"劝募"强制性因素存在。至元堂的事例说明,这种善举的"徭役化"在县级慈善组织中,更大程度上是对一般民众特别是慈善组织所在地方的商家而言的。当然,至元堂捐款中的徭役化,主要同川沙特殊的社会经济背景有关。同苏南的其他县相比,川沙是农业区,境内主要以植棉和纺织业为主,经济相对落后。虽临近上海,但上海飞速发展的现代化因素直到 20 世纪 20 年代左右方才对川沙产生一定影响。② 虽然川沙在光绪年间也出现了像杨斯盛这样在上海经营营造厂,并大力支持至元堂慈善活动的地方人物,但这样的人物毕竟极其有限。地方经济实力的薄弱,使得至元堂的经费来源必然主要依靠川沙县城内有限的店铺和商户。对这些被"劝捐"的人来说,募捐的徭役化就在所难免。

川沙部分人士对捐款的抵触情绪,已引起时人注意。"人每视慈善事业为消极事业,而不知设所习艺、教养兼施,有关于教育;设谷积仓,有关于救济;施医药、立义冢,有关于卫生;即论救灾、恤贫,亦一本于人道主义。惟行政者同时从事于积极的设施,不徒为事后补苴,而特别注重于根本救济。倘或使不幸之事,由

---

① 赵世瑜、孙冰:《市镇权力关系与江南社会变迁——以近世浙江湖州双林镇为例》,《近代史研究》2003 年第 2 期。
② Roxann Prazniak, "Weavers and Sorceresses of Chuansha: The Social Origins of Political Activism Among Rural Chinese Women", *Modern China*, Vol. 12 No. 2, April 1986, pp. 202-209.

渐减以低于无,乃至慈善事业,无所于施,斯其为慈善也益大。"①此处,某些民众和商家对善举捐款的微词可见一斑。当然,这种"徭役化"并非一种硬性规定,不捐款也不会受某种明确规定的惩罚。不过在地方社会中各种活动有天然联系,捐款和该商家其他方面的活动密切相连,往往可能"牵一发而动全身",这种隐性的"徭役化"可能更有力、更普遍。善堂中堂董的"徭役化"反映的是"国家"与"社会"的关系,普通民众捐款的"徭役化"则反映了基层慈善组织运营中复杂、真实的一面。与湖州双林镇善举中不存在善举徭役化的现象相对应,川沙至元堂中善举的徭役化则说明,就江南县级慈善组织的经营状况而言,是否存在徭役化的情况,还要结合当地的经济和社会背景,仔细进行个案研究,很难轻易得出普世性的结论。

清末民初至元堂的经营实态,实质是捐款的部分"徭役化"和善举对部分贫民救助的复杂交织。其具体活动和善举背后的内容,远远超出慈善活动本身。它们在不同程度上反映了川沙县城在该段时期内地方实力人物间的权力和其他方面的斗争,以及地方社会的变迁。

梁其姿曾说过,慈善组织越到晚近越有浓厚的地方色彩。②此处的初步研究也证明了该点,至元堂的经营实态无疑是与川沙的整个社会背景紧密相连的。正是由于善堂这种浓厚的地方色彩,可以说研究县级慈善组织在清末民初的历史,无疑是透视江南市镇在该时期社会转型的一个理想窗口。

---

① 民国《川沙县志》卷十一《慈善志》,第840页。
② 梁其姿:《施善与教化——明清的慈善组织》,"大陆版序"。

第六章

近代浦东地方善堂的运作实态个案——至元堂（下）

至元堂的活动，与南京国民政府的成立并无必然联系，也非随着南京政府的成立，善堂的活动随之明显变化。为叙述方便，暂以时间为界，探讨整个南京国民政府时期至元堂在川沙的活动，以及它与浦东同乡会的联系。由于资料限制，抗日战争期间善堂活动的具体情形，仅能作一概括。本章主要介绍南京政府成立到抗战爆发及抗战胜利到中华人民共和国成立两个时段内至元堂的活动，并讨论国家权力向慈善机构渗透的过程和实际效果，进而分析该段时期善堂转型的相关问题。

第一节 南京政府成立到抗战爆发

南京国民政府时期，各项善举继续进行，且规模不可能有大的变动。此时至元堂的田房产规模已基本确立，而善堂又采用量入为出的原则。该时期善堂的活动显现出新特点，围绕善堂的各种事件表现出明显的政治色彩。

善堂影响扩大的昙花一现

国民大革命前后，中国共产党曾在江南领导了系列斗争，川沙当时也发生了革命暴动。1927年3月22日，上海第三次工人武装起义成功。翌日，王剑三率众夺取川沙军阀政权，成立临时县政府,迁入至元堂办公。① 逃到上海的至元堂堂长张艺新和从横沙岛逃来的大地主黄兆禄等密谋报复革命,得到他们的报告后国民党国民革命军东路前敌总指挥白崇禧,当即派许烈云营长和葛芝岩等前往镇压。王剑三等光荣牺牲,革命归于失败。② 在川沙的这次革命斗争中,至元堂显然充当了保守角色。对一个慈善机构团体来说,虽以救助孤贫老幼为目的,但它毕竟并不代表当时广大民众的利益,它主要还是与当时的国民党政府有着紧密联系,当然这也代表了善堂主要领导者的利益。革命新政权把临时县政府设立在至元堂内,说明至元堂在某种程度上是川沙团体的象征。

进入民国后,各种新式政府机构纷纷建立,其中警察费用的增长最明显,县政府的财政往往入不敷出,而地方其他团体也把持了相当财源。在此情况下县政府在急需用钱时,往往向其他机关团体尤其是慈善机构暂时借款,或让他们支付一些慈善活动外公共设施的修建费用。松江县在旧松府属七县慈善教育款产刚整理完毕后,即连续向该款产管理委员会借款数万元,后因归还问题双方曾经打官司到江苏省。③ 在川沙,县政府与至元堂等机构团体间的此种联系,以另外的方式表现了出来。"民国二十一年九月一日,县政府办公厅东偏,职员卧室之屋面,忽然崩坍,乃急召各机关团体开临时会议。即席公推至元堂主席张艺新,县商会主席陈常,第五区区长傅鹤,第二区区长张广平,周视全部房屋,决定立时修葺。"后进办公厅一带十一间、前进法庭东侧四间、西偏厨屋二间,计十七间,估值需银1700余圆,其费由各机关团体募集。乃于九月五日开工修筑,至十月十日完成,计共支银

---

① 朱鸿伯主编:《川沙县志》卷三十三《人物志》,上海人民出版社1990年版,第950页。
② 复旦大学历史系编:《横沙岛史》,宝山区档案局,档号:36/1/73,第32页。
③ 《旧松属慈善董事会丛刊》,上海图书馆,档号:477574,第19—26页。

1 777.36 元。各机关团体实募得之数,计至元堂 160 元、县商会 150 元、第一区 104 元、第二区 100 元、第三区 120 元、第四区 90 元、第五区 130 元、第六区 110 元,共银 964 元。"尚不敷银 753.36 元,由款产处筹垫。"①民国年间随着国家政权建设的深入,这种"穷政府、富团体"的现象至少在抗日战争爆发前一直存在。

至元堂与川沙县政府间的关系,除上述的帮助修理县政府房间外,在灾害的善后过程中发挥了较大作用。1923 年九月大风潮,横沙、高墩沙、鼎丰沙(圆沙)受灾较重。县长李泠闻讯,即会同至元善堂陆问梅、劳吉生,教育机关的凤济娱,县商会田应庚等,在至元堂商议解决办法,最终经由至元堂请求浦东同乡会在上海发起募捐,来解决此次灾害问题。② 这次救灾工作的显著特色不仅表现在善堂比县政府发挥了更大的作用,更表现在浦东同乡会所发挥的主导作用。相比而言,至元堂在某种程度上只是执行者而已。

浦东同乡会——至元堂权力中心的出现

1932 年 1 月,浦东同乡会成立。其前身是浦东公所,自从公所成立后就从事慈善和教育事业。截至 1943 年,浦东同乡会已开办的慈善和教育事业主要有:设在浦东同乡会大厦二楼的西医诊疗所以及附设在爱多亚路(今延安东路)与吕宋路(今连云路)口中医疗养院内的中医施诊给药所,每月给与中华业余图书馆和第四中华职业补习学校一定的补助费,另外还准备筹办义务小学,并设立清寒奖学金以便资助在中等以上学校学习的同乡贫苦子弟;慈善事业除对贫苦同乡随时斟酌给予补助外,还准备开办

---

① 民国《川沙县志》卷六《工程志》,第 268—269 页。
② 民国《川沙县志》卷十一《慈善志》,第 843 页。

小本贷款,以期同乡能自谋生路。① 浦东同乡会的活动虽主要在上海,但却与同乡会的主要领导人的家乡——川沙,有紧密联系。

该会曾为"一·二八"和"八·一三"事变中被难的同乡募集捐款。1933 年 4 月,上海各界纷纷为东北义勇军的前敌抗战捐款,浦东同乡会分别致函川沙至元堂、奉贤教育局和浦东潮报社等机构,请他们设法在地方劝募。至元堂总共向 51 户募捐,共得捐款 340 元。值得注意的是,经过至元堂捐款的民户,与以往给至元堂捐助善款的名字有很多重复,尤其是捐款较多的人员。② 这同时说明,至元堂的活动有自身范围和圈子。

就在为东北义勇军捐款的同年,浦东同乡会也开始为受风潮之灾的横沙、圆圆沙等处乡民在上海发起募捐,这一过程更能凸显浦东同乡会与至元堂之间的关系,也反映出了上海对周边郊县的影响力。

1933 年 9 月初,川沙发生大潮灾。9 月 8 日,川沙县筹赈委员会代电,请求救济,提交浦东同乡会紧急会议解决。下午六点,浦东同乡会的黄炎培、张志鹤、瞿绍伊等六人开会,会务主任报告川沙和南汇等地的受灾情形。决定推举同乡会会员四十人,组织川南风潮灾协赈委员会,以委员十八人为代表署名募捐启事,五人为干事办理协赈事务,并公推黄炎培撰写募捐启事。9 月 11 日,川沙筹赈委员会在四马路大观楼宴客,商洽办法。9 月 17 日,浦东同乡会把筹赈委员会收据送交浦东银行,请其代收赈济捐款。9 月 22 日,至元堂的负责人张艺新、陆问梅、陆容庵等来访,张志鹤请黄炎培协同川沙县县长李泠等与杜月笙商量有关救济灾民的事情。9 月 23 日,同乡会决定请海上闻人和慈善家组织上

---

① 《浦东同乡会》,上海档案馆,档号:Q117/1/193,第 1—3 页。
② 《关于援助东北义勇军和难民问题的函》,上海档案馆,档号:Q117/1/130,第 84 页。

海浦东风潮大灾救济会,由杜月笙等二十三人发起。9月26日,浦东同乡会常务董事杜月笙发起组织的浦东风潮救济会召开成立大会,到会的海上闻人有一百多人,当场议决的主要事项为:电请行政院等机关来赈济,面见财长请愿,派人到省政府请愿,派人勘查灾区情况,赈款先由中汇、浦东银行垫付四万元以应急需。9月28日,浦东同乡会把川沙水灾筹赈会主席李泠致杜月笙的电文,分送《申报》《新闻报》《时事新报》《浦东星报》和《新浦东报》等二十一家报馆刊登,以请广大团体和个人捐款赈灾。① 正是在浦东同乡会的大力支持和努力奔走下,通过至元堂的中介作用,川沙的这次大潮灾的善后工作才取得了比较满意的结果。这次事件反映出了浦东同乡会在上海的地位和影响,这当然与杜月笙在上海的特殊地位有关。

自浦东公所成立后,至元堂的慈善活动就与其发生了紧密关系。浦东同乡会经常在上海向有关医疗机构募集一些夏天防止中暑的药物,还给善堂一定的经费补助。1929年1月31日,上、南、川冬米会为减低息金和举办善举,请求同乡会给予补助,2月12日同乡会补助其施米基金100元。② 1930年2月29日,同乡会为上、南、川冬米会和杨思区积谷保管委员会,补助1939年下期及1940年上期各200元。5月3日,至元堂来函请代为募集防暑药物,十天后浦东同乡会通知周浦辅化慈善会和至元堂派人来取药,5月24日两组织把药取走。7月9日,上述两组织又来领取金鸡纳霜丸各六百颗。③ 浦东同乡组织对于至元堂的各种资

---

① 《浦东同乡会会务日程》(民国二十二年),上海档案馆,档号:Q117/1/120,第70—79页。
② 《浦东同乡会会务日程》(民国二十八、二十九年),上海档案馆,档号:Q117/1/113,第7—10页。
③ 《浦东同乡会会务日程》(民国二十八、二十九年),上海档案馆,档号:Q117/1/113,第77—95页。

助，此后一直持续到1949年年初同乡会和至元堂各自解散为止。1940年5月3日，至元堂函请代募暑药，13日就令堂派人领。7月1日，浦东同乡会让至元堂领取金鸡纳霜万六百颗。① 1941年5月27日，至元善堂来函请求设法捐募暑药，同乡会很快向五洲、中法和中西等药房劝募，并得到捐助。7月10日，至元堂派人领药。② 1942年8月4日，浦东同乡会函请中西、中法、集成和五洲药房，请捐助暑药。一周后，中法药房送来人丹200包、时疫水200瓶。③ 1943年6月28日，川沙慈善会施诊所函请补助经费。④

浦东同乡会对至元堂，并不是无原则支持，它也调停善堂与其他人的经济矛盾。1935年3月到4月间，浦东同乡会曾派人调查葛松泉和至元堂因一棵大树而引起的纠纷。具体调停并非通过政府，而是由浦东同乡会自己派出同乡会的法专委员四人，会同地保，至元堂代表和其他当事人经过调查后，让至元堂赔葛松泉树款一百元。⑤

浦东同乡会的成立，对至元堂的影响还表现在原有川沙地方教育和慈善界的主要人物已开始到上海从事浦东同乡会的具体工作、在上海经商或从事其他社会活动。⑥ 再加上原有地方实力派人物多从事办厂或公司的经济活动，使得他们从事地方具体慈善活动的兴趣减低，此后从事善堂领导活动的人物已经在很大程度上成为具体事务的执行者。⑦ 像抗战期间负责善堂全面工作的

---

① 《浦东同乡会年报》（民国二十九年），上海档案馆，档号：Q117/1/38，第5—6页。
② 《浦东同乡会会务日程》（民国三十年），上海档案馆，档号：Q117/1/101，第23—29页。
③ 《浦东同乡会会务日程》（民国三十一年），上海档案馆，档号：Q117/1/102，第34—35页。
④ 《浦东同乡会会务日程》（民国三十二年），上海档案馆，档号：Q117/1/103，第27页。
⑤ 《浦东同乡会会务日程》（民国二十四年），上海档案馆，档号：Q117/1/35，第6—8页。
⑥ 《浦东同乡会年报》（民国二十二年），上海档案馆，档号：Q117/1/56。
⑦ 浦东同乡会出面推荐曾任至元善堂董事长的张艺新到上海一家善堂工作。具体内容见上海档案馆，档号：Q14/2/96，第38页。

郭承祖已经只是在上海从事水果经营的业主,而负责浦东第二儿童教养院工作的赵朴初就是只接受浦东同乡会的委任。

南京国民政府成立后,江苏省也加强了对社会行政的管理。1933年2月开始,江苏省颁行《江苏省各县食粮管理委员会组织章程》及《江苏省各县区食粮管理委员会组织章程》,对积谷进行整顿,但收效甚微。1934年10月,江苏省修改了各项章程并加大整顿力度,使以往积谷积弊得以清理,重新规定积谷在借贷、平粜和日常应用中的规则。针对社会救济事业,江苏省着重整顿和扩充了救济机关,清理救济团体的财产基金。1935年5月,召开由江苏省各县救济院及省会救济院院长参加的全省救济事业会议,对各项救济事业的具体开展,制定了法规政策,强调了教养兼施的原则。国民政府国家政权现代化的建设,还表现在各县普遍设立县立医院。江苏省县立医院的设立开始于1921年,大规模的设立源于1935年夏天开始的全省戒烟运动。1936年6月,全省各县的戒烟所全部合并成县医院。[1] 县医院等现代化卫生设施的建立,使人民的医疗条件得到一定的改善,也使原来善堂所承担的医疗功能在一定程度上减弱。总之,南京国民政府时期,国家权力开始向民间慈善事业介入和渗透,但是抗战的爆发很快使该趋势暂时告一段落。

第二节 抗战期间至元堂的活动

抗战军兴,上海及周边地区沦入日伪政权之手,川沙至元堂的具体活动情形,缺乏足够的史料进行论述,但可以明确的是善

---

[1]《江苏省政述要》(1933年10月到1936年10月),《近代中国史料丛刊续辑》,第969卷,(台北)文海出版社1978年版,第47—51页。

堂仍在活动。下面据仅存史料，对这段时期至元堂的活动作一概括。

在川沙沦陷期间，至元堂仍然在活动，它曾代管了部分公产，抗战胜利后川沙县政府曾令其归还。主要包括，义成协认租地方款产处保管的十七保十二图西门街仰德祠东边厢房一间、西向一间以及面向出浜口空地一方及庭心一半，原来议定常年租金三十六元，此乃地方款产。八团一甲地字三八号四丘中则佃额二千元，旧佃户陆茂堂原名陆老椿，每年租额十元，这是教育款产。川沙县政府在1947年3月24日训令至元善堂，把往年经办情形和历年征收租额情况，查明上报。① 至于这些公产为何转入至元善堂，具体情况不得而知。

抗战期间至元堂活动新增的内容为浦东第二儿童教养院的成立。1943年，浦东同乡会组织院董在川沙设立川南儿童教养院，专门收养川沙、南汇及浦东其他地区的孤贫儿童。半年后有贫苦儿童50名，每月仅膳食开支经费浩大。8月17日，儿童教养院院董陆修镕和浦东同乡会的姚孟垲、赵朴初等从上海来指导工作，认为应扩展事业。首任院长张竹溪和朱友德于4天后致函浦东同乡会，请该会接收。川南儿童教养院由浦东同乡会接手后，改名浦东第二儿童教养院，以便和本月10日成立的浦东第一儿童教养院区别。② 第二教养院聘请赵朴初和张竹溪分任正、副院长，院董主要由潘志文、陆文韶、蔡润身、陆志干、张竹溪、陆秀荣、朱友德、陆问梅、张文魁、王长庆和赵朴初等人担任。根据《浦东第二儿童教养院简章》可知，该院专门收容确系孤苦无依的流浪男童，名额暂定八十人，要求年龄在十岁以上十六岁以

---

① 《川沙县政府令至元善堂》，浦东新区档案馆，档号：33/1/562，第1页。
② 第一儿童教养院的成立，参见《浦东同乡会会务日程》，上海档案馆，档号：Q117/1/103，第21—34页。

下,体格健全且没有传染病。教养院将根据实际需要设立工厂,聘用技师教授技艺,并且有生活导师负责监督。院生修业期满,或者经导师审查其年龄、学历可以出外就业者,由教养院予以登记并代为介绍职业。亲属欲中途领回,需缴还院生在院时教养费的三分之一以上,并邀同胞证人填写正式申请书,经批准才可出去。①

浦东同乡会对浦东第二儿童教养院的管理体现在聘任院董、布置经费及联系对外业务等。1943 年 9 月 29 日,浦东同乡会由赵朴初呈请江海关监督二署,免费放行第二儿童教养院的衣服什物。② 1945 年 3 月 3 日,浦东同乡会给浦东第一、第二儿童教养院开具证明书,以便两院派人到青浦乡下购买耕牛。③

浦东第二儿童教养院成立后,所有接办费用,都是向协丰昌借垫的,再加上教养院本身开支浩大,赵朴初很快就函请浦东同乡会拨款。当年教养院的预算为每月 61 862.33 元。本年度教养院收到的捐款主要有和信托公司 5 946 500 元、祥茂庄垫款 3 000 000 元,以及特别捐款 7 500 元。④ 教养院采用量入为出的方式,所以基本上可以维持正常运作(见表 6-1)。

总体而言,浦东第二儿童教养院所得的捐助不多,数量也很有限。1946 年 11 月 6 日,上海览德轩慈善会捐赠上等面粉 60 袋,但是院生吃了之后都食量锐减并且体弱失神。后来经过各方同意,出让上述面粉 50 袋,总计法币 2 937 000 元,补进白米 39.5 石和部分柴草。1946 年年末到 1947 年年初,所收到的捐款主要

---

① 《关于接收川南儿童教养院为浦东第二儿童教养院问题等》,上海档案馆,档号:Q117/1/133,第 2—15 页。
② 《浦东同乡会会务日程》(民国三十二年),上海档案馆,档号:Q117/1/103,第 43 页。
③ 《浦东同乡会会务日程》(民国三十四年),上海档案馆,档号:Q117/1/105,第 11 页。
④ 《关于接收川南儿童教养院为浦东第二儿童教养院问题等》,上海档案馆,档号:Q117/1/133,第 84 页。

第六章　近代浦东地方善堂的运作实态个案——至元堂(下)

表6-1　浦东第二儿童教养院试算表(1943.2—1947.2)

金额/元

会计项目	借方金额	会计项目	借方金额	会计项目	借方金额	会计项目	贷方金额
预购各项	466 790	协丰昌	3 298 300	食粮	6 352 743.8	物品捐资	3 237 000
预购燃料	349 323	管理薪金	4 671 500	菜蔬	1 787 899.7	协丰昌垫款	2 063 654.5
预购物品	97 000	文具费用	129 285	油盐	946.601	陆修铭垫款	134 340
投资	1 155	修缮费用	1 081 050	燃料	2 352 436	捐款收入	18 107 550
器具设备	400 936.10	车旅费用	697 070	什项	238 425	利息收入	4 268 300
教育设备	61 712	什费	1 225 215	衣服	1 118 580	其他收入	34 750
生产设备	15 365	电费	78 864	鞋袜	154 350	农场收入	1 245
院备用金	1 411 697.20	书籍费	364 800	卫生	161 845		
特别费用	288 600	教育用品	303 160	医药	606 750		
农场费用	2 300	现金	528				

资料来源：《关于接收川南儿童教养院为浦东第二儿童教养院问题等》，上海档案馆，档号：Q117/1/133，第17页。

有：川沙惠民工业社捐助子花1担,川沙防线厂捐助子花2担,王永兴水果行捐助花生30斤,院董王长庆捐助玻璃126.24尺以及洋钉10两,川沙肉票公会捐助鲜肉10斤以及陆修镕捐助红糖5斤。①

抗战胜利后,由于物价飞涨和币制变更等原因,教养院的经费也随之增加,虽然各位董事增加了募捐的力度,但是仍然入不敷出,截至1946年5月欠债达一百多万元。本月16日,教养院函请补助,浦东同乡会决定每月补助法币50万元。1947年浦东第二儿童教养院欠债更多,浦东同乡会又先拨付1 000万元,同时每月仍补助50万元。当时教养院的医药已经不能自给,儿童的种痘和看病都转到至元堂医院。②

抛开至元堂本身的善举活动受浦东同乡会的暑药救济不谈,抗战期间善堂受浦东同乡会的影响进一步加大。浦东第二儿童教养院受浦东同乡会的全面管理和经营,而其挂靠至元善堂之内也只是为了平常工作的方便而已。

第三节 抗战胜利到全国解放时期至元堂的活动

抗战胜利后,国民政府加强了"国统区"的重建,社会稳定和经济振兴乃重中之重。江苏省政府根据国民党中央政府恢复秩序、安定民生的训示,把有关人民团体的重组整顿、劫后难民的救济,定为省政府的首要任务。1945年12月1日,根据国民党中央政府指示成立了江苏省社会处,建立全省社会行政机构,推进全

---

① 《关于接收川南儿童教养院为浦东第二儿童教养院问题等》,上海档案馆,档号：Q117/1/133,第24—33页。
② 《关于接收川南儿童教养院为浦东第二儿童教养院问题等》,上海档案馆,档号：Q117/1/133,第84—91页。

省社会事业。① 川沙县在该段时期的社会救济，自然也受到江苏省政府各项政策的影响。本节主要探讨在政府政策不断影响下，川沙县的社会救济事业和慈善机构的活动。

至元堂与川沙的善后救济

尚在"二战"进行中，国际社会已认识到战后重建，决非单靠一国之力可完成。1943年11月9日，44个国家的代表在美国签订了《联合国救济善后公约》，并决定成立"联合国善后救济总署"作为执行机构。中国是"联合国善后救济总署"的发起国，于1945年1月成立了"联合国善后救济总署"中国分署，直接隶属于行政院，称为"行政院善后救济总署"，具体负责全国的善后救济工作。②

江苏省政府为配合苏宁分署办理善后工作，拟定了《江苏省各县市善后救济协会组织办法》，令各县市策动当地人士组织救济协会。③ 川沙于1946年1月成立了"江苏省川沙县善后救济协会"，主要协助善后救济总署苏宁分署办理全县工赈、施赈及助赈等事宜。④

善后救济总署展开了一场规模较大的救济活动，把大批救济物资发放到各省市，然后再依次分发到各县级机关。川沙县各个社会救济机关团体在1946年曾领到的救济物资及具体发放情形如表6-2所示。

---

① 《江苏省政府政情述要·社会部分》（民国三十四、三十五年），《近代中国史料丛刊续辑》，第970卷，第1页。
② 蔡勤禹：《国家、社会与弱势群体——民国时期的社会救济》，第93页。
③ 《江苏省政府政情述要·社会部分》（民国三十四、三十五年），《近代中国史料丛刊续辑》，第970卷，第19页。
④ 《所谓社会救济检查及至元堂慈善会章程》，浦东新区档案馆，档号：33/1/1247，第52页。

表 6-2 川沙县社会救济机关团体 1946 年一至八月份领到善后救济物资经费统计

救济机关名称	款物名称	面 粉	奶 粉	旧 衣	牛痘苗	备 注
川沙县善后救济协会	款物数量	67 437 斤				筑塘工赈
川沙县善后救济协会	救济人数	358 名				
川沙县善后救济协会	款物数量	25 600 磅				急赈贫户
川沙县善后救济协会	救济人数	2 048 名				
川沙县善后救济协会	款物数量	200 包				疏白龙港工赈
川沙县善后救济协会	救济人数	500 名				
川沙县善后救济协会	款物数量			268 份		小学教师
川沙县善后救济协会	救济人数			268 名		
至元善堂	款物数量		400 磅	8 包	50 打	由县社会救济机关团体转拨
至元善堂	救济人数		400 名	200 名	1 200 名	

续表

救济机关名称	款物名称	面　粉	奶　粉	旧　衣	牛痘苗	备　注
浦东第二儿童教养院	款物数量		800磅	5包		由县社会救济机关团体转拨
	救济人数		100名	100名		
顾路镇中心国民学校	款物数量	1 480包				
	救济人数					
总计	款物数量	67 437斤 2 500磅 1 680包	1 200磅	268份 13包	50打	
	救济人数	2 906名	500名	568名	1 200名	

资料来源：《善后救济卷》浦东新区档案局，档号：33/1/533，第25页。

说明：原表中有关于经费、小麦和奶水三项的表格，但均为空白，从略。

由表6-2可知,重建开始后,在原来被汪伪政权所占领的各地的社会救济活动中,政府不仅调拨大量的救济物资,而且还明令各地组织新的善后救济协会,通过经济和机构两个方面来扩大政府对基层社会救济的控制和影响力。不过在当时的情况下,政府不可能全面控制所有的社会资源,原有慈善机构仍在发挥作用,川沙县救济协会主要负责重建过程中以工代赈和教育方面的工作,至元堂则仍然从事原有的育婴、冬米和恤嫠等活动。但是与以往时期相比,至元堂在此次重建中的地位和作用已明显逊色了许多。战后重建过程中国家权力对于地方基层社会救济组织的渗透和国家在基层救济影响的加大,是抗战胜利后国民政府时期基层社会救济的显著特点。

囿于局势及其他原因,此次社会救济活动不免给人以虎头蛇尾之感。川沙县各社会救济机关团体所领救济物资仅限表6-2所列,其中有部分物资拖很长时间才勉强到位。唐上安在1947年4月给县政府的报告中称,从去年9月到本年3月并没有领到善后救济物资。① 根据唐上安在本年7月的报告可知,苏宁分署核准发给修复小学校房屋工赈工程的救济物资,也是到本年4、5月份才到。这批救济物资主要包括顾镇中心国民学校面粉2 243包、曹镇中心国民学校面粉1 500包、骥伯小学面粉500包。各校在领到救助物资后,才动工修复学校。②

国民政府在进行社会救济的同时,还对社会救济机关团体加强了管理、改组和监督。有关地方社会救济组织的各种规则,不时发布且频繁变更。

1946年8月,江苏省政府下发《江苏省各县市救济院所教养

---

① 《善后救济卷》,浦东新区档案局,档号:33/1/553,第26页。
② 《善后救济卷》,浦东新区档案局,档号:33/1/553,第34页。

管理办法》，令各县市按规定办理救济事宜，对不同救济对象实行不同救济方法。"老人应授以有益身心之课程及轻微搋作；童婴幼童应注意饮食营养并多设玩具；无业人及流浪人应实施严格管理、强制劳作，以改变其懒惰性行，养成勤劳习惯；曾操不正当职业之妇女，应个别实行矫正其不良心理，养成其正当性行。"救济院、所对受救济人教养期间，"除领养童婴、逾龄儿童出所依照社会部规定办理，老人及残疾者确难自谋生活，应予终身留养外，余视其生活技能是否能独立谋生，得斟量延长或缩短之"。对受救济人员编列班次，进行"公民应具备之知识的训练，并按其体力及智慧等情形，授以必要之生活技能"。虽然对受救济人员的训练和教育是知识和技能并举，但"救济院、所所施公民训练，不得超过技能训练之时间，并应分别性质编订课程表及休息时间表"。救济院、所对受救济人员实行保甲制度，"以养成其自治精神"，实行请假规则，受救济人因事外出，必须履行请假手续，"不得擅自出入致碍管理"。膳食问题，由救济院、所订定膳食规则，由受救济人推举代表与院、所经办膳食人员共同组织膳食管理委员会办理。① 川沙县政府本月 14 日命令至元堂，遵照省令酌情办理。②

由上述办法可知，当时有关慈善事业的管理已较正规化，政府介入的程度极深，具体规定了各公私立社会救济团体的具体日常运作规则，也使其对公私慈善机构的管理大大加强。自明清慈善组织产生以来，官府一般只是在各慈善机构产生的时候批示一下，以表同意，很少制定具体的条规和制度来规范地方慈善组织的具体活动。进入南京国民政府以后，国家已经开始着手对地方

---

① 《所谓社会救济检查及至元堂慈善会章程》，浦东新区档案局，档号：33/1/1247，第 3 页。
② 《所谓社会救济检查及至元堂慈善会章程》，浦东新区档案局，档号：33/1/1247，第 1 页。

慈善机构进行整理和渗透,此时达到了国家权力向基层慈善组织渗透的顶峰。

与晚清以前慈善机构重视事后救济的"养"相比,此时的救济院、所更重视主动的"教",主要通过授以必要的生活技能以使受救济的弱势群体能自谋生路。当然,有关的管理规定,也凸显出国民政府对此类社会无业群体控制的加强。社会流浪群体往往因生活无着而成为社会的不稳定因素,通过救济院、所的收容及实行的保甲制度,可以对此类人员实行有效的控制,在一定程度上减少社会乱源。不过,有关膳食管理的规定明显没有多少实际意义。地方救济院、所从政府所得救济物资有限,各地的慈善救济机构主要还靠地方各种捐款来开展活动;受救济人员作为弱势群体,就膳食问题不可能有多少发言机会,能够不受冻挨饿、避免倒毙路旁就是他们最大的心愿了。也许国民政府的本意是要发扬民主,扩大受救济人员作为弱势群体的参与意识,但是在当时经济百废待兴、社会仍然不稳的情况下,实际效果可想而知。

在对地方慈善活动加强指导的同时,江苏省还加强了对包括各县市慈善机构和团体在内的各类人民团体的整顿重组。1945年9月,江苏省政府制定了办理民众团体组织原则。对于在1937年6月以前成立的人民团体,一律加以整理。对于1937年7月以后敌伪时代建立的团体一律解散,如果需要再重新建立。1946年后,仍按上述办法办理,并规定在本年3月底完成。同时制定《限期完成并健全各县市人民团体组织注意要点》四项,将此作为县政主要考核内容之一。[①] 但该工作的完全结束,可能要拖到年底,甚或更晚。地方慈善机构对于政府要求的整顿改组好像没有多

---

① 《江苏省政府政情述要·社会部分》,《近代中国史料丛刊续辑》,第3页。

大兴趣,迟迟不肯上报有关要求填写的内容。1946年12月,江苏省社会处急电各县市将社会救济事业总检查表格克日送到。① 本月12日,川沙县政府命令至元堂、浦东第二儿童教养院按省政府要求填表。② 与此同时,川沙县上报江苏省社会处有关社会救济事业总检查的表格,还包括川沙县救济设施人事调查表和川沙县救济设施概况调查表。根据表格内容可知,抗战期间至元堂的慈善活动仍在继续。没有连续性的话,就不可能使1945年的慈善活动保持安老400人、育婴50人和医院救治100人的规模。当然,其他各项院外救济活动涉及人数很多,主要与国民政府重建中的号召和善后救济总署的措施有关。

1946年7月,江苏省公布了修正后的各市县社会救济事业协会组织规则。县市的社会救济事业协会,其人员包括从事县市社会行政工作的人员、县市公私立社会救济机关团体或当地慈善公益设施负责人、县市民意机关代表及当地热心社会救济事业的公正人士。1947年3月江苏省社会处命令各地,实行经过国民政府社会部于1946年7月修正后公布的"各省市县社会救济事业协会组织规则"。川沙社会救济事业协会理事长为陆问梅。该协会理、监事工作人员的组成,基本上囊括了川沙所有与救济事业有关的人士。③ 经公众推选和县政府任命,陆问梅任川沙县社会救济事业协会理事长。④ 到1948年5月,江苏省川沙县社会救济事业协会

---

① 《所谓社会救济检查及至元堂慈善会章程》,浦东新区档案局,档号:33/1/1247,第13页。
② 《所谓社会救济检查及至元堂慈善会章程》,浦东新区档案局,档号:33/1/1247,第5页。
③ 《社会救济事业及福利事业协会组织规则与委员、理监事名单》,浦东新区档案馆,档号:33/1/67,第3—35页。
④ 《社会救济事业及福利事业协会组织规则与委员、理监事名单》,浦东新区档案局,档号:33/1/67,第35页。

理事长为陆容庵,常务理事为沈敬之、朱有梅,理事为苏炳奎。①江苏省命令各县重新组织新的社会救济事业协会的本意是要加强对地方社会救济事业的管理,但是各地具体负责救济事业协会的人员仍然是原有的从事相关事务的人士,不过至少从名称和所受管辖的上级机关的情况来看,政府的权力渗透还是有一定作用的。

公立至元医院

1945年夏天,川沙发生疫病,至元堂开办至元医院来防止疫病流行。后因物价高昂,西药价格飞涨,经费不能维持,于1947年2月停办。接着至元堂聘请川沙及旅居上海的绅商成立董事会,经几度商议和筹集资金,于同年7月13日恢复医院营业,15日正式开诊。②

1947年7月10日,川沙至元医院董事长陆容庵呈文县政府,实行优待军警免费诊疗的办法。具体办法为:军警来院请求免费治疗,需有各主管长官出具证明;诊疗以门诊为限,出诊则需按医院条例交费,凡花柳病者照例纳费;每天下午一点到一点半为保安队员请诊时间,一点半到二点为警士请诊时间,星期日及假日停诊;各单位每天以十八人为限。③ 此举当然得到县政府的欢迎和支持。

川沙至元堂医院明明为地方人士自行筹办的医疗机构,但却

---

① 《川沙县政府、各乡镇附属机构业务概况与乡镇组织系统表》,浦东新区档案局,档号:33/1/2,第32页。
② 《至元医院及董事会议记录与名单等文件》,浦东新区档案局,档号:33/1/434,第14页。
③ 《至元医院及董事会议记录与名单等文件》,浦东新区档案局,档号:33/1/434,第4页。

定名为公立医院,设在至元善堂内,将育婴堂全部新屋及基地拨付使用。医院设董事二十五人,由至元善堂聘请地方热心公益人士担任。医院开设的诊疗科目包括内科、外科、小儿科、妇产科、眼科、耳鼻喉科和牙科。内科又细分为普通内科、皮肤花柳科、神经系与精神病科、肠胃消化器科、新陈代谢病科;外科分为普通外科、泌尿外科、脑系外科和临床麻醉学科。医院开销的经常费用,由各位董事向地方热心人士"按月认助",不足部分由各董事摊负。基金由董事会筹募,不到万不得已时不能动用。临时经费必要时,再另行筹募。除此外,医院还专门制定了针对贫苦民众诊疗疾病的免费给药办法,以及优待公教人员诊疗疾病的办法。①

川沙至元公立医院的设立及各项免费措施的出台,除说明川沙当地士绅的主动行为外,与当时国民政府的提倡也不无关系。施诊给药原属慈善事业,多由私人举办。抗战前政府并没把其作为本身职责,也没有进行普遍推广。抗战胜利后,由于战争的严重破坏,民生凋敝,民众常因穷困而无法看病,事关社会卫生和民族兴替。根据国民党中央颁布的《各地方推行义诊办法》,江苏省命令各县市积极推行义诊工作。② 至元公立医院的重新开业,很大程度上也是受此影响。至元医院的复诊,受到浦东同乡会的大力支持。从至元堂公立至元医院董事名册可知,各董事也大多是在浦东同乡会内任职的川沙人。

此处所谓医院的公立性质,也仅仅只是名义上的称呼而已,无论经济来源还是医院日常运作的具体规则,都是由医院董事会自行决定的。至元医院的"公立"名号,说明国民党中央和江苏省

---

① 《至元医院及董事会议记录与名单等文件》,浦东新区档案局,档号:33/1/434,第15—20页。
② 《江苏省政府政情述要·社会部分》(民国三十四、三十五年),《近代史资料丛刊续辑》,第970卷,第3页。

政府在基层的具体政策在执行中被扭曲,地方政府没有足够的经济实力来响应高层政府的号召,只有利用地方的民间力量来应付上级政府机关的政策。

至元慈善会的设立

江苏省在整顿各地慈善机构团体的同时,还命令各地建立新的慈善会,以便为战后各地的重建服务。至元慈善会在此背景下成立。

1946年8月川沙至元堂附设至元慈善会成立,简称至元堂,专办各种慈善事业,分为常年、定期和临时三种。常年的有育婴、医院和儿童教养,定期的是养老和孤贫恤氂,临时开办的主要包括平粜施棺、掩埋、惜字、施种牛痘、棉衣、冬米、防疫和其他救济事业。

慈善会的经费由会员捐助或经募,不动用地方公款公产,但官署或地方团体委托慈善会代办的项目不受此限制。其经费来源主要有慈善会会员的捐助、善士自愿的捐助和田房产的收息。慈善会共有十一位董事,包括处理日常事务的五位。所办各种慈善事业均设主任一人,对理事长负责。

会员只要具有中国国籍,不分性别,年龄在二十岁以上,赞成慈善会宗旨,有正当职业,经该会会员二人介绍,由理事会议决通过即可。会员不能有社会不良记录,有不良嗜好及精神病者、受过刑法处理的、被宣告破产尚未复权者以及道德堕落劣迹显著者不能入会。会员有选举权和被选举权、提案及表决权及其他章程制定的权利,他们的义务包括遵守慈善会的章程和议决案、补助经费及赞助会务。[①]

---

① 《至元慈善会章程》,浦东新区档案馆,档号:33/1/1247,第36—39页。

掩埋浮厝和建设公墓

  1947年川沙县参议会第一次大会召开,有人临时动议"四乡浮厝应如何督令掩埋,以壮观瞻而重卫生",最后决议"函请县政府令饬乡镇保甲长督令掩埋,如有托辞不遵者,则由乡镇保甲长会同慈善机关及当地热心人士代为掩埋"①。川沙县政府很快命令各乡镇办理此事,随后各乡镇向政府报告了掩埋进度及所取成绩。奚埠乡公所在该年4月9日,会同三元宫慈善进行会,派人先事调查后插标催葬,旋即将无主浮厝分地掩埋,结果使海塘的塘面、塘坡壮观不少。② 掩埋浮厝的地址在第五保内,俗名"阿关码头"。"因该处浮厝较多且尚有埋例,并将他处浮厝亦移集于此,分别掘坑掩埋,计小柩八具、大柩四具,两共十二具。至今尚现黄土数堆……"③但掩埋工作并非通过命令就可很快解决,它牵涉到民众习俗和后代对祖先的追慕敬仰,稍有不慎就引起纠纷,甚至较大的民愤。相关单位在处理无主浮厝时,十分小心。该年5月惠民工业社呈文县政府,"该社曾租借以德堂陆本城北门外,即川沙县十七保十二图东圩地字第一千二百号业田壹分八厘整使用。维查上开租地上之中北两方各有废墓一座,查不到户主,也无后人在清明祭扫……请至元善堂代为办理迁葬……请出示布告,限于一个月内招认墓主"④,在这场地方通过掩埋浮厝来改变民众掩埋观念和卫生条件的运动中,至元堂显然充当了城厢内外掩埋活动的主力军。

  正当此时,江苏省政府在本年6月9日也下达了掩埋浮厝的

---

① 《掩埋浮厝卷》,浦东新区档案局,档号:33/1/736,第3页。
② 《掩埋浮厝卷》,浦东新区档案局,档号:33/1/736,第13页。
③ 《掩埋浮厝卷》,浦东新区档案局,档号:33/1/736,第7页。
④ 《掩埋浮厝卷》,浦东新区档案局,档号:33/1/736,第10页。

命令。"复以民穷财尽,每多无力营葬,白骨在野,浮厝满目,而运河岸及其他交通线两侧浮厝尤多。若不速为掩埋,匪(非)特仁者不忍,抑亦有碍观瞻,且时近夏令,更易发生疠疫……有主者饬令限期入土,无主者既当聚葬义冢。"①本就为掩埋浮厝而努力的川沙县政府,在接到省政府命令后,更加用心用力。川沙县参议会第三次大会决议,"请县府责成各乡镇公所,发动劳动服役办法于年内将霍公塘路面筑平,其狭隘处应加阔,以十尺为宽度。所有两旁浮厝,通令限期埋葬,逾期请至元善堂代为掩埋"②。

川沙的掩埋浮厝活动取得了一定成效,但还有很多故意停棺不葬的现象,令各乡镇感到棘手。新港乡公所在给县政府的呈文中讲到,"查职乡不经兵燹,幸无暴露尸骨,所有进出要道置放浮厝,早经本乡慈善会雇工聚葬义冢。至尚有田野棺柩,均系地主先人。一时责令入图,囿于习俗,势难有效。兹正拟发起平民化公墓以济之……"③掩埋浮厝的进度实际上很慢,到1948年3月份川沙县政府仍然训令各乡镇公所、至元善堂要加紧办理。该份训令内容如下:

> 本县民间习俗大多迷信风水,停棺不葬,四郊田野路旁墙侧浮厝垒垒,既碍观瞻,复害卫生且影响耕种,急应禁止,限期掩埋。经于二月二十八日提由本县第五次乡镇长会议议决:(一)由乡保长广为宣传,务使人民明瞭风水之说无稽,破除迷信恶习。(二)由乡镇积极举办公墓,每乡先设公墓一处,已设有者扩充墓地。(三)由乡镇公所查明无主浮厝数目、地点,于三月十五日前报府,令饬至元善堂悉数掩埋,于三月底办竣。(四)凡有主浮柩,

---

① 《掩埋浮厝卷》,浦东新区档案局,档号:33/1/736,第11页。
② 《掩埋浮厝卷》,浦东新区档案局,档号:33/1/736,第19页。
③ 《掩埋浮厝卷》,浦东新区档案局,档号:33/1/736,第11页。

由乡保甲长劝令于四月底前迁葬,就近公墓或自行营葬。逾期不葬者,由至元善堂代为埋葬。如不遵从者,派警勒令埋葬。(五)凡土地经收买作为公墓之土地者,其地内原有坟墓一律挖掘改葬公墓,以便节省地皮。①

训令除强制各乡镇在至元堂配合下限期完成浮厝的掩埋外,重点强调了各乡镇兴办公墓。值得注意的是,原来埋葬无主尸骨和暴露棺柩的义冢已不复存在,而代之以具有现代意义的公墓。

私立公墓的建设,民国初年已开始。1926年陆家骥等向川沙县教育局缴价报买十四墩的墩基,建立了川沙模范公墓,这也是川沙县第一个公墓。借助政府号召的契机,川沙城乡士绅开始大力修复原有公墓或兴建新的公墓。截至1948年7月,川沙县公墓的有关情况如表6-3所示。

表6-3 江苏省川沙县现有公墓概况表

公墓名称	地址	墓基亩数	负责人	成立年月	备注
川沙模范公墓	大湾御寇河前	7.1	张伯初	1926年10月	本基原为九团乡十四墩基,于1926年由士绅陆家骥等向教育局缴价,为本县公墓之嚆矢,计有墓穴319个
天长公墓	龚路乡镇北首	43	张义甫	1936年9月	本墓所建礼厂等地,在抗战期间尽兴破坏,也已修筑完成。惟墓穴采用石料或钢筋水泥,太觉贵族化

① 《掩埋浮厝卷》,浦东新区档案局,档号:33/1/736,第21—22页。

续　表

公墓名称	地址	墓基亩数	负责人	成立年月	备　注
乐乡公墓	城厢镇	74.461	陆容庵	1948年8月	
思源堂顾氏公墓	城北乡小湾	13.5	顾雪江	1948年9月	本公墓为思源堂顾氏裔孙所设，专供族内人故定住
永宁公墓	徐路乡	50	徐爱华		在建筑中
三元公墓	新港乡	80	顾勤敏陆廷襄		在建筑中

说明：此表的截止日期为1948年7月26日。

资料来源：《人民团体组织名称及负责人等》，浦东新区档案局，档号：33/1/4，第38页。

虽然政府为掩埋浮厝进行了全面发动和周密准备，城乡士绅也大力举办公墓来移风易俗，但由于地方浮厝日久已成惯例，再加上公墓收费标准过高，掩埋浮厝仍然受到了民间的抵制。陆容庵主办的乐乡公墓，委托其股东陶斗元办理。1947年10月3日清晨，有人在陶斗元家的前后门放小棺材两具。这是对他们举办公墓和强制乡民掩埋浮厝最直接也最有力的惩罚和报复。虽然陆容庵上报县政府，但此事也只能不了了之。兴办公墓与乡民风水观念的对立，此后仍继续存在。直到1948年2月，陆容庵仍呈文县政府，恐怕公墓四周农民因风水原因，无端取闹或将公墓破坏，请求政府发布命令以给其支持。①

解放战争后期，国统区局势紧张，国民政府开始发动社会所有力量进行救济。1948年4月江苏省公布了发动社会力量、运用

① 《建设乐乡等公墓卷》，浦东新区档案局，档号：33/1/678，第42—51页。

救济款物、办理临时救济工作的办法。各县市办理救济工作,应兴办一切紧急救济(包括水灾、匪灾)、冬令救济、经常救济设施及地方原有公益慈善团体款物,密切配合办理。① 但此时的国民政府已是强弩之末,随着国民党政权在大陆的全线溃败,这场发动社会力量进行社会救济、为战争服务的活动,很快随国民党的失败而告终。

中华人民共和国成立后,按照有关部署,川沙县人民政府对境内所有的公款公产进行了调查清理,结果显示在1949年前夕至元堂的慈善活动已随着社会的动荡而缩减,几至形同虚设。中华人民共和国成立后对原有的慈善机构团体进行了改组和教育,原有意义上的私立慈善团体的活动就此结束,中国的民政事业进入了一个新的发展阶段。

南京国民政府时期,随着社会发展,至元堂已不能像清末民初那样在川沙政治舞台上据显赫地位。其他社会团体尤其是教育机构,随着社会对教育的重视及黄炎培与张志鹤等人身份和地位的上升,在川沙的作用日益显著。至元堂虽在川沙的灾后救济过程中发挥了其他团体无法替代的作用,但在其背后更有影响力的是浦东同乡会。杜月笙的支持,更使浦东同乡会实力大涨。

浦东同乡会虽不直接领导至元堂,但其作用巨大。自浦东同乡会成立后,至元堂几乎每年都接受浦东同乡会为其募捐的消夏暑药。特殊时期,浦东同乡会还给至元堂提供经济补助。1936年同乡会曾给至元堂拨了一笔数目不小的款项,后因赈济需要,除育婴需要的二百元外,其他的都暂时充作赈款。② 这里所表现出

---

① 《社会救济奖惩规则》,浦东新区档案馆,档号:33/1/1278,第26页。
② 《浦东同乡会会务日程》(民国25年),上海档案馆,档号:Q117/1/117,第3页。

来的团体间的关系并不平等,按惯例拨款完成后原团体已没有支配权,但相对于浦东同乡会而言,至元堂处于被支配的地位。浦东同乡会对至元堂和一般乡民经济纠纷的调解说明,同乡会在调解民间纠纷方面的作用超出政府。浦东第二儿童教养院名义上归至元堂所辖,但该院从成立到日常管理,几乎全由浦东同乡会负责。至元公立医院的复诊,也离不开浦东同乡会各位负责人的支持。这些现象说明浦东同乡会对至元善堂的全面控制。双方的这种关系是进入南京国民政府之后,至元堂的发展中一个值得特别注意的新现象。

  南京国民政府在国家政权近代化过程中对慈善机构的渗透,对至元堂的影响也显而易见。20世纪30年代抗战爆发前,南京国民政府已开始对公私立慈善机构进行整理。当时由于时间较短,效果并不明显。在抗战后的重建中,国家权力向地方慈善机构的渗透最为显著。抗战胜利后百废待兴,地方重建的部分任务落到了各地慈善机构的肩上。有关部门采取的各种整顿、调查措施和要求上报的各种统计表格,就说明国民政府对基层救济事业的重视。地方救济机关对上级政府号召的响应也是不遗余力的,不过其中也表现出当时国民政府整顿和振兴基层救济团体的两难境地。南京国民政府的本意是要通过一系列的政策和措施来加强国家领导的救济机构的影响力,但是地方政府往往因为经济实力的原因而使国家政策在执行过程中被扭曲。至元慈善会和至元公立医院的设立,就是响应了江苏省社会处重组整顿人民团体、推行新生活运动和推行夏令卫生运动的号召。具体情况已如前述,此处不赘。这里应引起注意的是川沙县政府对公立医院设立的变通之法。设立公立医院是省政府的号召,但川沙县政府由于资金等限制,只得把该任务交给至元堂,结果就使得私立至元堂的内部又生发出了公立的至元医院。这种公私机构团体混合的奇特现象,其背后是政府对上级政策执行的某种变形。川沙县政府这种执行政策的不力,更表现在对江苏省社会处的欺骗上。川沙县本身根本就没有任何公立的救济机关,但是在上报的时候却说自己恢复了公立的救济院。[①] 其实本身仍然是至元堂的救济设施,只是县政府的谎报而已。在当时情况下,这种"新瓶装旧酒"的现象,预示着国民政府对基层救济机构改组的力不从心。

[①] 《江苏省政府政情述要》(民国二十五—三十五年),《近代中国史料丛刊续辑》第970卷,第22页。

结语

浦东慈善史的时空特征及其启示

作为正式行政区划的浦东新区是一个新生的事物,但是地理空间上的浦东其历史相对要长得多。当然,地理空间上的浦东所包含的川沙、南汇、奉贤等县作为独立的行政建置也大多出现于清代,不过其慈善的历史要上溯到这些地方还没有成为独立行政区划的清代以前的历史时期。另外,浦东地区慈善历史虽然相对较短,但是由于其独特的地理位置,在上海甚至中国慈善史上有自己独特的地位和作用。总体看来,浦东慈善史具有如下鲜明的特征。

一是滨海平原区涨滩不断的独特地理特征,为浦东慈善事业的发展提供了丰厚的经济基础。传统时代慈善事业的经费来源,除了大城市或者商业重镇可以从绅商捐款中获得大笔经费支持并发典生息之外,其他更多是依靠土地等不动产的田租收入。即使是苏州、南京等督抚所在地的城市慈善组织,也都有分散在辖区内各地的田产。松江府的府级慈善组织的田产也在包括浦东在内的各隶属县份内广泛存在,这是由传统政治的特征所决定的,下属的政区单位有义务、也有动力去向上级慈善组织捐献田产。但是,作为基层政区的县级慈善组织的经费来源,除了依靠县城有限的商捐之外,绝大部分依靠境内慈善田产的多少,这决定了该县慈善组织的规模以及慈善活动的多样性等问题。

浦东各县所处的上海滨海平原区在明清以来主要以滩地不

断外涨为主,这为慈善、教育等地方公共事业的发展提供了绝佳基础。地方官员与绅董往往在清丈这些滩地的时候以发展公共事业的名义购置大量地价便宜的草滩,待这些滩地经过几年的改造之后以高价出租或者通过转让来获得高额的转让金,从而为地方慈善事业的发展争取到充裕的基金。就清代和民国年间南汇县的情况来看,南汇慈善组织获得的慈善团体的田亩数量几乎为天文数字。因而,对于清代和民国年间南汇慈善组织数量多、空间分布广、慈善活动类型多样就不难理解了。

二是历史上浦东各地慈善组织的时空分布特征明显,慈善组织的数量超过除上海县之外的松江府其他各县。从清代和民国时期原松江府属各县善堂数量统计图7-1中可以看出,除了上海因为近代迅速成为大都市而促使善堂数量一骑绝尘之外,南汇慈善组织的数量并不比作为府城的松江(清代的华亭、娄县)少。如果再加上川沙、奉贤的慈善组织数量,近代浦东慈善组织在原来

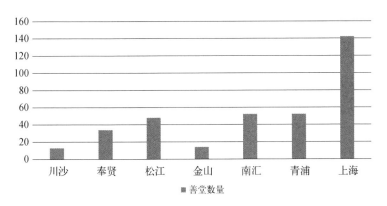

图7-1　清代和民国时期原松江府属各县善堂数量

资料来源:清代的《松江府志》以及华亭、娄县、上海、青浦、川沙、奉贤、南汇、金山各县的县志及相关乡镇志。

说明:图中松江的善堂数量包括清代的华亭、娄县两个附郭县的所有慈善组织。

清代松江府属各县慈善组织总数中占比会相当可观。近代浦东各县有这么多的善堂,与浦东新涨滩地多有关,可谓是"天助慈善"。

三是清代以来浦东慈善组织的类型多样,部分慈善组织的运作规程在江南具有示范作用。清代和民国年间浦东慈善组织的类型多样,不仅有官方的养济院、常平仓、义仓等仓储机构,还有民间积极参与的社仓、义仓、义冢等机构,尤其是其他的普济、育婴、恤嫠、施棺助葬等机构更是多点开花,几乎涵盖了清代全国各种慈善组织的类型。除了种类的多样性之外,更难得的是当时浦东地方慈善组织的运行规则和章程得到了同期江南其他地方的重视与效仿,尤其是关于施棺助葬、恤嫠的规条被省级官员以饬令的形式让其他地方学习。这些在无形之中提高了浦东慈善事业在中国慈善史上的地位。

四是清代以来的浦东慈善事业的发展中包含更多近代上海社会发展的影响,具有浓厚的城乡慈善事业互动的影子。近代以来随着上海开埠带动的都市化的迅猛发展,不少浦东人士到上海来发展自己的事业,并且在商业、建筑等方面取得了巨大的成功。尤其是浦东商人杨斯盛在建筑业方面的空前成功,为包括川沙在内的慈善、教育事业的发展提供了丰厚的资金支持。这在浦东历次潮灾后的社会救济、川沙至元堂的开办等方面表现得尤其明显。随后的浦东同乡会更是在民国年间浦东各地的慈善事业中发挥了重要作用,多次从上海购买或调取物资、医药来支持浦东各地慈善事业的发展。

上述的四个方面是从总体上总结出来的清代以来浦东慈善史的特征,而浦东慈善历史的特殊性在川沙至元堂的发展过程中表现得更为明显。再加上川沙是最先并入浦东新区的空间范围,对至元堂的分析无疑是从微观角度对浦东慈善史特征的概括与补充。

川沙地方慈善组织从成立到中华人民共和国成立后传统慈善事业被改造为性质全新的民政机构为止,经过了不同阶段,并表现出各自特征。

一是在至元善堂成立前,因为川沙独立设制不久的原因,地方慈善组织主要以官办为主。后来随着地方经济实力的增长以及地方人士影响力的增强,至元堂伴随着地方人士参与地方事务意识的增强而产生。

在至元堂作为川沙县级私立综合性善堂出现的过程中,川沙作为独立区域后,当地人民因为学额独立所逐渐产生的独立意识起到了十分重要的作用。在传统社会中科举功名份额独立对一个地区的自我认同意识无比关键,清代每个县份的学额是固定的,学额的单列预示着当地的读书人可以在获取功名后为当地人说话,其背后还暗含地区利益的问题。清代为了学额的分配及其背后所蕴含的地方自我认同问题,江西曾经发生过严重的土著和客民的长期冲突。从他们对学额的苦苦追求中,可以凸显该问题在地方自我认同感中的重要意义。[①] 川沙所辖土地在分别隶属上海和南汇的时候,在这片土地上也出现过一些通过科考而有功名的人物,但是他们的活动也只是围绕自己所隶属的县份。待到川沙成为独立的散厅后,政治上的独立身份再加上文化上的自我认同感,使得此后获取功名的川沙人开始从川沙的角度来考虑地方的各项事务。这也就使得祝椿年在中举之后得到同知何士祁的大力祝贺,这一在江南人文渊薮之地的稀奇现象,得到了合理解释。

[①] 梁洪生:《从"异民"到"怀远"——以"怀远文献"为重心考察雍正二年宁州移民要求入籍和土著罢考事件》,中山大学历史人类学研究中心、香港科技大学华南研究中心主办:《历史人类学学刊》第1卷第1期,2003年4月,第29—66页。感谢曹树基教授提醒笔者注意本文!

从一个独立建制成立之后境内慈善组织的发生过程可以看出,政治的独立和文化意识的兴起是私立慈善机构等地方社会组织出现的前提条件,经济的发展是催化剂而非决定性因素。从某种程度上说,政治和文化乃地方自我认同意识出现的关键。认识到这一点,对于地方社会发展的长时段考察具有重要意义。循此思路,对于清代松江府的慈善事业和其他方面的历史考察,可以展示出一幅随着时间迁移和政区变化而曲折前进的社会画卷,对它们的考察至少还可以延续到民国初年松江府制取消之后原来各县对于原府属慈善教育款产的争夺上。因为清代松江所最终管辖的一厅七县有一个逐步析县的过程,因此各县慈善组织的发生形态有个时间序列问题,而府治取消后原来各县域与松江已经没有了隶属关系,与慈善有关的经济冲突也因此而起。

二是清末民初是至元堂在川沙最为风光和发展最快的时期,在成为川沙新式团体活动中心的同时,善堂自身的规模和田、房产也基本完备,当然善堂和其他机构团体间的矛盾也在所难免。善堂具体慈善活动的本身,深刻反映出了清末民初社会变迁的具体轨迹。与善堂紧密相连的是,善堂负责人在地方事业中实力的消长。

在至元堂之前的川沙慈善组织中,很少看见地方实力人物的身影。至元善堂成立后到浦东同乡会成立前,是善堂具体负责人在川沙影响力最盛并随之下降的时期。其中尤其以清末民初各新式团体在至元堂内办公的时候,善堂人物在当地最有影响。由于善堂的独特地位,再加上当时善堂负责人还兼任其他团体的职务,使得他们及其后辈在地方社会中大放异彩。随后,他们在地方的影响和势力逐渐被从事教育的人士所取代,并最终在整体上处于下风。

晚清地方自治中新式教育是中心内容之一,由于政策的倾斜和政府的优惠政策,江南各地新式学堂如雨后春笋般涌现,川沙更是上海郊区兴办新式教育的典型。① 黄炎培和张志鹤在川沙地方教育中的作用尤显。光绪二十八年(1902)冬天,两人顶风冒雪到南京,呈准两江总督张之洞将川沙原观澜书院改为川沙小学堂,他们从事教育事业自此开始。② 其后两人长期担任川沙地方教育机关的领导,至元堂与教育局发生田产纠纷的时候,教育方面的代表就是黄炎培和张志鹤。民国初年川沙地方教育情况更加发达,因捐资兴学而受到政府奖给金质或银质奖章的人很多。③ 教育事业实力的增强,还表现在当时大部分人认识到教育的重要性。20世纪初,很多在上海经商成功的川沙人也主要以兴学的方式回报桑梓。社会对教育的重视,再加上黄炎培和张志鹤个人影响力的增强,使得教育界人士在川沙的影响逐渐占据首位。

善堂势力随着社会进步和教育事业勃兴而逐渐下降的情形,在清末民初的地方社会应该并非川沙所独有,它是整个社会发展的必然结果。当然,上海作为大都市有其自身的特殊性,各个市级慈善机构团体在都市社会中的影响力另当别论。④ 清末民初慈善组织这个权力增长并随之下降的过程值得注意,但同样值得注意的是它在城市和地方基层中的差异。清末新政前的地方社会中,只有慈善组织作为唯一的地方机构存在,而传统的县衙因为自身运作能力的限制,善堂类组织理所当然地具有非同寻常的地位,慈善组织的负责人自然具有很大的影响力。清末"新政"及其后各类新式团体的成立,使得原来慈善组织在地方一枝独秀的现

---

① 朱鹏:《清末民初中国地方学堂的成立过程——以江苏省川沙县为中心》,《日本教育史学》第37集,1994年。
② 许汉三:《黄炎培年谱》,文史资料出版社1985年版,第5页。
③ 陆培亮主编:《川沙县教育状况》,上海图书馆,档号:252673—75,第16—17页。
④ [日]小浜正子著,葛涛译:《近代上海的公共性与国家》。

象被多元化的各种团体所取代,此点对于地方社会发展的影响不容小觑。社会的发展使得广大人民对于教育的重视远甚于慈善事业,慈善是被动的事后救济,它可以保证弱势群体生命的延续,而教育是种面向未来的事业,关系国家和地方的发展,当然更容易引起人民的重视。

各种新式团体成立之后地方社会历史的发展,已经由原来的衙门和地方实力派人物之间的单线联系,变成了各个团体间的合作和摩擦并因而不断互动的历史。事关"教"和"养"的原有慈善机构和新设教育机构的发展,在基层的历史中就极为重要。

三是进入南京国民政府时期后,至元堂的善举规模和种类基本定型,同时国家权力向基层慈善组织的渗透已经开始。浦东同乡会的成立,成为至元堂历史的转折点,善堂的实际控制权自此转移到了浦东同乡会。国家权力向地方慈善组织的大规模渗透,主要发生在抗战胜利后南京国民政府重建的过程中。至元堂受国家命令的影响,主要表现在各种救济分支机构的改组和私立善堂的"公立"名称上。国家权力的渗透效果并不十分显著,其中反映出当时国民党政府在战后地方重建过程中所面临的两难选择。

浦东同乡会的出现,在至元堂甚至川沙社会的发展历史上都不容忽视。当然它的影响辐射包括松江、南汇等在内的所有浦东范围,但其对川沙的影响无疑最直接,也最大。民国年间祖籍高桥的杜月笙的影响力,使得浦东同乡会在当时的上海是一个不容忽视的同乡团体。浦东同乡会对川沙至元善堂的影响表现在经济支持和调解纠纷等诸多方面,后来甚至成为至元堂运作的"总指挥"。自浦东同乡会成立后,包括善堂在内的川沙地方团体的影响力已渐渐淡化,川沙真正的非官方权力中心已经不存在,浦东同乡会逐渐成为地方事务的核心与"灵魂"。至元堂发展过程中的此一变化,极其特殊,殆非其他同类县级善堂可比。这也可谓是至元堂发展过程中鲜明的地方色彩。浦东同乡会与至元善堂等川沙各团体之间的这种关系,更昭示出各组织在近代地方社会发展过程中的重要作用。

川沙建制时间较短,而引起的慈善事业的相对晚出和单一性,以及单纯个案在研究范围方面的局限性,使得从至元堂的发展过程来透视同光中兴以来江南慈善事业发展历史的阶段性问题几无可能。但在此实证研究的基础上,做些相关的推论也许尚有一定的合理性。梁其姿曾把明末清初慈善组织的发展过程,概括为制度化、官僚化、儒生化及嘉庆以来慈善组织与小社区发展等阶段,至于19世纪中叶以后慈善组织的发展因涉及太多非传统的因素,梁先生暂时未予讨论。其实19世纪中叶以后尤其同治以来,乃地方慈善组织的大发展时期。直到中华人民共和国成立后新的民政机构出现为止,清末民初、南京国民政府的建立到抗战前以及抗战胜利后地方重建等阶段,地方慈善组织的发展过程不容忽视。清末"新政"和民国初年的各种政策,使得慈善组织成为新政的一部分,尽管各地慈善组织在当地新政过程中的作用各异,但他们的领导都以各种方式参与地方政治活动,使得善堂的活动也因之各异。南京国民政府时期有关慈善组织的各种政策,已显示出国家权力对地方的渗透。抗战胜利后国统区重建过程中对地方慈善组织的全面普查、改组和动员,使得国家权力对地方慈善组织的渗透达到顶峰,但此过程很快因国民党在大陆的全面崩溃而烟消云散。慈善组织在上述各阶段的发展过程中,其负责人及地方其他实力人物间的权利和利益间的合作与摩擦也随之潮起潮落。

对于同光中兴以来慈善事业史的研究,正如梁其姿所说,探讨慈善事业的地方色彩尤为重要,可以通过地方式的个案研究来增强历史应有的丰富性和生命力。至元堂的个案研究,在一定程度上展示出了川沙慈善事业和地方社会变迁的独特性,以及其中所透露出的社会发展的总体趋势。就清末"新政"以后的地方社会历史来说,原有的传统慈善组织鹤立鸡群的现象已经不复存在,各种新式团体开始在地方社会中发挥应有的作用,并共同书写着地方社会的历史。

参考文献

一、原始文献

1. 宝山区档案馆

档号：36/1/73，复旦大学历史系编《横沙岛史》。

2. 浦东新区档案馆

档号：33/1/2，《川沙县政府、各乡镇附属机构业务概况与乡镇组织系统表》。

档号：33/1/4，《人民团体组织名称及负责人等》。

档号：33/1/67，《社会救济事业及福利事业协会组织规则与委员名单、理监事名册》。

档号：33/1/434，《至元医院及董事会议记录与名单等文件》。

档号：33/1/533，《善后救济卷》。

档号：33/1/562，《川沙县政府令至元善堂》。

档号：33/1/678，《建设乐乡等公墓卷》。

档号：33/1/736，《掩埋浮厝卷》。

档号：33/1/1247，《所谓社会救济检查及至元堂慈善会章程》。

档号：33/1/1278，《社会救济奖惩规则》。

档号：33/1/1514，《川沙至元堂民国十五、十六年度征信录》。

档号：33/1/1522，《川沙至元堂征信录》，清光绪二十三年

（1897）。

3. 上海图书馆

档号：252673—75，《川沙县教育状况》（民国四年八月）。

档号：477574，《旧松属慈善董事会丛刊》。

4. 上海市档案局

档号：Q117/1/35，《浦东同乡会会务日程》（民国二十四年）。

档号：Q117/1/38，《浦东同乡会年报》（民国二十九年）。

档号：Q117/1/101，《浦东同乡会会务日程》（民国三十年）。

档号：Q117/1/102，《浦东同乡会会务日程》（民国三十一年）。

档号：Q117/1/103，《浦东同乡会会务日程》（民国三十二年）。

档号：Q117/1/105，《浦东同乡会会务日程》（民国三十四年）。

档号：Q117/1/113，《浦东同乡会会务日程》（民国二十八、二十九年）。

档号：Q117/1/117，《浦东同乡会会务日程》（民国二十五年）。

档号：Q117/1/120，《浦东同乡会会务日程》（民国二十二年）。

档号：Q117/1/130，《浦东同乡会关于援助东北义勇军和难民问题的函》。

档号：Q117/1/133，《关于接收川南儿童教养院为浦东第二儿童教养院问题等》。

档号：Q117/1/193，《浦东同乡会》。

5. 各类方志

川沙县教育局编：《川沙县教育人物志》，浦东新区档案馆藏。

川沙县教育局编:《川沙县教育志》,川沙县方志办藏。

〔清〕陈方瀛修,〔清〕俞樾等纂:光绪《川沙厅志》,光绪五年刊本,《中国方志丛书·华中地方》,第 174 号,(台北)成文出版社有限公司。

〔清〕博润等修,〔清〕姚光发等纂:光绪《松江府续志》,光绪九年刊本,《中国方志丛书·华中地方》,第 143 号,(台北)成文出版社有限公司。

方鸿铠、陆炳麟修,黄炎培纂:民国《川沙县志》,《中国方志丛书·华中地方》,第 132 号,(台北)成文出版社有限公司。

上海市川沙县县志编修委员会编,朱鸿伯主编:《川沙县志》,上海人民出版社 1990 年版。

上海市南汇县县志编纂委员会编:《南汇县志》,上海人民出版社 1992 年版。

上海市金山县县志编纂委员会编:《金山县志》,上海人民出版社 1990 年版。

上海市奉贤县县志修编委员会编著:《奉贤县志》,上海人民出版社 1987 年版。

光绪《南汇县志》,上海书店出版社 2010 年影印本。

民国《上海县续志》,(台北)成文出版社 1970 年影印本。

民国《南汇县续志》,上海书店出版社 2010 年影印本。

正德《松江府志》,(台北)成文出版社 1983 年影印本。

光绪《奉贤县志》,上海书店出版社 2010 年影印本。

光绪(娄县)《重辑枫泾小志》,上海书店出版社 1992 年影印本。

6. 其他文献

同治《江苏省例初编》,社会科学文献出版社 2012 年影印本。

光绪《江苏省例四编》,社会科学文献出版社 2012 年影印本。

刘笃才、杨一凡编：《中国古代地方法律文献》（乙编），世界图书出版公司 2009 年版。

《官箴书集成》编纂委员会编：《官箴书集成》，黄山书社 1997 年版。

田涛、郑秦点校：《大清律例》，法律出版社 1998 年版。

王国平、唐力行编：《明清以来苏州社会史碑刻集》，苏州大学出版社 1998 年版。

江苏省博物馆编：《江苏省明清以来碑刻资料选辑》，生活·读书·新知三联书店 1959 年版。

朱浒编著：《中国近代思想家文库·经元善卷》，中国人民大学出版社 2014 年版。

〔清〕张祥河：《张祥河奏折》，凤凰出版社 2015 年版。

中国第二历史档案馆编：《中华民国史档案资料汇编》，江苏古籍出版社 1991 年版。

二、中文论著

1. 学术专著

朱有瓛主编：《中国近代学制史料》（第一辑），华东师范大学出版社 1986 年版。

那思陆：《清代州县衙门审判制度》，中国政法大学出版社 2006 年版。

蔡勤禹：《国家、社会与弱势群体——民国时期的社会救济（1927—1949）》，天津人民出版社 2003 年版。

戴鞍钢：《近代上海与江南——传统经济、文化的变迁》，上海书店出版社 2018 年版。

梁方仲：《中国历代户口、田地、田赋统计》，上海人民出版社 1980 年版。

李文海：《世纪之交的晚清社会》，中国人民大学出版社1995年版。

〔清〕顾震涛：《吴门表隐》，江苏古籍出版社1999年版。

商丽浩：《政府与社会——近代公共教育经费配置研究》，河北教育出版社2001年版。

冯尔康：《清人社会生活》，沈阳出版社2002年版。

许汉三：《黄炎培年谱》，文史资料出版社1985年版。

刘正伟：《督抚与士绅——江苏教育近代化研究》，河北教育出版社2001年版。

周秋光主编：《中国近代慈善事业研究》（三卷本），天津古籍出版社2013年版。

张文：《宋朝社会救济》，西南师范大学出版社2001年版。

梁其姿：《施善与教化——明清的慈善组织》，河北教育出版社2001年版。

岳宗福：《近代中国社会保障立法研究（1912—1949）》，齐鲁书社2006年版。

朱菁：《浦东开发的先驱——上海浦东塘工善后局研究（1906—1927）》，上海科学技术文献出版社2011年版。

郭绪印：《老上海的同乡团体》，文汇出版社2003年版。

黄鸿山：《中国近代慈善事业研究——以晚清江南为中心》，天津古籍出版社2011年版。

黄鸿山：《近代江南社会保障机构的经费收支与运作研究》，中国社会科学出版社2017年版。

阮清华：《慈航难普度：慈善与近代上海都市社会》，复旦大学出版社2020年版。

翟学伟：《中国社会中的日常权威——关系与权利的历史社会学研究》，社会科学文献出版社2004年版。

费孝通：《江村经济——中国农民的生活》，商务印书馆 2001 年版。

黄宗智主编：《中国研究的范式问题讨论》，社会科学文献出版社 2003 年版。

梁方仲：《中国历代户口、田地、田赋统计》，上海人民出版社 1993 年版。

余新忠：《清代江南的瘟疫与社会——项医疗社会史的研究》，中国人民大学出版社 2003 年版。

章开沅、马敏、朱英主编：《中国近代史上的官绅商学》，湖北人民出版社 2001 年版。

2. 学术论文

朱鹏：《清末民初中国地方学堂的成立过程——以江苏省川沙县为中心》，《日本教育史学》第 37 集，1994 年。

张玉法：《民国初年的社会救济（1912—1937）——山东地区的个案研究》，《中华民国史专题论文集》，台北"国史馆"印行。

熊秋良：《清代湖南的慈善事业》，《史学月刊》2002 年第 12 期。

梁洪生：《从"异民"到"怀远"——以"怀远文献"为重心考察雍正二年宁州移民要求入籍和土著罢考事件》，《历史人类学学刊》第 1 卷第 1 期。

赵世瑜、孙冰：《市镇权力关系与江南社会变迁——以近世浙江湖州双林镇为例》，《近代史研究》2003 年第 2 期。

杨立强：《清末民初宝山的新乡绅及其领导的社会改革》，《上海史研究论丛》第 11 辑，上海人民出版社。

王大学：《雍正朝慈善组织的时空特征及运作实况初探》，《社会科学》2015 年第 7 期。

王志龙：《倡导、激励和保护：清政府的族田政策》，《江海学刊》2014年第6期。

徐茂明：《同光之际江南士绅与江南社会秩序的重建》，《江海学刊》2003年第5期。

曾桂林：《20世纪国内外中国慈善事业史研究综述》，《中国史研究动态》2003年第3期。

范金民：《夫马进著〈中国善会善堂史研究〉》，《历史研究》2002年第5期。

王大学：《善堂与晚清民初江南地方社会变迁——以川沙至元堂为中心》，《社会科学》2010年第7期。

王大学：《清末民初江南地方慈善组织的经营实态：以川沙至元堂为中心（1895—1927）》，《近代史学刊》（第2辑），华中师范大学中国近代史研究所，2005年。

黄东兰：《清末地方自治制度的推行与地方社会的反应——川沙"自治风潮"的个案研究》，《开放时代》2002年第3期。

游子安：《清代善举与社会文化变迁》，香港中文大学博士学位论文，1994年。

范纯武：《清末民间慈善事业与善堂变动》，台湾中正大学硕士学位论文，1996年。

王恬：《清代松江府的社会救济研究》，南京师范大学硕士学位论文，2016年。

钱楠：《江南慈善机构的近代转型——以松江三善堂为例（1912—1937）》，苏州大学硕士学位论文，2016年。

三、外文论著

1. 中文版译著

［美］曾小萍著，董建中译：《州县官的银两：18世纪中国的合理化财政改革》，中国人民大学出版社2005年版。

［美］瞿同祖：《清代地方政府》，范忠信、晏锋译，法律出版社2003年版。

［美］费正清，刘广京编：《剑桥中国晚清史（1800—1911年）》，中国社会科学出版社1985年版。

［法］魏丕信著，徐建青译：《18世纪中国的官僚制度与荒政》，江苏人民出版社2003年版。

［日］小浜正子，葛涛译：《近代上海的公共性与国家》，上海古籍出版社2003年版，第89页。

［日］清水盛光：《中国族产制度考》，（台北）中国文化大学出版部1986年版。

［日］多贺秋五郎：《宗谱的研究·资料篇》，东洋文库1960年版，第562页。

［日］夫马进著，伍跃、杨文信、张学锋译：《中国善会善堂史研究》，商务印书馆2005年版。

2. 外文版论著

［日］夫马进：《中国善会善堂史研究》，同朋舍，1997年。

［日］田中比吕志：《清末民初における地方政治构造とその变化——江苏省宝山县における地方エリートの活动》，《史学杂志》第104编，第3号，1995年。

［日］高桥孝助：《近代初期の上海における善堂—その都市的状况への対応の側面について—》，《宫城教育大学纪要》第十八卷、第一分册，一九八四。

［日］高桥孝助：《沪北栖流公所の成立—上海租界の善堂—》，《宫城教育大学纪要》第十九卷，第一分册，一九八五年。

［日］小浜正子：《最近の中国善堂史研究について》，《历史学研究》721号，1999年。

［日］小浜正子：《民国时期上海の都市社会と慈善事业》，

《史学杂志》一〇三—九,一九九四年。

［日］小浜正子:《民国时期上海の民间慈善事业と国家权力》,《东洋学报》第七十六卷第一、二号,一九九四年。

［日］山本进:《清代后期江浙の财政改革と善堂》,《史学杂志》,1995年,第104卷第12期。

Ma, Amy Fei-man, "Local self-government and the local populace in Ch'uan-sha, 1911", *Select Papers from the Center for Far Eastern Studies*, University of Chicago, 1975(6).

Roxann Prazniak, "Weavers and Sorceresses of Chuansha: The Social Origins of Political Activism Among Rural Chinese Women", *Modern China*, April 1986.

附 录

附表1　川沙厅义冢土地设置详细统计

时间	捐置人	甲	保	图	号	面积（亩）
嘉庆十五年接管			22	2	371	0.166
嘉庆十五年接管				12	339	1.839
嘉庆十五年接管				13	367	1
嘉庆十五年接管				15	85	2.303
嘉庆十五年接管				38	311	0.87
嘉庆十五年接管					354	1.167
嘉庆十五年接管				31	222	0.34
嘉庆十五年接管				33	595	0.46
嘉庆十五年接管				37	352	1.475
嘉庆十五年接管			17	12	1 187	3.6
嘉庆十五年接管	监生周泰				1 219	3.6
嘉庆十五年接管				13	397	3.75
嘉庆十五年接管				15	408	0.717

续 表

时　间	捐置人	甲	保	图	号	面积（亩）
嘉庆十五年接管			20	25	100	0.436
嘉庆十五年接管		八团南一甲			181	3.138
嘉庆十五年接管	顾道源	九团一甲			167	1.7
嘉庆十五年接管					145	1.833
嘉庆十七年详置	布政司庆保		22	9	444	0.921
嘉庆十七年详置	布政司庆保				792	2.06
嘉庆十七年详置	布政司庆保			10	606	1.44
嘉庆十七年详置	布政司庆保			13	210	2.9
嘉庆十七年详置	布政司庆保		20	16	98	2.132
嘉庆十七年详置	同知周垣		22	12	839	1.161
嘉庆十七年详置	同知周垣		17	12	349	0.98
嘉庆十七年详置	同知周垣				1 237	3
嘉庆十七年详置	同知周垣			15	348	1.055
嘉庆十七年详置	同知周垣		20	9	135	1.769
嘉庆十七年详置	同知周垣			16	97	2.574
嘉庆十七年详置	同知周垣				98	2.133
嘉庆十七年详置	职员沈宗薰		22	2	758	1.975
嘉庆十七年详置			17	12	1 246	2
嘉庆十七年详置	举人祝甘霖	八团南一甲			天字76	1.133
嘉庆十七年详置	蔡天隆		22	25	邱字圩	0.931

续　表

时　间	捐置人	甲	保	图	号	面积（亩）
嘉庆十七年详置	监生曹沫			27	92	1.03
嘉庆十七年详置	曹德文等			33	80	1
嘉庆十七年详置	翁友川					0.8
道光十三年	同知何士祁	八团南五甲			98	0.788
咸丰七年	庠生殷锡祚		17	15	169	1.418
同治元年	顾朱泰等		22	14	391	1.945
同治六年	监生蔡廷柱		17	15	西圩658	3.467

资料来源：光绪《川沙厅志》卷二《建置》，第125—127页。

附表2　江苏省川沙县私立儿童福利机关业务调查表

名　称	浦东福利儿童教养院
地址	南门内
成立年月	1943年9月
内部组织	院董、院长、副院长、主任、教职员，下分教务、训育、事务三股
负责人	院长沈敬之，男，50岁。省立第三师范学校毕业，曾任川沙县教育局局长等职
员工人数	教职员男3人、女1人，工友1人，保姆无
收容儿童名额	预收50人。现有人数男50人，女无
现有设备	办公桌椅4付，课桌椅50付，双人竹床30付，镜框10支，大算盘1支，时钟2支，书橱1具，图书橱1具，被褥50床，大浴桶2支，盥洗具50付，大小水桶6付，普通医务用具全套

续 表

名　称	浦东福利儿童教养院
经费概况	本年度赠奖或劝募收入共1 920万元,支出1 920万元。财产、不动产自至元堂借用9幢。田,由至元堂借用3亩
业务现况	教导方面:中高级采用自业辅导法,低年级采用设计教学法;训导方法分提示、训斥、惩戒三种 保育方面:饮食起居均有定时定量,每二星期淋浴一次,每月理发一次,每二月体检一次,每星期洗换衣服一次 卫生方面:院生患病概由本院医务室诊断治疗

填表人:沈敬之　填表日期:1946年12月20日
附注:本表所称私立儿童福利机关,系指贫儿院、孤儿院、育婴堂及其他类似机关而言。
说明:档案中表格过多,本表系根据原表格内容改制而成。
资料来源:《所谓社会救济检查及至元堂慈善会章程》,浦东新区档案局,档号:33/1/1247,第11页。

附表3　川沙县救济设施人事调查表

职别	姓名	性别	年龄	籍贯	学历及经历	住所或通讯处
理事长	陆问梅	男	66	川沙	曾任川沙商会会长	上海南黄浦路106号协茂水果行
常务理事	蔡润身	男	49	川沙	经商	上海南黄浦路106号益泰水果行
	郭承祖	男	48	南汇	经商	上海大德路协丰昌布号
理事	潘志文	男	60	上海	经商	上海辛家花园路A字10内3号
	朱秋生	男	50	川沙	经商	上海南黄浦路106号协茂水果行
	王长庆	男	39	川沙	曾任川沙商会会长	川沙晋源衣庄

续　表

职别	姓名	性别	年龄	籍贯	学历及经历	住所或通讯处
理事	周竹平	男	55	川沙	经商	川沙周永盛花号
	丁介岐	男	72	南汇	经商	川沙祝桥丁祥盛木行

资料来源：《所谓社会救济检查及至元堂慈善会章程》，浦东新区档案局，档号：33/1/1247，第13页。

附表4　川沙县救济设施概况调查表

名　称	至　元　堂
设立地点	川沙城内
创办年月	清光绪二十二年
沿革	本堂于清光绪二十二年，由邑绅朱源绍等倡捐，起建堂宇十间，并由杨锦清、张子香、陆益卿等陆续捐助，由地面房产作善举基金。因之，凡医药、助葬、接婴、施衣、施米、施棺、惜字等事业，得以次第举办。民国以后，先由朱佑廷捐置堂之基地，继分往募款，于十二年完成纯阳道院楼房5幢。至十七年，又募捐于河北购地兴建育婴所楼房5幢，披屋四间。于是规模完备，善举有增无减绵延迄今。又于民国三十一年创办浦东儿童教养院于南门中山堂对面
房舍	面积约8亩。大礼堂1间，办公室2，会客厅1，卧室2，储藏室2，厨房1，膳室1，纯阳道院5幢，育婴所5幢4间
办理业务	院内：安老400人，育婴30人，育幼50人，施医1 500人，医院100人（人数统计以调查时为准） 院外：施粮200人，施衣物600人，种痘防疫300人，施医药500人，掩埋100人，施棺70人，施米6 000人（人数统计以三十四年度为准）

续 表

名　称	至 元 堂
行政组织	会员大会；理事会,总务股、事业股、经济股、调查股,[监]事会
人事概况	主管人,理事长陆问梅。董事人数包括理事 11 人,监事 5 人。成员人数 11 人。工丁人数 8 人
财产概况	种类,田房产。现在估价总值约 6 500 万元。 三十四年度收益总值约 4 000 万元。三十四年度税捐,豁免
配备情况	大小约千余丈,尚敷备用
经济概况	三十四年度收支数：收入总数 7 414 万元；实际支出数,行政费 844 万,事业费、安老所 150 万,育婴所 1 500 万,施医所 2 400 万,院外救济 2 000 万,总计 7 414 万。收支适合。 三十五年度收支预算数 15 000 万
管理及监核办法	本堂一切事业由理事会经办,监事会订核
救济情形	本堂救济事业分消极、积极两种,由理事会决定方针办理,尚能切实推行,惟限于经费未能充分开展
自订章则名称	本堂慈善会章程
办理困难	1. 各项事业费均需临时集募,因之不能按时发放 2. 职员大多非专职,因本身业务关系,未能全力服务
改进计划	1. 拟集募基金 2. 对于积极事业谋扩充
备注	1. 本堂养老乃按名发放,非居于本堂 2. 本堂事业费系临时募捐,故无支出预算

中华民国三十五年 12 月 12 日　　报告人：陆永言
　　说明：档案中表格过多,本表系根据原表格内容改制而成。
　　资料来源：《所谓社会救济检查及至元堂慈善会章程》,浦东新区档案局,档号：33/1/1247,第 13 页。

附表 5　救济设施人事调查表

职　别		姓名	性别	年龄	籍贯	学历及经历	住所或通讯处
理事长		陆问梅	男	66	川沙	曾任川沙商会会长	上海南黄浦路 106 号协茂水果行
董事	常务理事	蔡阆房	男	49	川沙	经商	上海南黄浦路 106 号益泰水果行
		郭承祖	男	48	南汇	经商	上海大德路协丰昌布号
		潘志文	男	60	上海	经商	上海辛家花园路 A 字 10 内 3 号
		朱秋生	男	50	川沙	经商	上海南黄浦路 106 号协茂水果行
	理事	王长庆	男	39	川沙	曾任川沙商会会长	川沙晋源衣庄
		周竹平	男	55	南汇	经商	川沙周永盛花号
		丁介岐	男	72	南汇	经商	川沙祝桥丁祥盛木行
		许崇阳	男	50	南汇	经商	川沙火伦布号
		张竹溪	男	79	川沙	经商	川沙蔡桥东
		陆廷襄	男	35	川沙	经商，现任新港乡长	川沙新港陆湘记

续 表

	职　别	姓名	性别	年龄	籍贯	学历及经历	住所或通讯处
董事	监事	徐润斋	男	71	川沙	任本堂厅务主任达20年之久	本堂
		龚书明	男	56	南汇	经　商	川沙南华家路口
		周嘉渔	男	77	川沙	曾任川沙观澜小学校长	川沙周家楼东首
		田兴庆		56		曾任川沙商会会长	川沙税捐稽征处
		张鸿德		56	南汇	经　商	川沙南汇镇张北德堂
职员	职别	姓名	性别	年龄	籍贯	学历及经历	月支薪给（包括津贴及公粮）
	总务	陆容言	男	51	川沙	省立本县麦科毕业	10万
	厅务主任	徐润斋	男	71	川沙	在本堂服务20年	义务职
	厅务员	蔡元山	男	76	南汇	服务商界40余年	4万
	会计员	陆治锋	男	26	南汇	上海增德商务学校肄业	6万
	育婴主任	刘芸华	女	32	常州	慰生助产学校毕业	6万
	医务主任	王翰梅	男	27	上海	东南医学院毕业	20万

续　表

职别		姓名	性别	年龄	籍贯	学历及经历	月支薪给（包括津贴及公粮）
职员	药务主任	陆延美	女	27	川沙	江苏省立女子中学毕业	10万
	会计	蔡延禧	男	42	川沙	历任川沙县商会秘书	10万
	救济院长	沈敬之	男	50	川沙	历任教育局科、局长等职	义务职
	副院长	赵朴初	男	38	上海	历任上（苏）收容院院长	义务职
	主任	王璞	女	37	杭州	历任上海助幼教养院主任	16万
	教员	张寄峰	男	37	南汇	历任川商务小学校长	15万
		吕美良	男	25	杭州	历任川小学教师	13万
	庶务员	顾纶山	男	48	南汇	曾任营造厂职员	10万

说明：本表中的人名，凡是加括号的是因为原来档案中的字迹看不清。

资料来源：《所谓社会救济检查及至元堂慈善会章程（1946）》，浦东新区档案局，档号：33/1/1247，第34页。

附表6 沙县至元善堂公立至元医院董事名册

职别	姓名	籍贯	年龄	经历	住址
董事长	陆容庵	川沙	46	国民大会代表、江苏省省议员、川沙银行总经理	上海(后面内容印章不清)
常务董事	蔡润身	川沙	50	上海市水果业公会会长益泰水果行主	
常务董事	郭衍	南汇	49	上海协丰昌绸布号主、至元善堂常务董事	上海卡德路协丰昌号
驻院常务董事	倪慎思	南汇	54	川南毛巾厂及大兴花米行主	川沙东门外十一墩
驻院常务董事	王长庆	川沙	40	川沙县商会常务理事、惠民纱厂协理、县参议员	川沙城内中市大街三号
董事	张春宇	川沙	36	同济医科大学民国二十三年毕业,自设诊所于上海浦东大厦305室	上海中正东路浦东同乡会305室
董事	陆志干	上海	52	泰隆毛绒号、永隆百货号主,曾任本堂董事长	上海霞飞路197弄安业里23号
董事	沈敬之	川沙	51	前上海县党部执行委员,江苏省第三区党务督导专员,前川沙县教育局局长,现任川沙县立中学校长	上海英士路129弄98号楼上
董事	朱季达	川沙	52	上海协茂水果行主	上海十六铺协茂行
董事	王杏兴	川沙	38	上海联美电气公司闽省广播电台经理	上海威海卫路313号

续　表

职别	姓名	籍贯	年龄	经　历	住　址
董事	曹涛声	川沙	48	上海益昌橡胶厂、花昌按钮厂、花昌针织厂总经理	上海永安街永安坊5号
董事	丁永昌	南汇	55	上海大世界总经理	上海西藏南路一号大世界经理室
董事	陈炎洲	南汇	56	川沙县商会理事长川沙县参议会副议长	川沙县商会
董事	陶友川	川沙	40	上海九昌丝绸厂总经理	上海天津路170弄13号九昌丝绸厂
董事	潘志文	上海	61	浦东同乡会常务董事，浦东第一、二教养院董事长、浦东银行董事、前本堂董事长	上海复兴中路辛家花园A字10号
董事	康庚尧	川沙	49	川沙纺织厂副理达昌花米行主	川沙北门达昌花米行
董事	奚孟起	川沙	45	律师、浦东同乡会理事	上海中正东路1454号4楼
董事	乔雨亭	川沙	54	乔成记营造厂主	上海迪化中路114号
董事	陆问梅	川沙	67	前川沙县商会会长、现任本堂董事长、本邑绅士	川沙北城壕路17号
董事	张文魁	川沙	42	上海国华投资公司	上海虎丘路131号国华公司
董事	张伯初	川沙	67	浦东同乡会常务理事本邑绅士	上海中正东路浦东同乡会

续 表

职别	姓名	籍贯	年龄	经历	住址
董事	赵莲甫	川沙	48	赵连记地产公司经理	上海福履理路挂都路安乐村30号
董事	费新嘉	川沙	46	费新记营造厂主	上海康平路154弄23号
董事	张竹溪	川沙	79	前上海水果业公会会长本邑耆绅	
董事	李顺发	南汇	47	李顺记营造厂主	上海英士路221号

资料来源：《至元医院及董事会议记录与名单等文件》，浦东新区档案局，档号：33/1/434，第24—25页。

附表7 川沙县慈善机关的收支情况

解放前征收几成	一成半，约每年租米50石
解放后征积谷多少	未收
负担慈善机关与支出情况	至元医院、至元小学（已停办）、儿童教养院、至元育婴、至元养老
养活人数	教师2人，儿童13人，保姆2人，婴孩7人。解放前散养400人，每人每月薪米7.5斤。现在减为240人，每人每月米3斤
所有机关除土地收入外，是否还有其他收入	房租（以前每月可收3石，现在房客不肯照付）
各种收入比例，不足抑或有余？数量多少	解放前收入不足时，捐款补足之，多余时多做一点善事，如施冬衣、冬米、施棺、给药

备注：征租每亩70斤，但因系慈善机关，佃农贫苦者即不能收足。
说明：标题系作者所加，原档案标题因为装订问题而看不清楚。
资料来源：《人口、土地等情况登记表（1950年2月—12月）》，浦东新区档案局，档号：74/2/14，第52页。

附表 8　川沙县特殊土地调查统计

位　　置	城　　厢
名称	至元堂
经营人	朱有才
总田数	561.420 亩（其中自耕田 243.15 亩、出租田 318.270 亩）
使用情况	该堂土地大部出租，土地等则很复杂，自耕部分无收益，内白粪田坍海 90 余亩。义冢及有串无田等 30 余亩，基地有 20 亩。另有楼房 12 幢，出租 3 幢。平房 73 间，出租 40 间，大部分在城内。房子、出租田收益做慈善事业，如教养院之经费。该院现有 10 余儿童，3 个教师，现该堂有职 3 人
土地来源及使用情况	此堂土地来源大部分是捐赠的土地，分布全县各地。该堂曾开办过学校、医院、救济医治贫民及失学儿童。现因经费困难，医院、学校早已停办。现有育婴堂小孩 6 人、保姆 2 人，寄养幼儿及孤儿各 1 人

资料来源：《人口、土地等情况登记表（1950 年 2 月—12 月）》，浦东新区档案局，档号：74/2/14，第 72 页。

附表 9　浦东第二儿童教养院情况

名　　称	浦东第二儿童教养院
所在地	川沙东泥街 15 号
沿革	本院于 1942 年 9 月成立，原名"川南教养院"，收容孤苦儿童，予以教养。至 1943 年春，因物价高涨，捐款无着，实难维持，乃由浦东同乡会接办，改名至今。创办时由朱有德、陆修镕两位先生（创办人）分任院长，改组后由沈敬之先生任院长
主要负责人	郭承祖，男，53 岁，川沙人，住在上海卡德路、山海关路口协丰昌绸布庄。过去和现在均经营棉布业

续 表

名 称	浦东第二儿童教养院
组织情况	本院最高组织为董事会。下设正付董事长各一人,下再设常务董事若干人,以下董事若干人
职员数目	董事会设浦东同乡会,董事长潘志文,张长魁付,常务董事郭承祖等
分会	办事处1,会址在协来昌布号,负责人郭承祖
经济状况	无动产与不动产。主要经费由院董及各界热心善士慨助
收支概况	每月约收白米5石,支出6石,结欠白米1石
备考	收支结欠米1石由郭承祖暂垫,有时临时捐款稍多,也能补足。未解放前本院经费就很困难,所以一切活动不能开展。业务也是如此

资料来源:《人口、土地等情况登记表(1950年2月—12月)》,浦东新区档案局,档号:74/2/14,第92页。

图书在版编目(CIP)数据
近代浦东慈善救助简史/王大学,关春巧著.
上海:复旦大学出版社,2024.12.--(浦东地情系列丛书).--ISBN 978-7-309-17754-1
Ⅰ.D632.1
中国国家版本馆CIP数据核字第2024V9Q326号

近代浦东慈善救助简史
王大学　关春巧　著
责任编辑/黄　丹

浦东地情系列丛书
上海市浦东新区地方志办公室　编

复旦大学出版社有限公司出版发行
上海市国权路579号　邮编:200433
网址:fupnet@fudanpress.com　http://www.fudanpress.com
门市零售:86-21-65102580　　团体订购:86-21-65104505
出版部电话:86-21-65642845
上海盛通时代印刷有限公司

开本890毫米×1240毫米　1/32　印张8.375　字数195千字
2024年12月第1版
2024年12月第1版第1次印刷

ISBN 978-7-309-17754-1/K·853
定价:60.00元

如有印装质量问题,请向复旦大学出版社有限公司出版部调换。
版权所有　　侵权必究